エリア・スタディーズ 210

アジア系アメリカを知るための53章

李里花（編著）

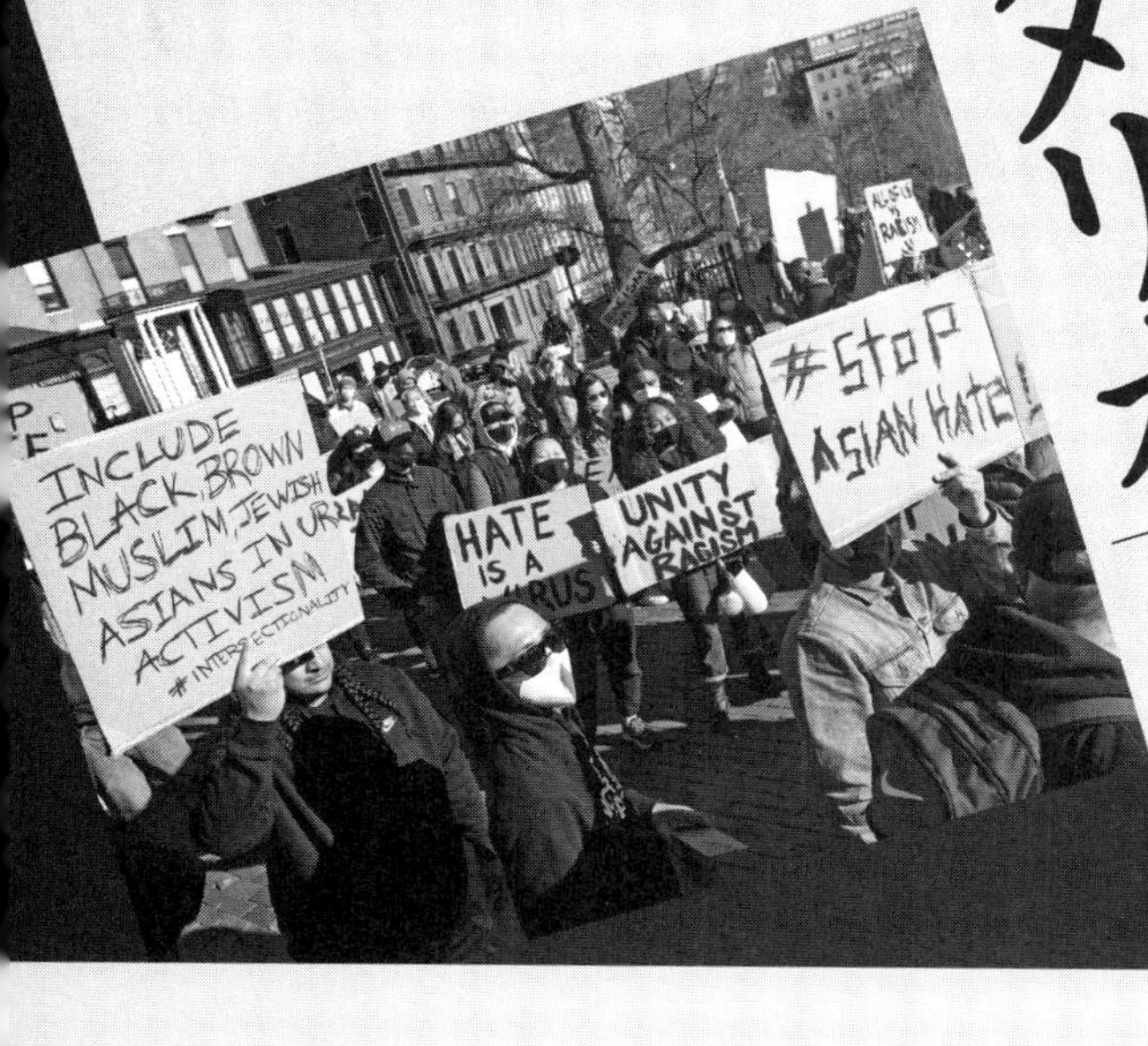

明石書店

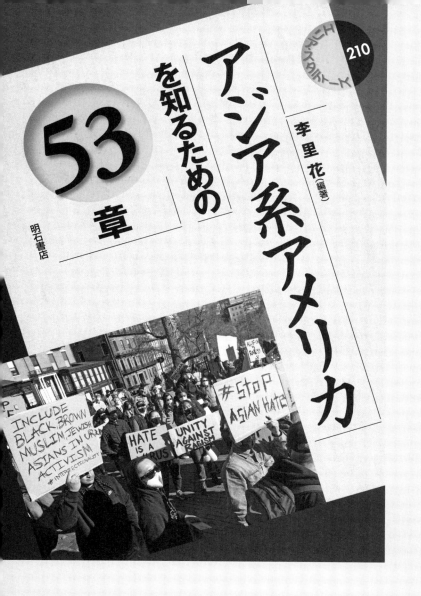

はじめに

> 人種が話題になると、私にとってそれは雑談ではなくなる。私にとっては、存在論である。なぜ私のような人間がこの世に存在し、どこに痛みを感じ、そして私たちのリアリティがいかに白人のそれとは異なるのか、これらを説明しなければならないからだ。だから人種のことをよくわかっていない白人の人に、根気よく人種を語らなければならないとき、私は精魂疲れ果ててしまう。説明の言葉を探るだけで、自分のあらゆるエネルギーが吸い取られてしまう。
>
> ただ、これだけが問題ではない。なぜなら歴史や政治、文学や大衆文化をはじめとする西洋のあらゆるものが、かれらには自分のものとして存在する。だから人種が話題になるとき、私は自分が存在しないということも突きつけられるのである。（Cathy Park Hong, *Minor Feelings: A Reckoning on Race and the Asian Condition*, Profile Books 2021, p.18）

新型コロナウイルスの拡大とともに、アメリカ合衆国（以下、アメリカ）では、アジア系の人びとに対する憎悪犯罪（ヘイトクライム）や攻撃が相次いだ。非営利団体「ストップＡＡＰＩヘイト（STOP AAPI HATE）」によれば、２０２０年３月から３年間で1万1０００件に上るヘイト被害が報告されたという。

アジア系に対する憎悪（ヘイト）や攻撃（以下、アジアン・ヘイト）は、「国へ帰れ」といった暴言から、職場での差別、公共交通機関の乗車拒否、身体的暴力にまで及んだ。とりわけ高齢者や女性は暴力にさらされることが多く、２０２０年7月にニューヨークでは89歳のアジア系高齢女性が歩行中にライターで火をつけられる事件や、２０２１年3月にジョージア州アトランタでアジア系女性６人が死亡する銃撃事件が発生するなど、痛ましい事件の被害者となった。

これに対してアメリカ政府は２０２１年5月に「新型コロナウイルス憎悪犯罪法（COVID-19 Hate Crimes Act）」を成立させ、憎悪犯罪に対する取り組みを強化する姿勢を見せた。女性で、黒人で、アジア系で初の副大統領となったカマラ・ハリスは、同法が成立したときに「今こそすべてのアメリカ人がともに立ち上がらなければならない」とアジア系住民がアメリカの一部であることを強調しながら、「アメリカ人」としてアジアン・ヘイトを容認してはならないと国民に訴えた。[*1]

アジア系がなぜヘイトのターゲットになるのであろうか。新型コロナウイルスによる集団感染が最初に中国で起きたことでアメリカの中国系を含めたアジア系がスケープゴートとなったが、なぜアジア系に憎悪や敵意が向けられなければならないのであろうか。そしてこの事態を収拾するために、アメリカ政府はどうしてアジア系を同じ「アメリカ人」であると強調したのだろうか。[*2]

アジア系アメリカ人の「社会正義」を求める歴史

アメリカにおけるアジア系に対する差別や偏見は、今に始まったものではない。歴史をさかのぼると19世紀にアメリカの地を「最初に」踏んだアジア系移民――中国人――に対する排斥からはじまる（第22章参照）。ゴールドラッシュで沸いたカリフォルニアでは、深刻な労働者不足に陥ったため、それを補う労働力として中国から人が呼び寄せられた（それ以前にも、漂流者や旅人、商人などが渡米している）。

しかし中国人移民労働者がアメリカで働き出すと差別や偏見が激化し、この流れはやがてアメリカ初の排外的な移民法（中国人排斥移民法。排華移民法や排華法ともいう）の成立へとつながっていった（第１章・第12章参照）。さらに20世紀になると日本人移民に対する排日運動が高まり、太平洋戦争に突入したアメリカでは日本国籍をもつ日本人移民のみならず、アメリカ国籍をもつ２世（移民子弟）の日系アメリカ人も「敵性外国人」に分類され（ハワイではコリア系も対象となり）、アジア系に対する国家的暴力が引き起こされたのだった（第５章参照）。

このような背景から、１９６０年代に公民権運動（市民権獲得運動）が高まると、アジア系は他のマイノリティとともにアメリカ社会に「社会正義（social justice）」を求め、奪われた尊厳を回復し、歴史の中に埋もれた声を拾っていく活動を展開した。第３章で詳しく解説しているが、当時大学院生だったエマ・ジーとユージ・イチオカが「アジア系アメリカ政治同盟」という団体を創設したことで、「アジア系アメリカ人」という言葉がこの頃から使われ始めた。これはつまり自らを「アジア系アメリカ人」と名乗ることで、「オリエンタル」という外国人的イメージを払拭しようとしたのである。そしてこの流れは、アメリカの大学において人種民族的マイノリティやアメリカ先住民を研究・教育する「エスニック・スタディーズ」学科（あるいはプログラム）の設置や、最近では公立学校でアジア系アメリカ人の歴史を教える教育プログラムの導入（州による）の動きへとつながっていった（第26章・第27章参照）。

さらにアジア系の「社会正義」を求める動きは、アメリカの帝国主義や植民地主義の下で繰り広げられてきた「暴力」にも目を向けるものへと発展した。その一つが、セトラーコロニアリズムをめぐる議論である（第46章参照）。この議論は先住民が土地や暮らしを「入植者」に奪われ、支配された歴史の問題に焦点を当てるものであるが、アジア系も移民として「移民国家」アメリカの理念を支えることで、先住民に対する支配を正当化してきた面が言及されるようになった。さらにアメリカ国外についても、アジア太平洋地域で繰り広げられたアメリカの植民地支配をめぐる歴史だけでなく、朝鮮戦争やベトナム戦争といった冷戦構造の中で起きた惨劇、さらに米軍基地をはじめとするアメリカの軍事的覇権主義の中で生じた犠牲にも光が当てられた。アジアで起きた「暴力」は対岸の火事ではない。アジア系の歴史経験や記憶、世代間トラウマとしても存在する。そのためアジア太平洋に君臨した帝国の残滓を批判的に検証する動きへと近年は発展している。*3

しかし一方で、新型コロナウイルスのパンデミックによってアジアン・ヘイトがアメリカ国内で再び高まり、アジア系に対する差別や暴力が全米各地で顕在化すると、アジア系アメリカ人に対する暴力がなぜ歴史的に繰り返されないといけないのか、ということが改めて問われることになった。こうした中で、例えばアジア系アメリカ人研究者で、カリフォルニア大学バークレー校エスニック・スタディーズ教授のキャサリン・セニタ・チョイは、アジア系の歴史がアメリカの中で消し去られてきた問題を現代的文脈から問い直し、アメリカの歴史からアジア系が不可視化されたことで、アジア系は非人間化（dehumanize）され、それがアジア系に対する短絡的なステレオタイプ化へとつながり、暴力にさらされるようになったのだと厳しく批判している。*4

同じように、アジア系で、詩人のキャシー・パク・ホンも、冒頭のエッセーにみられるように、白人社会においてアジア系が現在も「存在しないもの」として認識されていることが、アジア系の実存を否定することにつながっていると指摘している。つまり新型コロナウイルスのパンデミックによって引き起こされた「暴力」は、アジア系に対する理解が進んでいない現状を浮き彫りにするものとし、こうしたアメリカ社会のあり様に対してアジア系は再び声を上げ、「社会正義」を改めて問いかけているのである。

それではアメリカの中で不可視化されたアジア系アメリカの歴史はどのようなものなのだろうか。アジア系はどのような生活や文化を築き、いかに存在してきたのであろうか。本書はヒストリーとストーリー、ライフとカルチャー、ナショナルとトランスナショナルという視点から、アジア系の歴史と現在をひも解いていく。

人種的カテゴリーとしての「アジア系アメリカ」

本書に入る前に、「アジア系アメリカ」についてもう少し説明を加えたい。まず、本書はアジア系アメリカ人に注目するが、「人」だけでなく「人種的カテゴリー」としてのアジア系アメリカに関わる様々な事象にも着目する。この理由から、本書はタイトルを「アジア系アメリカ人」ではなく「アジア系アメリカ」とした。

ただし、ここで言う「アジア系アメリカ人」が必ずしも「アメリカ国籍者」に限定されるものではないことに注目してほしい。出生地主義を採用しているアメリカでは、アメリカの地で生まれ落ちた人は、アメリカ国籍が自動的に付与される（憲法修正第14条。詳しくは第1章参照）。そのため現在のアメリカでは移民2世以降は自動的に「アメリカ人」となる（日本は「出生地主義」を採用していないため、外国籍者を両親にもつ移民子弟は日本で生まれても「外国人」となる。そのため日本では3世や4世の世代になっても「外国人」であることはめずらしくない)。

しかし一方で、アジア系の移民1世は「帰化不能外国人」に分類された歴史もある。これは「外国人」であることを余儀なくされることでアメリカ社会から排除されてきた歴史と連動してきた。こうした帰化と国籍をめぐる歴史的文脈から、本書ではアジア系アメリカ人を国籍によって区分するのではなく、人種的カテゴリーによって範疇化された人びととして捉え、光を当てていきたい。

また、近年はアジア系が「ＡＡＰＩ」というカテゴリーで語られることがある。これはアジア系太平洋島嶼系（Asian American Pacific Islander）の略称である。このカテゴリーが使われる社会的文脈については、本書の第3章に詳しく説明されているが、太平洋島嶼を出自とする人びととアジア系を並置することで、太平洋島嶼の歴史経験――特に帝国主義によって土地の収奪が行われ、先住民に対する支配の歴史が繰り広げられ、そうした歴史的経緯から土地を離れることを余儀なくされた人びとの歴史経験――を、不可視化してしまう問題も指摘されている。そのため本書ではアジア系のみに光を当てていくこととしたい。

アジア系の現在

それでは「アジア系アメリカ人」はどのような人びとによって構成されるのであろうか。本書はこれを考えるにあたって、まず誰がどのような理由で「アジア系アメリカ人」というカテゴリーに分類されるのかという「名づけ」の視点と、カテゴリーに範疇化された人びとが、いつから、どのような意味合いをもってそのカテゴリーを使ったのかという「名乗り」の視点から紹介している。そのため誰が「アジア系アメリカ人」と言われる人びとなのか、その詳しい説明は第1章から第3章に譲り、ここでは集団としてどのような特徴があるのか、アメリカ・センサス（国勢調査）やその他の統計調査から少し触れてみよう。

ただし、アメリカ・センサスは第2章で説明しているように、「極東、東南アジア、インド亜大陸」をルーツにする人びとを「アジアン（Asian）」と定義し、ここには留学生や駐在員等の一時滞在者も含まれる。そのためここではアメリカ・センサスやその他統計調査の「アジアン」というカテゴリーを鉤括弧で「アジア系」と表記する。

まず、最大の特徴として挙げられるのは、アメリカでもっとも人口増加率が高い集団という点である。２０２０年のアメリカ・センサスによると、「アジア系」の人口は約２４００万人である。これはアメリカの総人口の約７・２％を「アジア系」が構成することを示す数であるが、２０００年に１１９０万人だった「アジア系」の人口が20年で約2倍に増えたことも意味する。さらにピュー・リサーチ・センターによると、「アジア系」の人口は２０６０年に４６００万人に達することが予想されている。[*5] これはアジア系の人口が今の4倍に膨らむことを示している（図1）。

次に挙げられるのが、「アジア系」は多様な背景をもつ人びとによって構成される点である。アジア系の歴史的叙述は、19世紀中頃に中国から移民労働者がアメリカに渡ってきたところから始まることが多い。そして20世紀転換期には日本、フィリピン、朝鮮、インドから人が移住し、１９６５年の移民法改正後は、出身地域も広がり、アメリカに移住する人の数も急増した。また、これら

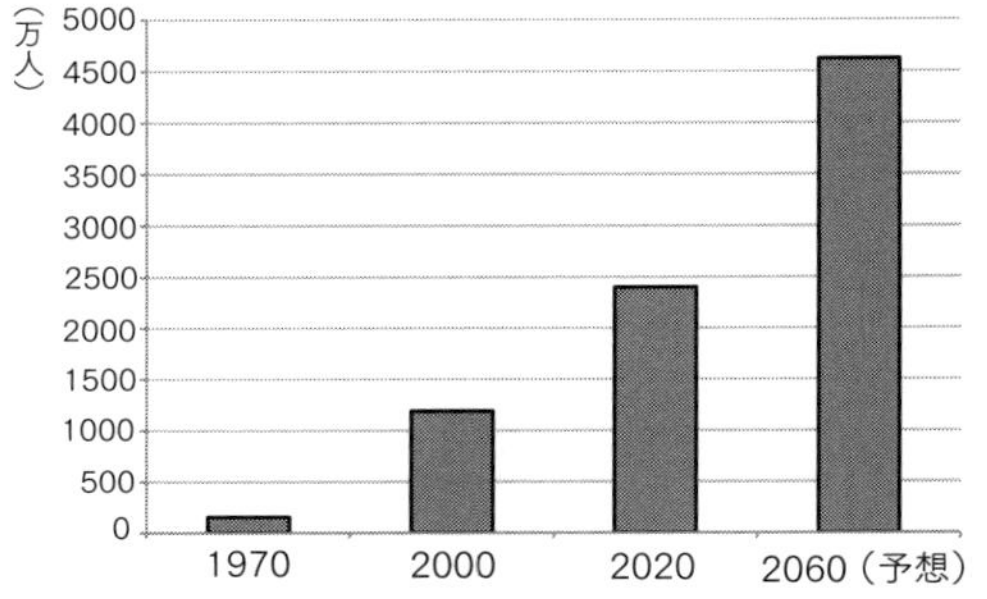

注：2000年以降は複数人種を含む。

図1　「アジア系」の人口推移

出　典：1970(Campbell Gibson and Kay Jung, "Historical Census Statistics on Population Totals by Race, 1790 to 1990, and by Hispanic Origin, 1970-1990, for the United States, Region, Divisions and States." U.S. Census Bureau), 2000 (U.S. Census Bureau, "Asian Population: 2000" Census Brief, Table 2), 2020(Pew Research Center, Key facts about Asian Americans, a diverse and growing population, April 21, 2021 https://www.pewresearch.org/short-reads/2021/04/29/key-facts-about-asian-americans/（2024年4月12日 閲 覧）, 2060 (Jonathan Vespa, Lauren Medina, and David M. Armstrong, "Demographic Turning Points for the United States: Population Projections for 2020 to 2060." U.S. Census Bureau) をもとに作成

人びとの中には移民を目的に移住した人もいれば、難民として移住した人もいれば、労働や留学を目的に渡米したものの、滞在が長期化していく中で移民に転じた人等もいる。つまり多様な形で移動や移住が行われる中で「アジア系」が形づくられてきた。また、これら人びとのエスニック構成も多様である。中国系（24%）、インド系（21%）、フィリピン系（19%）、ベトナム系（10%）、コリア系（9%）、日系（7%）が上位を占めるが、カンボジア系やモン系、パキスタン系やスリランカ系、アフガニスタン系等、他にも多様な背景をもった人びとが存在する。*6 そしてこの中にはミックスレースの人も含まれ、20章や21章で紹介しているように、ミックスレースやインターマリッジによってアジア系はさらなる多様性を包含する集団となっている。

また、「アジア系」は、集団内の経済格差が大きい。かつてアジア系アメリカ人は「モデルマイノリティ（マイノリティの見本）」と言われ、アメリカで「成功」したマイノリティというイメージで語られることが多かった。この背景には、１９６５年の移民法改正が技術者の移民を優先したことで、教育資本や技術をもった人が移民した事情がある。現在も、25歳以上の大卒者の割合は、アメリカの平均が33％であるのに対して、「アジア系」は54％である。[*7] また所得平均もアメリカの平均より高い。ただ、所得平均はエスニック集団による差が激しい。インド系と中国系は「アジア系」の平均より高いが、それ以外のエスニック集団はアメリカの平均所得より高くても、「アジア系」の平均所得より低い。さらにネパール系やラオス系等、アメリカの平均所得よりも低い値を示すエスニック集団もある。しかしこのような「アジア系」内の格差や貧困の問題、さらに「アジア系」を含めた人種的マイノリティが置かれた構造的な問題が、これまでモデルマイノリティとしてアジア系が語られることで不可視化されてきた問題が近年は指摘されている（モデルマイノリティについては第29章や第31章を参照）。

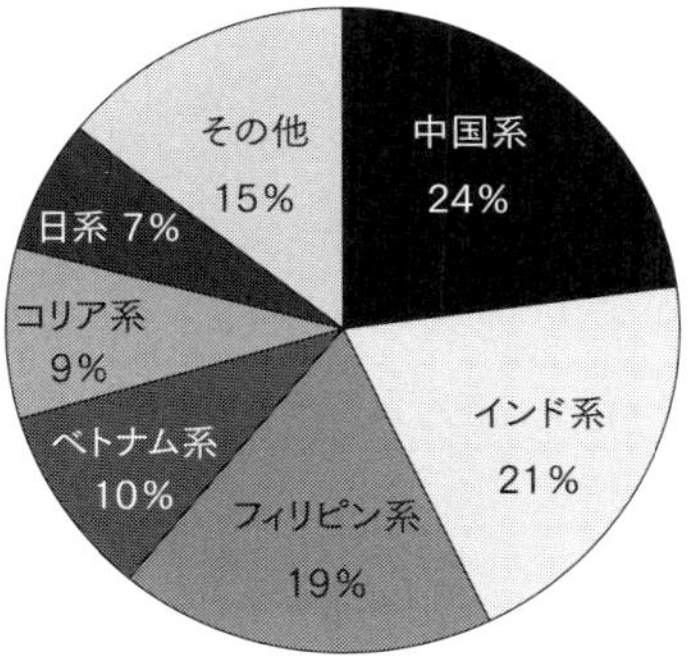

図2　「アジア系」のエスニック構成

注：複数人種を含む

出典：Pew Research Center, Key facts about Asian Americans, a diverse and growing population, April 21, 2021 (https://www.pewresearch.org/short-reads/2021/04/29/key-facts-about-asian-americans/（2024年4月12日閲覧）をもとに作成

そして居住地域も多様である。「アジア系」の半数以上はアメリカ西部に暮らし、約30％がカリフォルニア州に居住している。しかしカリフォルニア州に次いで多いのは、ニューヨーク州、テキサス州、ニュージャージー州、ワシントン州である。また「アジア系」の居住地域はすべての州に及ぶが、どのエスニック集団がどの地域に多く住んでいるのかは集団ごとに異なる。例えばインド系は

アメリカ南西部に多く暮らしているが、中国系はアメリカ西部と北東部に多い（地図2、地図3参照）。

以上の「アジア系」の姿がアメリカの統計調査から浮き彫りとなるが、アジア系アメリカの世界は、アメリカのみならずアジアや太平洋を含めて国境を越えたところにも広がっている。アメリカは50州によって構成されるが、州ではない領土もあれば、米軍基地などの軍事的拠点もある。また、アメリカの覇権主義に組み込まれた地域ではアメリカの政治経済的影響力が強く、そこでアジア系アメリカ人やアジア系アメリカ文化が越境していることもある。さらにこのような政治経済的な影響とは別の次元で人や文化を通してつながる場合がある。

こうした連続性の中でアジア系アメリカの世界が構築・再構築されていることから、本書はアジア系アメリカの国境を越えて広がるトランスナショナルな世界にも着目していきたい。特に、人や文化、歴史や記憶、言葉や映画、思想や想いに注目することで、アジア系アメリカからつながる世界を描き出すこととしたい（国と国のつながりを政府の次元でみていく「インターナショナル」に対して、「トランスナショナル」は人やモノ、集団や組織などの次元で起きる国境を越えたつながりや事象を表す。詳しくは第53章を参照）。

本書を手に取ってくれた人の中には、日本の大学や市民図書館で偶然手に取った人もいるかもしれない。またアメリカに対する関心がない人もいるかもしれない。しかし冒頭のアジア系アメリカ人で詩人のキャシー・パク・ホンが「歴史や政治、文学や大衆文化をはじめとする西洋のあらゆるものが、かれら〔白人〕には自分のものとして存在する。だから人種が話題になるとき、私は自分が存在しないということも突きつけられる」と指摘するような状況が繰り広げられる中、本書の専門家たちは、アジア系アメリカがアメリカのヒストリーやストーリーに存在し、ライフやカルチャーを形作り、アメリカの国境を越えたトランスナショナルな世界にも広がっていることを教えてくれる。

アジアン・ヘイトが起きる中、アジア系アメリカ人が伝えようとしたのは、「知らない」ことが、アジア系アメリカ人の実存を否定し、ステレオタイプ化を引き起こし、暴力にさらされることにつながる、ということではないだろうか。そうであるならば、「知る」ことでそれをなくすことに貢献できるのではないだろうか。本書は、「知る」ことを出発点とすることで、誰もがステレオタイプや暴力にさらされない世界につながることを願ってつくった本である。本書の一ページをぜひ開いてみてほしい。

２０２４年３月

編者　李里花

注

＊１　ＮＢＣニュース「House passes anti-Asian hate crimes bill」２０２１年５月18日。

＊２　アジア系と「移民国家」アメリカについては、貴堂嘉之『移民国家アメリカの歴史』（岩波新書、２０１８年）を参照。

＊3　アジア系アメリカの戦争記憶やそれをめぐる運動については本書の第13章や第45章でも述べているが、さらに詳しい議論については、中村理香『アジア系アメリカと戦争記憶――原爆・「慰安婦」・強制収容』（青弓社、２０１７年）や大八木豪「アジア系アメリカ人の対日戦争謝罪・補償要求運動の形成過程――アイデンティティの変容とアクティヴィズムの系譜」『アメリカ研究』（50）２０１６年を参照。

＊4　Catherine Ceniza Choy, *Asian American Histories of the United States*, Beacon Press, 2021（『アジア系のアメリカ史（再解釈のアメリカ史・3）』佐原彩子訳、勁草書房、２０２４年）.

＊5　Pew Research Center, Key facts about Asian Americans, a diverse and growing population, April 29, 2021 https://www.pewresearch.org/short-reads/2021/04/29/key-facts-about-asian-americans/（２０２４年3月1日閲覧）

＊6　同上。

＊7　同上。

【凡例】

1　本書は「アメリカ合衆国」の国名を「アメリカ」や「米国」、「合衆国」と略して表記する。

2　本書は、移民の世代とエスニック・カテゴリーについて、表記を統一していない。ただ移住者や移民の第1世代を「1世」といい、第2世代以降を「2世」「3世」「4世」……と表記することが多い（漢数字で「一世」「二世」と表記することもある）。また1世を「○○人移民」と表記し、1世以外の世代を含む時は「○○系移民」と表記することもあるが、アメリカ生まれのアメリカ国籍者である2世以降の世代を「移民」と呼ぶことは、アメリカ社会からアジア系アメリカ人が排除・周縁化されてきた歴史と重なる面がある。しかし、カテゴリーは名づけと名乗りのダイナミクスの中で形作られ、その表記は時代やコンテクスト、集団によって異なる。

そのため、本書では表記を統一していないが、排除や周縁化を意図しているものではないことをあわせて付記したい。

3　1965年以降の日本からの移住者を「新日系」や「新1世」と表記する場合もある。また、この場合の「新日系」の2世（移民子弟）は「新日系2世」と表記する。

4　アメリカの人種的マイノリティについて、「黒人」は「アフリカン・アメリカン」「アフリカ系アメリカ人」「アメリカ黒人」と表記することがある。「ラティーノ」については「ヒスパニック」や「ラティンネックス」などの表記を使うことがある。また「アメリカ先住民」については「アメリカンインディアン」や「先住民」という表記を使うことがある。執筆者の専門性を考慮し、これらの表記は統一していない。

5　2人称と3人称について、英語では「his」や「her」以外にトランスジェンダーやノンバイナリーの人びとを包含する「they/them」が使われることがあるが、日本語では「彼／彼女」「彼ら／彼女ら」等の男女別の表記が主に使われる。こうした言語的違いやニュアンスについて、執筆者の専門を考慮し、表記を統一していない。また同じ理由から、2人称と3人称の日本語表記についても、本書では「彼ら」「彼ら・彼女ら」「彼ら／彼女ら」「かれら」等、複数の表記が使われているが表記を統一していない。

6　「ベトナム系」の表記について、国名が2019年の「在外公館名称位置給与法」改正によって「ヴェトナム」から「ベトナム」へ変更されたことにともない、「ベトナム」と表記する章もあるが、歴史的経緯から、「ヴェトナム」と表記する章もある。

7　各章の内容は章末の参考文献だけでなく、巻末に掲載した「アジア系アメリカをもっと知るためのブックガイド」も参照していることがあるので、あわせてご確認いただきたい。

アジア系アメリカを知るための53章

目次

I　ヒストリー／ストーリー

Ⅱ　ライフ／カルチャー

Ⅲ　ナショナル／トランスナショナル

注　本文中、特記のない図表、写真は著者が作成または撮影したものである。

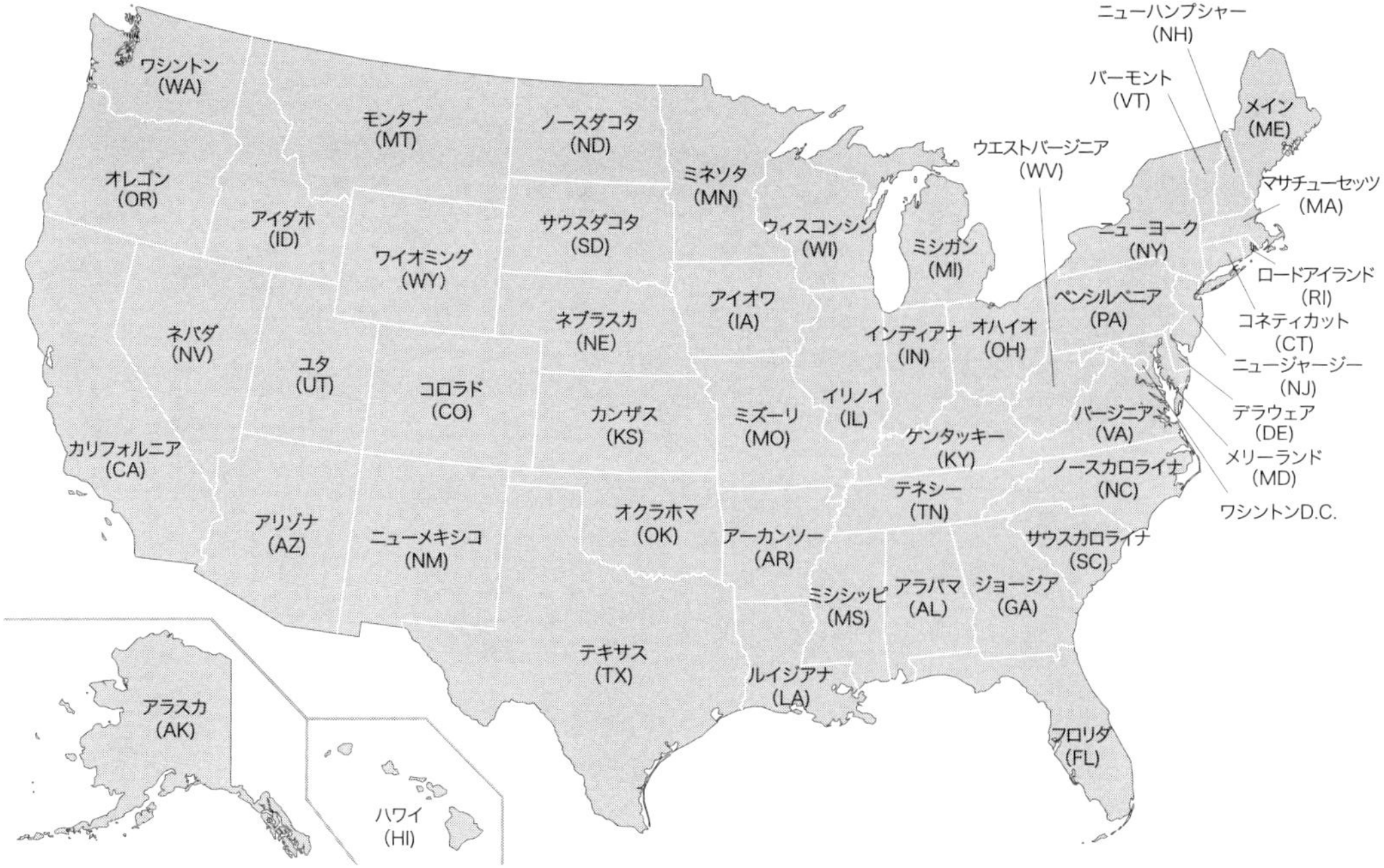

地図１　アメリカ合衆国地図
（　）は州名の略号

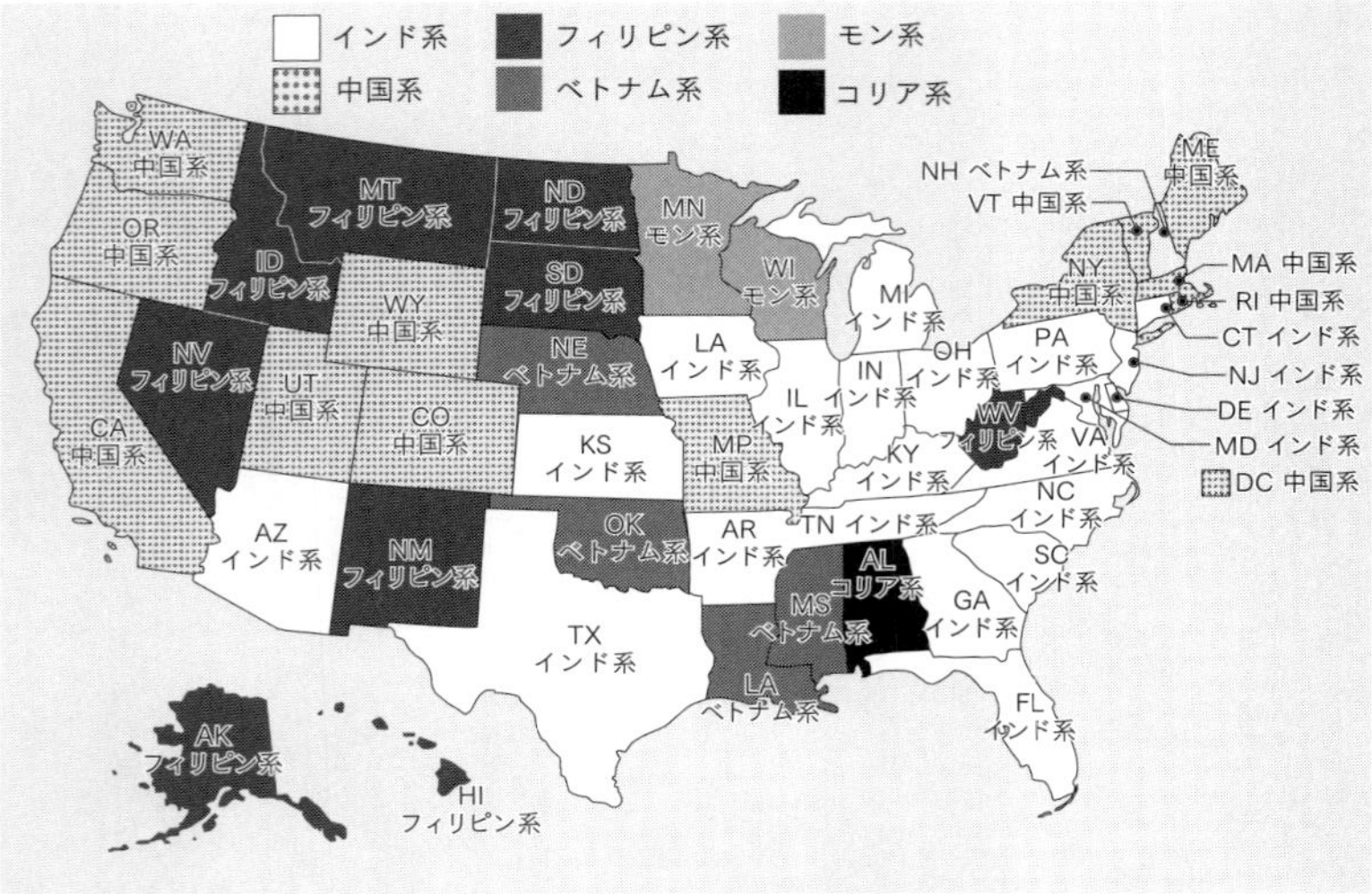

地図２　最大アジア系エスニック集団（複数人種を含む、2019年）

出典：ピュー・リサーチ・センター（https://www.pewresearch.org/short-reads/2021/04/29/key-facts-about-asian-origin-groups-in-the-u-s/）をもとに作成

地図３　アジア系が州人口に占める割合（複数人種を含む、2015年）

出典：Censsus（https://www.census.gov/library/visualizations/2017/comm/cb17-ff07_aapi.html）をもとに作成

図表1　アジア系州別人口分布（上位6エスニック集団、複数人種を含む）　単位：万人

中国系	人口	475	
1	カリフォルニア	172.0	36%
2	ニューヨーク	78.1	16%
3	テキサス	21.0	4%
4	マサチューセッツ	17.5	4%
5	ニュージャージー	17.4	4%
6	ワシントン	16.9	4%
7	イリノイ	14.1	3%
8	ペンシルベニア	12.9	3%
9	フロリダ	12.5	2%
10	メリーランド	9.5	2%
	合計	371.9	78%

インド系	人口	430	
1	カリフォルニア	83.0	19%
2	テキサス	43.0	10%
3	ニューヨーク	42.3	10%
4	ニュージャージー	41.4	10%
5	イリノイ	25.2	6%
6	フロリダ	17.9	4%
7	バージニア	15.9	4%
8	ジョージア	15.2	4%
9	ペンシルベニア	14.5	3%
10	ワシントン	12.2	3%
	合計	310.6	72%

フィリピン系	人口	364	
1	カリフォルニア	154.0	42%
2	ハワイ	25.6	7%
3	テキサス	18.2	5%
4	ワシントン	15.5	4%
5	ネバダ	15.4	4%
6	イリノイ	14.9	4%
7	ニューヨーク	13.8	4%
8	フロリダ	13.3	4%
9	ニュージャージー	12.7	3%
10	バージニア	9.9	3%
	合計	293.3	81%

ベトナム系	人口	196	
1	カリフォルニア	69.5	35%
2	テキサス	28.6	15%
3	ワシントン	8.3	4%
4	フロリダ	8.3	4%
5	ジョージア	6.3	3%
6	バージニア	5.5	3%
7	マサチューセッツ	5.1	3%
8	ペンシルベニア	4.7	2%
9	ニューヨーク	4.0	2%
10	イリノイ	4.0	2%
	合計	144.4	74%

コリア系	人口	175	
1	カリフォルニア	51.0	29%
2	ニューヨーク	14.1	8%
3	テキサス	10.4	6%
4	ニュージャージー	10.2	6%
5	バージニア	8.9	5%
6	ワシントン	7.6	4%
7	ジョージア	6.7	4%
8	イリノイ	6.6	4%
9	メリーランド	5.4	3%
10	ペンシルベニア	4.4	3%
	合計	125.3	72%

日系	人口	120	
1	カリフォルニア	39.6	33%
2	ハワイ	21.5	18%
3	ワシントン	6.1	5%
4	ニューヨーク	4.4	4%
5	テキサス	4.3	4%
6	フロリダ	3.4	3%
7	イリノイ	2.5	2%
8	バージニア	2.5	2%
9	オレゴン	2.4	2%
10	ニュージャージー	2.0	2%
	合計	88.7	74%

出典：ワシントン大学 Civil Rights and Labor History Consortium, America's Great Migrations Project (https://depts.washington.edu/moving1/map_asian_migration.shtml) 2017 年より作成。

図表２　州別アジア系人口（上位５州のみ・2020年センサス・単独人種）

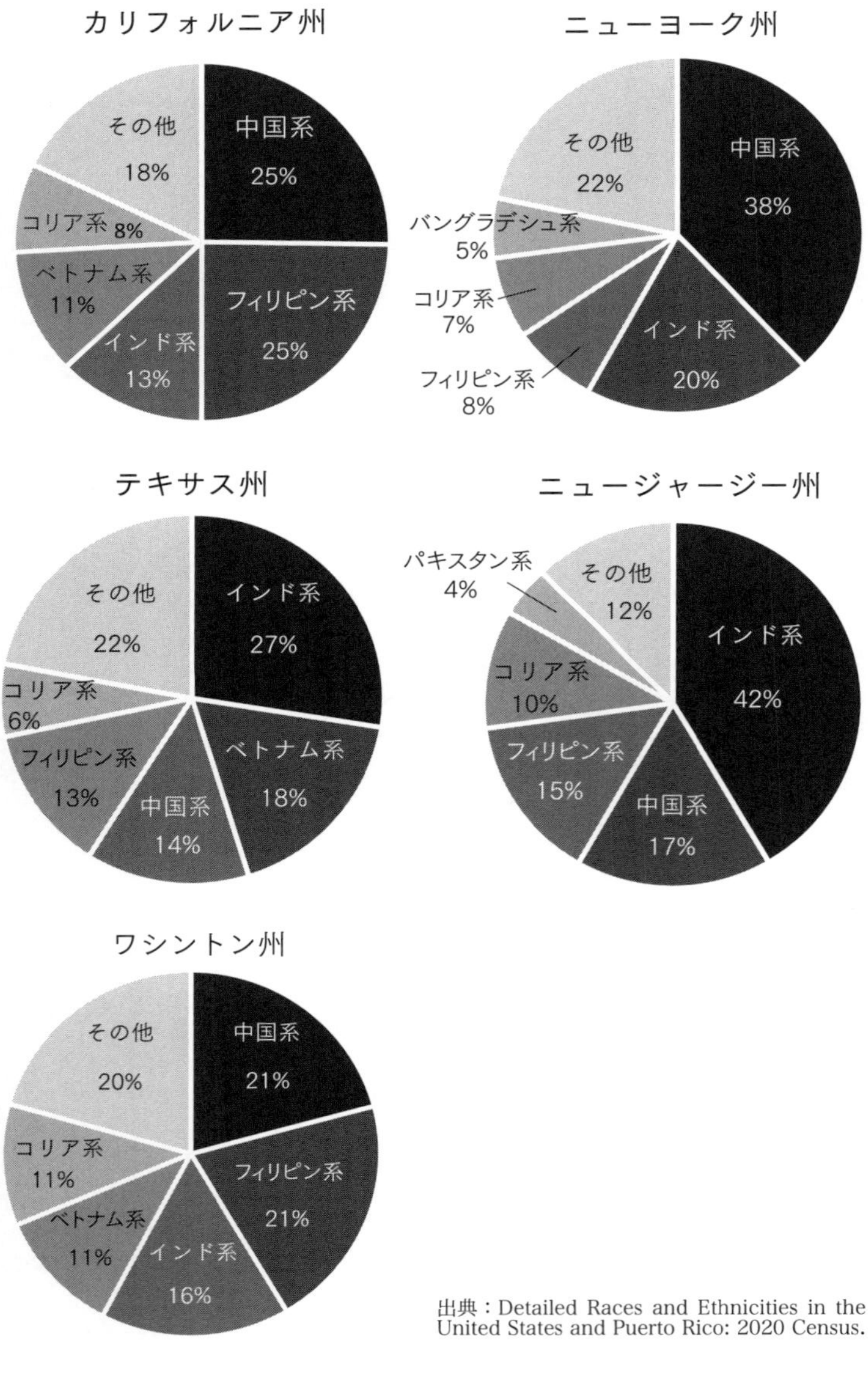

出典：Detailed Races and Ethnicities in the United States and Puerto Rico: 2020 Census.

I

ヒストリー／ストーリー

I

ヒストリー／ストーリー

1

アジア系とは（1）

★裁判と移民法にみる「アジア系」の境界★

2023年現在、合衆国には約1400万人のアジア出身者が暮らす。そのうち、すでに合衆国の市民権を取得（帰化）した市民が56％、市民権はまだ取得していない永住者（移民法上の「移民」）が30％、学生や就労ビザなど永住権を伴わない資格で暮らす「非移民」が14％を占める。近年は長期の留学・就労を経て、永住権を取得する人びとも多い。くわえて、公式統計には表れない、正規の在住資格を欠くアジア出身者は170万人と推定される。現在の合衆国の移民制度では、「移民」資格・永住権・帰化権は三位一体であり、永住者であることは一定期間の在住後に市民となれることを意味する。しかし、20世紀半ばまで、アジア系はこうした移民－市民モデルから排除され続けていた。

合衆国憲法が合衆国の市民を初めて定義したのは、建国後80余年、南北戦争を経て奴隷制度が廃止された後である。1868年、憲法修正第14条は（1）合衆国で生まれた者（2）帰化した者は、すべて合衆国市民であると定めた。その2年後に改定された帰化法は、1790年以来「自由な白人」に限定されていた帰化権を「アフリカ出身者またはアフリカ出身者の子孫」に拡げた。修正第14条と1870年帰化法はともに奴隷制度廃止とアフリカ系アメリカ人の権利拡大という時代の産物でありながら、市民権の付与原理は大きく異なっていた。前者が人種に言及することなく、出生地主義による生得的市民権を認めたのに対して、後者は帰化権の対象を拡大しながらも人種要件自体は堅持した。なぜ議会は人種要件を取り除かなかったのだろうか。その最大の理由は、人種要件を全廃すれば、中国人移民の帰化が可能になることへの反対であった。1870年のセンサスが初めて「中国人」という人種カテゴリーを設けたように、西部を中心に中国人移民の排斥運動が高まるなかで、新たな人種の境界が形成されようとしていた。

「自由な白人」という人種要件はアメリカというネーションへの壁として立ちはだかり、帰化権を否定された人びとは「帰化不能外国人」と呼ばれた。しかし、市民たりうる「自由な白人」の範囲は自明ではなかった。市民権を求め、自らが「自由な白人」であることを立証しようとした人びとの闘争の一端は、約50件の「人種要件判決」として残されている。その最初は、中国人移民の帰化をめぐる1878年の連邦地裁判決である。帰化申請を却下された原告は、中国人は「モンゴリアン」に属し、モンゴリアンは「白人」であると主張した。これに対して最高裁は、1870年帰化法の立法者意思と人種科学を理由に、中国人の帰化権を否定した。以後、60余年にかけて、裁判所は人種科学、1790年帰化法と1870年帰化法の立法者意思、一般常識、判例という4つの基準によって「自由な白人」の法的境界を構築した。

市民権を求めた人びとは「自由な白人」という言葉に、より多様で多層的な意味を見出した。そして、人種科学、肌の白さ、宗教、社会的地位、よき市民としての振る舞い、学歴、合衆国への忠誠心、兵役経験などを根拠として、市民としての適性を証明しようとした。例えば、1922年に最高裁で帰化資格を争ったオザワタカオ（小澤孝雄）は、そもそも「自由な白人」とは特定の人種集団を意味しないと立論した。1910年代までの裁判所が主に依拠した「科学」とは、ドイツの学者ブルーメンバッハによる人種分類である。しかし、最初の帰化法が制定された1790年当時、ブルーメンバッハの著作はアメリカでは知られていなかった。建国期の議会は「白人」を「コーカソイド」として同定したのではないとオザワは指摘し、「白人」とは「黒人」以外のすべての人びとを含んだと主張した。代わりにオザワが強調したのは「自由な」という言葉であり、その含意はよき市民たる個人的資質であると訴えた。裁判所はその訴えを却下したものの、こうした不断の闘争が合衆国における市民権や市民像を形成してきたのである。

最も白人性が揺れたのはインド亜大陸の出身者であり、インド人の帰化裁判は人種要件裁判の4分の1を占める。1920年までの7件の判決のうち6件はインド人を白人と認めた。いずれも、インド人は「科学的」にコーカソイドであり、したがって白人であるという判決理由であった。しかし、1923年、最高裁は、インド人は帰化できないという判決を下した。その理由とは、科学的にはインド人はコーカソイドだとしても、帰化法上の白人を決定するのは学説ではなく、より重要なのは1790年当時の立法者意思と、一般人の常識であり、いずれにおいてもインド人は白人に含まれないというものであった。この判決の影響は、インド人の帰化資格を否定したことに留まらない。その後の判決は「一般常識」を理由とした排除に転じたのである。

帰化法における「自由な白人」の揺らぎと比べて、合衆国で生まれた者はすべて市民であると定めた憲法修正第14条に多義的な解釈の余地はないように思われるだろう。しかし実際には、出生地主義が確立するまでに憲法修正から約30年を要した。中国人の移住と帰化を禁じた排華移民法が１８８２年に制定されると、帰化権を欠く中国人の親から生まれた子は、たとえ合衆国で生まれても市民ではないと合衆国政府は主張するようになった。これに抗った中国系アメリカ人の法廷闘争によって、出生地主義に基づく生得的市民権は人種を問わないという最高裁判決が１８９８年に導き出されたのである。移民第一世代が市民権を否定され、生涯にわたり外国人たることを強いられるなかで、合衆国生まれの第二世代以降が持つ市民権は、アジア系アメリカ人の家族にとって一層の重みを持った。

しかし、一旦は確立したかに思われた出生地主義は、合衆国が大陸国家から海外領土を持つ帝国へと変貌するとともに、大幅にその適用範囲が制限された。植民地の獲得とともに「合衆国」という定義自体が変わったのである。キューバの独立支援を大義としたはずの１８９８年の米西戦争によって、合衆国はスペインからフィリピン、プエルトリコ、グアム、サイパンを奪取した。そして、旧スペイン領の位置づけをめぐる一連の裁判の結果、裁判所は「未編入領域」という新たな法理を導き出した。未編入領域とは合衆国領土ではあるが、州となる道程から外された植民地空間である。新たな領土は、やがて既存の州と対等な州となるという、建国以来の国家拡張原理からの大転換であった。そして議会は、未編入領域の住民に対して、国民ではあるが市民権を持たない「ナショナル」という地位を新たに設けた。併合後に生まれた人びとにも、未編入領域は完全には合衆国ではないという理由で、出生地主義による市民権は認められることはなかった。

こうして合衆国領土と領域内の人びとの法的地位をともに階層化するのと並行して、議会は移民法を通して「アジア」をアメリカとは相容れない人種・地理的空間として定義した。1917年、議会は「アジア大陸内の東経110度以西、東経50度以東、北緯50度以南のアジア大陸全域」を「アジア人封鎖地帯」と定義し、同地域からの新規移住を禁止した。既存の排華法と合わせて、西端は現イラン・テヘランやアゼルハイジャン・バクー付近から東は中国までが排斥対象となった。人種要件裁判における原告たちの出身地は、西はトルコ、レバノンに至るが、1915年までにシリア人（当時はオスマン帝国下）は白人であるという人種要件判例が確定しており、判例そして移民法によって、ユーラシア大陸における白人世界の境界がオスマン帝国の東端に引かれようとしていた。

さらに1924年、議会は、合衆国は白人の国であるという思想に基づく新たな移民法を制定した。帰化不能外国人の新規移住を全面禁止したのである。ヨーロッパからの移民に対しては出生国ごとにビザを割り当てる量的制限策を採った（国別割当制度）こととは、原理的に異なる排斥であった。1907年から1908年に日米政府が合意した「紳士協定」に基づいて少数ながらも続いていた日本からの移民も、これによって遮断された。先述の、1922年の最高裁判決（オザワ判決）によって、日本人は帰化資格を持たないことが確定していたためである。1924年以降も、フィリピン人は外国人ではないため、本土へ移住することができた。しかし、1934年、将来のフィリピン独立を決定すると同時に、議会はフィリピン人の本土移住を禁止した。独立までは合衆国民であるにもかかわらず、移民法の上では帰化不能外国人と見なすと定め、独立を待つことなく排斥へと転じたのである。

排斥に風穴を開けたのは戦争であった。変化の起こった理由の一つは第二次大戦中の連合国との関係、もう一つは米兵が進駐先で家族を形成したことである。まず1943年に中国、1946年に新独立国インドとフィリピンに対する移民排斥と帰化禁止が撤廃された。ただし、移民上限は年間１０５人と、名目的解禁にすぎなかった。また戦後に、現役・退役軍人の配偶者と子に限って、帰化不能外国人であっても呼び寄せが可能となった。ただし、これらはあくまでも対象を限定した特別措置であり、人種排斥という原則は堅持されたままであった。

帰化法と移民法から人種要件が撤廃されたのは、１９５２年のことである。要因の一つは、アジア系アメリカ人が兵士として大戦に身を捧げ、その社会的地位が向上したことである。もう一つは、東西対立が深まるにつれて、合衆国が自由主義世界の盟主として振る舞うことと、公に人種主義を掲げることの矛盾が顕出したことである。ついに帰化法から人種要件が除かれたことは大きな進歩だった。しかし、議会は引き続き、アジアからの新規移住を最小限に留めようとした。そこで、１９１７年移民法の「アジア人封鎖地帯」に倣い「アジア太平洋三角地帯」（東経60度以西、東経１６５度以東、南緯25度以北）を設け、親が同地域の出身者であれば、移住希望者本人の出生地や国籍に限らず「アジア」からの移民と見なすと定めた。すなわち、形を変えた「血統」による移民制限である。このように定義された「アジア」系移民に対する年間上限はわずか３０００人であり、依然として狭き門であった。

大きな転機は、１９６５年の移民法改定によって割当制度が廃止され、合衆国の市民や永住者との親族関係、そして職業や技能が、移民ビザ発給の二大基準となったことである。改定当時、移民の出身地は大きく変わらないと予想されていたものの、その想定とは異なり、新制度のもとでアジアからの移民は急増し、新たな時代を迎えた。

（小田悠生）

◆参考文献

Lopez, Ian Haney. *White by Law: The Legal Construction of Race.* 10th Anniversary Edition. New York: NYU Press, 2006.
Hirobe, Izumi. "Naturalization Cases of Asian Immigrants from *In re Ah Yup* to *United States v. Ozawa* and *United States v. Thind.*"『アメリカ太平洋研究』６、１１９-30頁、２００６年。
貴堂嘉之『移民国家アメリカの歴史』岩波新書、２０１８年。
メイ・ナイ『「移民の国アメリカ」の境界――歴史のなかのシティズンシップ・人種・ナショナリズム』小田悠生訳、白水社、２０２１年。

2

アジア系とは（2）

★センサスにおける分類の変遷★

アメリカ合衆国におけるセンサスは１７９０年の初回以降10年に1度行われており、２０２０年には第24回のセンサスが行われた。この長いセンサスの歴史には、質問項目や調査方法の変更が幾度もあった。なかでも最も大きな変化の一つが、１９６０年の移行期を経て１９７０年に自己記入方式で調査が行われるようになったことである。個々人が自分のアイデンティティに応じて人種欄に記入することが可能になったのである。加えて２０００年以降からは、人種の複数回答が可能となった。こうして人種を一つだけ回答する「単独人種」の人びとに加えて、「複数人種」の人びとも計上されるようになった。この「複数人種」は「マルチレイシャル」とも呼ばれ、第20章でみる「ミックスレース」の人びとを指している。

このような変容を経た２０２０年センサスの結果から、各人種集団の規模を「単独人種」でみてみよう。センサスでは本書の対象である「アジア系」を含め5つの人種集団が規定されていて、アメリカの総人口約3億８７０万人のうち「ホワイト」は約2億４３０万人で全体の61・6％、「ブラック」は約４１１０万人で全体の約12・４％を占めた。「アジア系」は約１９

90万人で全体に占める割合は約6％で2010年の1470万人（同4・8％）からの増加を見せた。「ネイティブ・アメリカン」の人口規模は約370万人で同1・1％、「ネイティブ・ハワイアン」が約69万人で同0・2％であった。一方でセンサスでの「ヒスパニックまたはラティーノ」とは、「人種に関係なくキューバ系、メキシコ系、プエルトリコ系、南・中央アメリカ系、または他のスペイン文化や出自の人」を指している。2020年センサスによれば、この「ヒスパニックまたはラティーノ」は、約6210万人を数え、総人口の約18・7％に相当し、増加率も高い。ただその半数弱は上記の「ホワイト」や「ブラック」などの人種のいずれでもないと回答しており、結果「その他」の人種集団としてセンサス上扱われてしまう。したがって「ホワイト」、「ブラック」、「アジア系」、「ネイティブ・アメリカン」、「ネイティブ・ハワイアン」の5つの人種集団に加えて、上記の「複数人種」と「その他」という圧倒的多数が「ヒスパニックまたはラティーノ」の人びとで占められる「人種」集団が公式統計には上がってくる。

本書が対象とする「アジア系」は、他の人種を一つ以上選択した「アジア系」「複数人種」の410万人と合わせると2020年に2400万人となり、アメリカの総人口の7・2％を占めるようになった。「アジア系」の内訳を「単独人種」で見た場合、「インド系」（439万人）が2020年にはじめて最も多くなり、次に「台湾系を除く中国系」（412万人）、「フィリピン系」（315万人）、「ヴェトナム系」（195万人）、「コリア系」（150万人）、「日系」（74万人）の順となった。ここからわかるように「コリア系」の半分の規模となった「日系」は、人口増加が緩やかで「アジア系」のなかでの人口比の相対的な減少が続いている。このほか数は少ないものの、「パキスタン系」、「モン系」、

「インドネシア系」といった回答を反映した集団も「アジア系」という「人種」に含まれる。

　こうした２０２０年の統計の基礎になるのが、行政管理予算局（ＯＭＢ）による「アジア系」の定義である。１９７７年、ＯＭＢによって「アジア系または太平洋諸島系」とは、「極東、東南アジア、インド亜大陸、または太平洋諸島に起源を持つ人びとであり、この地域には例えば、中国、インド、日本、韓国、フィリピン諸島、サモアが含まれる」と定義された。これを受けて、１９９０年に「アジア系または太平洋諸島系」が「人種」分類として登場した。その後「ネイティブ・ハワイアン／太平洋諸島系」が独立した分類となったために、上述のように最近のセンサスでは、「アジア系」とは「極東、東南アジア、インド亜大陸に起源を持つ人びとを意味する人種や複数の人種を例えばインド系、中国系、フィリピン系、コリア系、日系、ヴェトナム系、他のアジア系等回答欄に記載した人びとを含む」と定義されている。

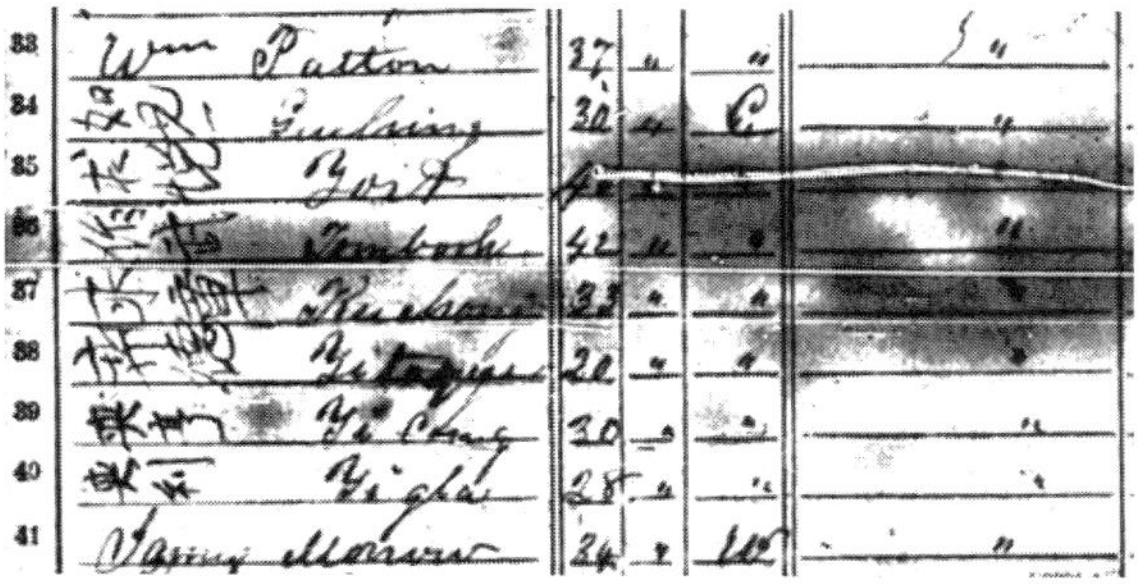

中国人移民へのセンサスの記載　名前欄に漢字の記載がある事例
出典：Population Schedule of California State Census, El Dorado, California, 1852, 196.

　ではここからは、「アジア系」をめぐるセンサスにおける分類の変遷を通じて、「アジア系」という集団を歴史的な文脈に位置づけていこう。以下、１９７７年以前のセンサスにおける分類名を論じる際には「〇〇系」ではなく、カタカナを使用する。

まず、センサスにみる「アジア系」への記録の始まりは、中国人移民へのまとまった形の記録があった1850年のことであった。1850年に行われた第7回センサスは、「最初の近代的なセンサス」とされている。1790年から1840年までは、具体的な情報が調査されたのは家族の長(世帯主)に対してで、他の家族は数だけが記録されていた。それが1850年には、家族全員に対する調査となった。質問項目としては「生まれた場所」が追加されたほか、「肌の色」の調査項目では、「ホワイト」「黒人」「ムラトー」の3つが分類項目となった。こうしたセンサスの「肌の色」の分類のもと、ゴールドラッシュで沸くカリフォルニア州に移住した中国人移民の圧倒的多数は、1850年時点では調査員から「ホワイト」と見なされた。しかし同州では、差別感情がまもなく顕在化し、南北戦争後の再建期には中国人移民は国民の境界から排除されていく。センサス上では1870年に、「チャイニーズ」が単独の公式分類となった。カリフォルニア州では、「モンゴリアン」や「アジアティクス」といった当時「科学」的とされた集団名(2020年のモンゴル出身者が意識された「モンゴル系」とは異なることに注意)も使われていたのだが、「チャイニーズ」が採用された。その背景には移民政策との連動があった。そして、1882年の中国人排斥法成立を経た1890年、移民数は当時微々たるものであった「ジャパニーズ」がセンサスの公式分類となる。新たに太平洋を渡ってくる移民に対して、「チャイニーズ」や「ジャパニーズ」が、出身国／ネイティビティを強く含意する「人種」として追加されていったのである。

同時に、「チャイニーズ」や「ジャパニーズ」は「カラード」と位置づけられていき、「ヒンドゥ」

と「コリアン」もこれに続いた。センサスと移民・外交政策とが連動し「チャイニーズ」や「ジャパニーズ」が分類化（人種化）されつつ、移民とアメリカ生まれの双方を含む中国系や日系を「カラード」の一部として包含するための総称「モンゴリアン」も時に併用された。

１９０６年には、センサスにおいて「モンゴリアン」とは「少なくとも8分の1のチャイニーズかジャパニーズの血を持った人で、インディアンやニグロよりもモンゴリアン（の血）が多く（強く）、コミュニティにおいてチャイニーズないしジャパニーズと見なされている人」と定義された。しかし「モンゴリアン」が中国系、日系にほぼ限定して使用されたため、「モンゴリアン」以外の太平洋を渡る移民を人種化するべく、センサスでは１９１０年、「その他すべて」が採用された。「その他すべて」という分類は、１８００年代の初めに、主に「自由黒人」をあらわす言葉として採用されていたが、それから１００年後に、多様な「アジア系」の移民集団を含めるため、新たな意味をもって復活することとなったのである。

１９２０年のセンサスに掲載された「肌の色」ないし「人種」の１７９０年から１９２０年までの通史的な表では、「その他すべて」に「ハワイアン、マレー、シャミーズ、サモアン」が加わった。このように、１８７０年の「チャイニーズ」、１８９０年の「ジャパニーズ」に、１９２０年の「その他すべて」を加えたものが、１９７７年のOMBによる「アジア系または太平洋諸島系」と重なりあう。つまり、「アジア系または太平洋諸島系」系の原型がセンサスにおいてみられたのは、１９２０年のことだった。

さらに、１９３０年には「フィリピノ」「ヒンドゥ」「コリアン」に対しても独自の「人種」集団としての記録が求められるようになった。この時点で、現在も有効である「アジア系」の出身地域「極東、東南アジア、インド亜大陸」の人びとが揃って人種化されたことになる。このように、センサスにおける分類の変遷をふり返れば、1977年に提示された「アジア系」の出身の地理的範囲とされる「極東、東南アジア、インド亜大陸」の国々の人びとが、1870年以降、センサスによって出身国別に人種化されていったことがわかる。そのプロセスは、「チャイニーズ」や「ジャパニーズ」等が、移民・外交政策と連動して「認知と監視」の対象となるとともに「アジアティクス」や「モンゴリアン」と総称され「カラード」と括られていくプロセスと表裏一体の関係であったのである。

（菅〈七戸〉美弥）

◆参考文献

菅（七戸）美弥『アメリカ・センサスと「人種」をめぐる境界――個票にみるマイノリティへの調査実態の歴史』勁草書房、2020年。

3

アジア系とは（3）

★アメリカにおけるアジア系という共通アイデンティティ★

アメリカにおけるアジア系という共通アイデンティティは、1960年代に出現した現象である。アジア圏の異なる国や地域の出身者やそうした祖先をもつ人びとが、アメリカにおいてアジア系という一つの集団と見なされる、あるいは自らそれを標榜するという状況が浸透してきた。このアジア系アメリカ人という集団意識は歴史・社会的構築物であり、極めてアメリカ社会に特有な人種意識である。

19世紀後半からアジア系アメリカ人は排外主義の標的となり、その存在は必ずしもアメリカ主流社会に歓迎されてはこなかった。各アジア系の集団は、レイシズムに基づく暴力にさらされ、法律上も帰化不能外国人と見なされるなど差別の対象とされてきた。また第二次世界大戦中には、日系アメリカ人がその3分の2はアメリカ市民であったにもかかわらず、敵性外国人と見なされ収容された。こうしたアジア人およびアジア系に対する差別の問題は、当時は日系・中国系など各エスニック・マイノリティ集団に対する個別のものと見なされ、アジア系全体に対するものとは理解されなかった。さらにそうした差別に対して、アジア系全体が連帯して声を上げることも起こらなかった。

ブラックパンサー党のラリーに参加するリチャード・アオキ　1968 年
（CIR Online, CC BY 2.0）

しかし、第二次世界大戦後にエスニックな違いを超えたアジア系アメリカ人としての人種意識が醸成される状況が生み出された。当時、アジア系の主流集団であった中国系・日系アメリカ人のうち、アメリカ生まれ人口が初めて移民世代を数で超えた。このアメリカ生まれ世代は、第二次世界大戦後にアジア系集団内で相互交流するようになった。英語を母語とする世代の増加にともない、高等教育を受けるアジア系アメリカ人が増加したことによって、各エスニック集団がその集団に閉じた空間から出て、大学キャンパスなどで出会ったのである。これにより、主流社会におけるマイノリティとしてのアジア系意識が刺激されることによって、アジア系の新しい世代は、それまでかれらに付随していた出身国や出身地の違いなどをもっとも重要な事柄とは見なさなくなっていった。アジア系アメリカ人は、文化的に必ずしも類似しているわけではなかったが、主流社会でのアジア系に対するハラスメントや人種暴力にさらされてきていた点では共通していた。

１９６４年公民権法成立にいたる公民権運動の高まりとブラックパワー運動は、アジア系アメリカ人にアメリカ社会におけるマイノリティ権利運動の雛形（ひながた）を提供した。さらに、反植民地運動や脱植民地運動がアジア、アフリカ、ラテンアメリカ諸国で展開されたことによって、かれらの出身国や出身地に由来する人種的・文化的なプライドを高めたことは、アジア系アメリカ人学生が人種・エスニシティ概念に基づいてアジア系として連帯する気運を高める刺激となった。このような状況のなかで、アジア系アメリカ人学生はアジア系として自らを集団化し、非白人学生の連帯の一部へと自らを位置付けることによって大学運営側と対峙し、アメリカの多様な社会のあり様を反映したカリキュラムの実現を求めたのだった。アジア系アメリカ研究が大学プログラムとして発足することによって、様々なカリキュラムを通じて日系や中国系などの歴史がアジア系の共通の歴史として学ばれ共有されていった（第27章参照）。

ヴィンセント・チン殺害に対する抗議デモ
1983年

さらに日米貿易摩擦が激化し、反日感情が高まっていた1982年、ミシガン州デトロイトで中国系アメリカ人2世のヴィンセント・チンが日本人と間違われて2人の白人男性に撲殺された事件は、アジア系アメリカ人がレイシズムの暴力にさらされている現実を露呈し、アジア系アメリカ人に対する暴力を人種憎悪犯罪と理解する機会を提供することとなった。27歳で結婚式を間近に控えていたチンが独身最後のパーティを友人と開催していた際、2人の白人男性と言い争いとなり、かれらに追跡され野球バットで撲殺された。チンを人間と見なさないような暴力が振るわれたにもかかわらず、その殺人が罰金刑で済んでしまったことは、アジア系アメリカ人が強い怒りを感じる事件となった。チンが日本人に向けられた憎悪によってたまたま犠牲になってしまった残念な事件と理解されたのではなく、チンがアジア系であるからこそ殺されたという、その根底に存在したアジア人およびアジア系アメリカ人に対するレイシズムと刑事司法制度での差別的構造が問題視された。そのため、様々な抗議運動が展開され、アジア系アメリカ人の市民権を擁護するための非営利団体の設立が相次ぐこととなった。この事件以降、西海岸や東海岸で盛んであったアジア系アメリカ人運動が、中西部でも展開されることにより全米的な市民運動へと拡大した。

このようなアジア系アメリカ人のための社会運動の広がりは、アジア系アメリカ史がアメリカ社会におけるアジア系の存在を可視化するだけでなく、アジア系に対する不正義を正すための理解をもたらしたことに支えられていた。アジア系アメリカ史は、1882年の中国人排斥法はすべてのアジア人に対する非人道的扱いであり、日系人の収容はすべてのアジア系に対するレイシスト的な扱いであり、これらの延長線上にチンに対する暴力があるという理解を成立させ、アジア系への公正な扱いを求める声を高めることになったのである。

しかし、アメリカの主流社会でのアジア系に対する理解は大きく進んではこなかった。とりわけ近年の新型コロナウイルスの流行にともない、感染の発生源とされた中国への反感が中国系だけでなく日系やフィリピン系など様々なアジア系へのヘイトクライムを増加させた。そうした暴力およびレイシズムに抗うため、2020年に「ストップAAPIヘイト通報センター」が設立された。AAPI

は、アジア系アメリカ人と太平洋島嶼人（パシフィックアイランダー）の頭文字を取ったものである。こうしたカテゴリーの拡張によってアジア系というカテゴリーはさらに広い地域と多様性を含み、反レイシズム運動を進める原動力となっている。ただし近年のアジアからの移民増加は、そうした反レイシズム運動に与しないアジア系集団の増加をもたらしており、旧来のアジア系集団との軋轢を生んでいる。

（佐原彩子）

◆参考文献

Choy, Catherine Ceniza, *Asian American Histories of the United States*, Boston: Bacon Press, 2022（『アジア系のアメリカ史』（再解釈のアメリカ史・3）佐原彩子訳、勁草書房、２０２４年）.

Espiritu, Yen Le, *Asian American Panethnicity — Bridging Institutions and Identities*, Philadelphia: Temple University Press, 1992.

Maeda, Daryl J., *Chains of Babylon: The Rise of Asian America*, Minneapolis: University of Minnesota Press, 2009.

Wei, William, *The Asian American Movement*, Philadelphia: Temple University Press, 2010.

ロナルド・タカキ『もう一つのアメリカン・ドリーム――アジア系アメリカ人の挑戦』阿部紀子・石松久幸訳、岩波書店、１９９６年。

スーチェン・チャン著／トーマス・J・アーチディコン編『アジア系アメリカ人の光と陰――アジア系アメリカ移民の歴史』住居広士訳、大学教育出版、２０１０年。

I

ヒストリー／ストーリー

4

日系（1）

★19世紀末から20世紀前半を他の移民集団と比較して★

本章では、第二次世界大戦以前の日本からアメリカへの移民を、他の移民集団と比較しながら概観する。漂流民などを除けば、日本からアメリカへの移民は19世紀後半に始まったが、本格的な労働移民が始まったのは１８８０年代半ばからだった。すでに１８６８年に砂糖産業が発展するハワイ王国に約１５０名の日本人が渡航していた。さらに、１８８５年には日本とハワイ政府間の取り決めにより、労働移民を斡旋（あっせん）、許可する組織的な移民政策が採用され、１８９４年には移民事業が民間に委ねられるようになった。１８９８年にハワイがアメリカに併合されると、アメリカ本土への労働移動も活発化した。

この時期、発展を続けるアメリカの産業や農業は多くの労働力を必要としていた。他の移民集団に目を向けると、19世紀前半から半ばにピークをむかえたアイルランドからの移民に続き、19世紀末から20世紀初頭には、ロシア、ポーランド、イタリアなど東・南欧からアメリカへの大規模な人の移動があった。１８８０年から１９１４年にはヨーロッパから約２０００万人がアメリカに移民し、最大数を記録した１９０７年には、米国移民委員会報告（１９１１年）によれば、ヨーロッパからの全移民の81％が東・南欧出身であった。これらの移民の大部分は、主に東部や中西部の工業地域に流入した。

こうした中で、ヨーロッパからの移民数に比べれば少数ではあるが、アジアからの労働移民も19世紀後半から見られるようになった。初期には中国人移民が流入していたが、排華運動の激化の中、1882年に中国人労働者の入国禁止と在米中国人を帰化不能とする排華法が成立すると、これに代わって日本人移民が代替労働力として求められるようになった。こうして、1907年頃に日本人移民数はピークに達し、東栄一郎（『アメリカ大陸日系人百科事典』）によれば、1894年から日米紳士協約（1907〜1908）が日本からの労働移民を禁止する1908年までの間に、約12万5000人が西海岸へ、約7万6400人がハワイへ渡航した。しかし、1920年の在米日系人の総数は約22万人にとどまり、統計に表れない非合法移民を考慮に入れてもヨーロッパからのどの移民集団よりも規模は小さかった。

出身地域や移民の理由は様々であるが、この時期にやってきたどの移民たちもグローバルに絡み合う社会、経済的変化の影響を受けていた。彼らの多くは当初出稼ぎ目的で渡航してきた単身の男性であり、発展する工場や鉱山、鉄道敷設等での不熟練労働者や、都市や外国向けの食料生産のための農業労働者となった。のちに、家族呼び寄せなどの結果、女性移民の数も次第に増加していった。他方、これらの労働移民たちはアメリカの労働市場における競争相手として非難され、貧困や犯罪の原因として社会問題とされた。また、女性を含め彼らの風習や識字率、服装などの文化的、社会的要素も非文明的でアメリカ社会に同化できない人種的脅威と見なされた。東・南欧からの移民は、従来の移民とは区別され、「新移民」と呼ばれて差異化された。彼らは世紀転換期から始まったアメリカでの社会改革運動の中では、教化・改良の対象であった。翻って、アジア系移民はより深刻な差別と偏見にさらされた。彼らは度重なる排他的な世論や排外運動、土地所有や移民を制限する法律などを通じて経済、社会、政治的に排除され、「他者」とされていったのである。

一方、移民たちの間ではアメリカ社会での互助を目的とした同郷、同言語の多元的ネットワークが発展し、移民組織、教会や寺院などの宗教組織、学校やメディアなどが形成された。発展する移民コミュニティは、差別や偏見にも対抗した。東・南欧系移民のみならず、日本人移民も郷土、歴史的記憶、民族の本質的な性質などを説き、自民族の文化や言語、社会の文明性を強調し、アメリカ社会へ同化可能な集団であることを示そうとした。さらに、本国のナショナリズムと越境的に関わり、その影響を受けていたことも、これらの移民集団の共通点としてあげられる。

しかし、日本人移民と東・南欧系移民では、いくつかの大きな差異があった。まず、前者はアメリカの主だった労働運動から排除されたが、後者は包摂されていった。東・南欧からの労働移民は、アメリカの産業発展と労働力需要の高まりの中、労働争議を展開し、次第にアメリカの労働組合への参入を許されていった。同時に、彼らはアフリカ系の労働者などとの差異化もはかった。例えば、スラヴ系移民は「白人」ではなく「スラヴ人種」、時には「黒人（black）」と表象されることもあったが、「ヨーロッパ」や「白人」の枠内へと自己を位置づけていったのである。

次に市民権へのアクセスに違いがあった。１８７０年の帰化法では、帰化権は白人とアフリカ生まれの外国人、アフリカ生まれの人びとの子孫にあった。この帰化権の定義は曖昧であり、日本人移民などアジア出身の移民たちは市民権付与を訴えたが、法律や裁判を通じて「帰化不能外国人」と定義づけられていった。逆に、帰化権が否定されなかった東・南欧からの移民のコミュニティでは、民族的誇りや市民的権利意識と結び付き、早期の市民権取得が推奨された。

さらに、移民たちの故郷とアメリカの国際関係が、移民たちの経験を異なるものにした。多くの移民コミュニティのリーダーたちは、故郷で高まっていた国民国家形成運動、あるいは帝国からの独立運動と越境的に関わり合う言説や活動を生み出していた。例えば東・中欧のスラヴ系移民の場合、ユダヤ人、トルコ人を他者とし、戦時はドイツ人とも差異化を図り、抑圧から逃れ自由を求める文明的集団として自己を表象した。また、アメリカへの戦時協力やアメリカ化運動を通じて、アメリカの政治や世論の支持を得た。第一次世界大戦は、これらの移民たちがアメリカ社会へと受容される契機ともなったのである。

一方、日本人移民は、アメリカでの人種的偏見や同化主義、政治家たちの選挙戦略、越境的に展開する日本のナショナリズム、経済や軍事での日米の競争や利害対立など様々な要因が関連しあい、激しさを増す排日運動に翻弄された。そうした中にあって、一時的に排日運動が弱まった第一次世界大戦中、日本人移民コミュニティは、移民メディアや在米日本人会などの組織を通じてより活発なアメリカ化運動を行った。例えば、主流の移民新聞の一つ『日米新聞』は出稼ぎではなく、農業などを通じた定住と家族の形成による移民社会の改良を訴え続けた。また、他のアジア、アフリカ系の人びとを非文明的なイメージで描くことで、相対的な日本人の文明性やその望ましい移民像を強調した。しかし、第一次世界大戦の終結とともに、アメリカにおける排日運動は再燃した。１９２０年には、家族呼び寄せを禁じなかった紳士協約以来、増大していた女性移民制限のために日本政府により写真花嫁への旅券発給が停止された（写真花嫁については第11章参照）。また、１９２２年には最高裁で帰化権を求めたオザワタカオ（小澤孝雄）が敗訴し、１９２４年には帰化不能外国人の移民を禁じる制限移民法が成立して、日本からの移民は実質的に全面禁止となった。一方、同移民法は国別割当制度のもと、東・南欧からの移民を大幅に制限したが、全面禁止にはしなかった。このように、出身国や地域に応じた移民管理が確立されていった。

以上のように、戦前の日本人移民は常に人種やシティズンシップの問題に直面した。１９３５年のナイ・リー法で第一次世界大戦中に兵役についたアジア出身の移民に帰化権が付与されたが、第二次世界大戦中には市民権を持っていたアメリカ生まれも含め、本土の日系人が強制収容された。他方、日系二世部隊などは多くの犠牲を出しながらも活躍し、のちの日本人への市民権付与に貢献したと言われている。そして、１９５２年のマッカラン・ウォルター移民帰化法で、ようやく日本人に帰化権が与えられたのであった。

（一政〈野村〉史織）

◆参考文献

Gabaccia, Donna R., *Foreign Relations: American Immigration in Global Perspective* (Princeton and Woodstock: Princeton University Press, 2012).
キクムラ＝ヤノ・アケミ編『アメリカ大陸日系人百科事典――写真と絵で見る日系人の歴史』小原雅代訳、明石書店、２００２年。
イチオカ・ユウジ『一世――黎明期アメリカ移民の物語り』刀水書房、１９９２年。

5

日系（2）

★強制収容とリドレス★

日系アメリカ人の強制収容とリドレスは、日系アメリカ人の歴史の中核を占める集合的経験として、今日に至るまで記憶され、語り継がれている。それは、日系アメリカ人関係の出版物はむろんのこと、文学やアート、博物館での展示、コミュニティ行事などに至るまでに中心的に扱われ、強制収容とリドレスなしには日系アメリカ人について語れないと言っても過言ではない。しかしこの重要な歴史は、日本では一般にはまだよく知られていないのが現状である。

本章では、強制収容とリドレスとは何であったのか、日系人とアメリカ社会にどのような影響を及ぼしたのか、その後のポスト・リドレスの時代、どのような議論が俎上に上がっているのかについて素描する。

強制収容は、日系人に対する戦前の一連の制度的人種主義の延長上になされたものであるが、ここでは話を真珠湾攻撃から始めることとしよう。1941年12月7日（現地時間）の当日から数日間の間に、西海岸における日本人会から柔道教室に至るまで、日本的だと見なされた団体の指導者らが一斉にFBI（連邦捜査局）によって検挙され、戦時拘留所で捕虜として過ごすことになる。指導者らの拘留はハワイでも選択的に行われた。

1942年2月19日、ルーズベルト大統領は大統領令9066号を発令し、それによって約12万5000人もの「日本人を祖先にもつもの」が強制収容所で1年から3年余りを過ごすことになる。少数ながら、対象地域外の東へと移動し、強制収容を免れた人びともいたが、それらの人びともまた別の辛酸を舐めることになる。こうした強制立退・強制収容は、法的根拠も手続きもなしに行われた。

仮収容所で最初の数カ月間を過ごしたのち、内陸部の強制収容所に送られた日系人は、夏冬ともに過酷な気候の荒野に急遽建てられた収容所の中で、自由を奪われた生活を強いられた。鉄条網、バラックと呼ばれた大型の居住棟、米兵士が見張る監視塔などは、集団虐殺が行われたガス室や堀がないという決定的違いはあるにせよ、ナチスドイツが建設した強制収容所を模倣したと思われる側面もあった。

1943年、戦時転住局はいわゆる「忠誠質問」を実施する。なかでも「合衆国軍隊に入隊し、命ぜられたいかなる戦闘地にも赴き任務を遂行する意志があるか」を問うた第二七問、「日本国天皇あるいは他の国の政府や権力組織に対し、あらゆる形の忠誠や服従を拒否するか」否かを迫った第二八問は、日本に対する愛国心や天皇への忠誠心を強く抱いていた一世および日本で教育を受けた帰米二世と、アメリカ生まれ・アメリカ育ちの二世とを分断する過酷な質問であった。

1943年春、連邦政府が日系人の志願兵を募ると、疑われた忠誠を証明しようと応じた二世らにより日系部隊が結成された。なかでも442部隊は、弾丸の嵐の中を突撃せよという指令が繰り返し与えられ、アメリカ軍史上その規模としては最多の犠牲者を出したのも必然の結果であった。

しかしすべての日系人が、アメリカ政府による理不尽な命令に従順に応じたわけではない。例えば、ミノル・ヤスイ、ゴードン・ヒラバヤシ、フレッド・コレマツは、それぞれ政府による憲法違反の命令に従わず、抵抗し、投獄されたのであった。

強制収容の記憶は、戦後長く辛い過去の記憶として封印されていたが、１９７０年代末に、アジア系アメリカ人運動に啓発された日系人が中心となり、アメリカ政府に強制立退・強制収容が過ちであったことを認めさせ、謝罪と補償を求める、すなわち、不正義・不公正を正すという意味の「リドレス運動」を始めた。１９７８年11月の感謝祭の日に、シアトルの日系人らによって実施された「追憶の日」(Day of Remembrance) は、一世や二世らが初めて公の場で集合的に強制収容体験を語るという「沈黙を破る」契機となった。「追憶の日」は、現在でも毎年大統領令９０６６号の発令された２月19日前後に、各地の日系人コミュニティにおいて開催されている。

政府が設置した「戦時民間人転住・収容に関する委員会」は、１９８１年に関連各地で行った公聴会を経て、１９８３年に作成した報告書において、強制収容は、「人種偏見、戦時中の狂乱、政治指導力の欠如」によってもたらされたと結論づけ、謝罪と補償、それに教育基金の設置を行うよう政府に提言した。一方、前述のヤスイ、ヒラバヤシ、コレマツ訴訟に、１９８３年から88年にかけて再審の道が開かれ、名誉が回復された。政府は強制収容に「軍事上の必要性」がないことを知りながら隠蔽したことが明らかになったのである。これがリドレスの達成に向けて大きな進展をもたらすことになる。こうして、１９８８年市民的自由法が成立し、歳出が保証された１９９０年に、生存する元収容者個々人に対して、ブッシュ大統領による謝罪の手紙と２万ドルの小切手が送られることになった

マンザナー強制収容所跡地で行われた「巡礼」にて。ステージに上がったムスリムの若者たちと筆者

のである。また強制収容の歴史を正しく伝えるための教育基金も設置された。リドレス管理局が１９９９年２月に閉鎖されるまで、８万２２５０人に対して計約16億ドルが支払われた。

カリフォルニア州やワシントン州では、州や市、自治体などに勤務しながらも１９４２年に解雇された日系アメリカ人に対して、１９８０年代、１９８８年市民的自由法成立前に謝罪と補償金を渡していた。これも連邦政府によるリドレスの実現に追い風となった。

しかしリドレスが完結したわけではない。アメリカ政府は戦時中、ラテンアメリカ13カ国に居住していた２２００人以上の日系人を「危険な可能性のある敵性外国人」としてアメリカの強制収容に送った。これらの日系人の大半は、戦後もアメリカに残ったが、アメリカ市民や永住権保持者ではないという理由で、彼らに対するリドレスは完結していない。

２００１年９月11日に発生した同時多発テロの直後、アメリカ国籍の有無にかかわらず在米アラブ系の人びとを一斉に検挙・拘留すべきだという議論が上がった時に、同じ過ちを起こしてはならないと声を上げ、その制止に大きく貢献したのは日系アメリカ人であった。今日でも、前述の「追憶の日」やいくつかの強制収容所跡地への「巡礼」など毎年恒例の行事においても、アラブ系やムスリムの人びととの連帯は続いている。

リドレスは、他のアジア系やアフリカ系を含む様々なコミュニティや団体、政治家等から支持を得て実現したものである。近年では、日系アメリカ人コミュニティは、単に強制収容の記憶を喚起するだけではなく、ブラック・ライヴズ・マター運動への支持やアジア系に対するヘイトクライムへの抗議を積極的に行っている。さらに、一部の日系アメリカ人の間では、日本の植民地主義が引き起こした慰安婦問題や、ハワイ先住民に対する日系・アジア系のセトラーコロニアリズム（定住型植民地主義）をめぐる問題提起など、人種主義の被害者としてだけではなく、（直接間接を問わず）加害者としての自覚を促す活動も見受けられる。

（竹沢泰子）

◆参考文献

ウェグリン、ミチコ『アメリカ強制収容所——屈辱に耐えた日系人』山岡清二訳、政治広報センター、1973年。

戦時民間人再定住・抑留に関する委員会編、読売新聞社外報部訳編『拒否された個人の正義——日系米人強制収容の記録』三省堂、1983年。

竹沢泰子『日系アメリカ人のエスニシティ——強制収容と補償運動による変遷』新装版、東京大学出版会、2017年。

山倉明弘『市民的自由——アメリカ日系人戦時強制収容のリーガル・ヒストリー』彩流社、2011年。

6

日系（3）

★メキシコ人との集団間関係史★

アメリカ南西部のカリフォルニア州では、アジアとラテンアメリカから移住した人びとの経験が交差しながら移民史を織りなしてきた。20世紀前半から本格的に両地域出身の移民が多く移住し、外見や言語などの点で極めて多様な移民社会を生み出した。特に州南部のロサンゼルス郡には、日本とメキシコから人びとが移住し、1930年までにアメリカ本土で最も多くの日系とメキシコ系の人びとが暮らす地域となった。この年の両集団の人口は、郡人口220万人の9％、そして郡内非白人人口の78％を占めており、人種的少数派諸集団内の多数派を構成していた。

なぜこのように多くの日本人とメキシコ人が移住したのであろうか。日本では明治維新後の近代化の過程で多くの農民が生活に困窮した。彼らはより高い賃金を求めて1890年代後半から本格的にアメリカ西海岸に渡っていき、家庭を形成するとともに定住していった。日本人移民が集住していたサンフランシスコ地域で大地震が発生した1906年以降は、多くの日本人移民が広大で肥沃な土地を有し、快適な気候も魅力であったロサンゼルス地域に移住していく。その結果、ロサンゼルス郡内の日系人口は、１９００年にはわずか２０９人であったが、１９３０年には3万５３９０人に急増した。こうした日本人移民の中には、借地農として白人地主から土地を借りて、野菜やイチゴなどの主要な生産者となったものが多かった。第二次世界大戦前のロサンゼルスにおいて、農業は日系人社会の経済基盤であっただけでなく、ロサンゼルス経済においても重要な役割を担っていた。

このような日本人移民社会の基盤となった農業を支えていた別の集団が、メキシコ人移民であった。１９１０年に始まったメキシコ革命による混乱を避けるため、土地を持たない多くのメキシコ人労働者がアメリカに入国していった。１９２０年代に急速な経済発展と人口増加の過程にあったロサンゼルス郡には、多くのメキシコ人が移り住み、労働力の重要な供給源となった。郡内のメキシコ系住民は１９００年に１６１８人であったが、１９３０年には16万７０２４人と急激に増加した。アメリカ政府が１９２４年移民法によって商人や留学生ら一部の人びとを除いて日本人移民の新規入国を禁じていたこともあり、多くのメキシコ人が労働者として日本人農家を支えるようになった。このようにしてロサンゼルス農業においては１９２０年代以降、日本人借地農が白人地主から土地を借り、メキシコ人労働者を雇うという人種と階級の三層序列関係が形成された。

人種主義と資本主義が支配する白人中心社会において、日本人は同化不能の外国人として、メキシコ人はいつでも送還可能で安価な労働力として、それぞれ人種的に他者化（人種化）された移民集団であった。同時に、互いに少数派であった日本人農家とメキシコ人農業労働者の労使関係も緊張感をはらんでいた。１９３０年代、世界恐慌を背景に低賃金に苦しんでいたメキシコ人労働者は労働運動に積極的に参加し、日本人農家に対して大規模なストライキを起こした。日本人農家の主流派はスト

日本人経営の洋服店が 1926 年のクリスマス前日に『ラ・オピニオン』に掲載した特別広告

ライキを共産主義者の策動と見なして労働者の要求を拒絶した。しかし、移民集団間対立という地域問題が、日本とメキシコの両政府の介入を受けたり、アメリカ政府による労働者重視のニューディール政策の影響を受けたりする中で、日系人農家の中にもメキシコ人労働者の窮状に理解を示し、人種や階級の違いを超えて歩み寄ろうとする動きも生まれていった。

　こうした移民社会の諸相を記録しているのが、移民が自らの言語で出版また講読した移民新聞である。日本人が日本語で読んだ『羅府新報』や『加州毎日』はメキシコ人に関する記事も多く掲載していた。メキシコ人がスペイン語で読んだ『ラ・オピニオン』は、前述のストライキに参加したメキシコ人労働者を積極的に支援していた。しかし、移民新聞が伝えるのは集団間の対立だけではなかった。『ラ・オピニオン』の広告面に注目すると、１９２６年の創刊当初から日本人商店主らから広告収入を得ており、その経営は日本人移民の経験と深く結びついていた。日本人医師の広告には「スペイン語が話せます」という言葉が添えられ、メキシコ人患者を対象に安心できる診療環境を整えていることが示されていた。

　第二次大戦中に日系人強制収容が実施されると、メキシコ人移民の間では、これを経済的好機と捉え、かつて日本人農家が経営していた農地を引き継ごうという期待が膨らんだ。一方で、『ラ・オピニオン』は「〔日本人の〕子どもたちはスペイン語を話し」、「特に国境に近い地域の多くのメキシコ人は日本語を話す」などと書き、日米開戦までに両集団が築いた一定の信頼関係に言及しながら名残を惜しむような記事も掲載した。いずれにしても、ロサンゼルス農業を支えていた人種と階級の三層序列関係も開戦にともなう日系人強制収容によって消滅することとなった。戦後、ロサンゼルス郡では急速な工業化と住宅化によって農地は縮小したものの、住宅化とともに庭を整える庭園業が発展した。日系人が庭園業の主な担い手となり、特に1960年代以降は多くのメキシコ人労働者を雇うことで新たな相互関係が築かれた。その後、日系人庭園業者の引退にともなって、メキシコ人移民が主な担い手として庭園業を引き継いでいった。1920年代から1940年代にかけての日本人とメキシコ人の集団間関係史の詳細については、拙著を参照してほしい。

アメリカで形成されたアジア人とメキシコ人の関係は、日本人に限ったものではなかったことについても言及しておきたい。戦前のカリフォルニア州では、レオナード（1992）とゲバラ（2012）が詳述しているように、インドのパンジャーブやフィリピンから渡米した男性移民は同郷の女性移民が少なかったため、アメリカで暮らすメキシコ系の女性と結婚して家庭を築くものもいた。日本人移民の経験を含めて、同州で築かれたアジア人とメキシコ人の集団間関係は、環太平洋地域における国際関係を背景として、アジア諸国、メキシコ、そしてアメリカの人びとの経験が交差する環太平洋史の一環として捉えることができよう。

1965年移民法成立以降に形成されたロサンゼルス郡のコリアタウンやオレンジ郡のリトルサイゴンなどのアジア系コミュニティでは、多くのメキシコ人や他のラテンアメリカ諸国出身者が働いている。21世紀に入っても、カリフォルニア州ではアジアとラテンアメリカの人びととの経験は重なり合って環太平洋地域ならではの独自の移民社会を形成し続けており、関連研究もさらに厚みを増していくであろう。同時に、ハワイやアメリカ南部を含めた様々な地域においてアジアとラテンアメリカの人びとが関わり合ってきた歴史や現状について学ぶことも、より広い視野でアメリカ社会を理解するうえでますます重要になっていくであろう。

（徳永悠）

◆参考文献

Almaguer, Tomás. *Racial Fault Lines: The Historical Origins of White Supremacy in California*. 1994. Reprint, Berkeley: University of California Press, 2009.

Guevarra Jr., Rudy P. *Becoming Mexipino: Multiethnic Identities and Communities in San Diego*. New Brunswick, NJ: Rutgers University Press, 2012.

Leonard, Karen Isaksen. *Making Ethnic Choices: California's Punjabi Mexican Americans*. Philadelphia: Temple University Press, 1992.

Molina, Natalia. *How Race Is Made in America: Immigration, Citizenship, and the Historical Power of Racial Scripts*. Berkeley: University of California Press, 2014.

Sánchez, George J. *Boyle Heights: How a Los Angeles Neighborhood Became the Future of American Democracy*. Oakland: University of California Press, 2021.

Tokunaga, Yu. *Transborder Los Angeles: An Unknown Transpacific History of Japanese-Mexican Relations*. Oakland: University of California Press, 2022.

7

日系（4）

★20世紀後半の「新一世」★

戦前の日本人移民が「一世」と呼ばれるのに対し、戦後の日本人移民はしばしば「新一世」と総称される。２０１０年当時、日本からハワイに移住して40年近く経つ新一世の女性は、ハワイに住む日本人の移民アイデンティティについて聞かれ、次のように答えた。

移民っていうのは「渡る」ということですよね、あと「移る」ということですよね。……昔日本が貧しくて、一旗揚げようと、そういう時代にできた言葉ですよね。だから今の私たちの場合、移民っていう意識ないんじゃないですか？

戦後に経済大国となった日本からアメリカに移住した新一世は、戦前の日本人移民との違いを強調し、この女性のように移民としてのアイデンティティが希薄である場合が多い。たしかに、移民の大半が出稼ぎ労働者であった戦前の一世と比べて、戦後の新一世はその規模も渡米目的も異なっている。

かつて日本人を含むアジアからの移民は「白人ではない」こ

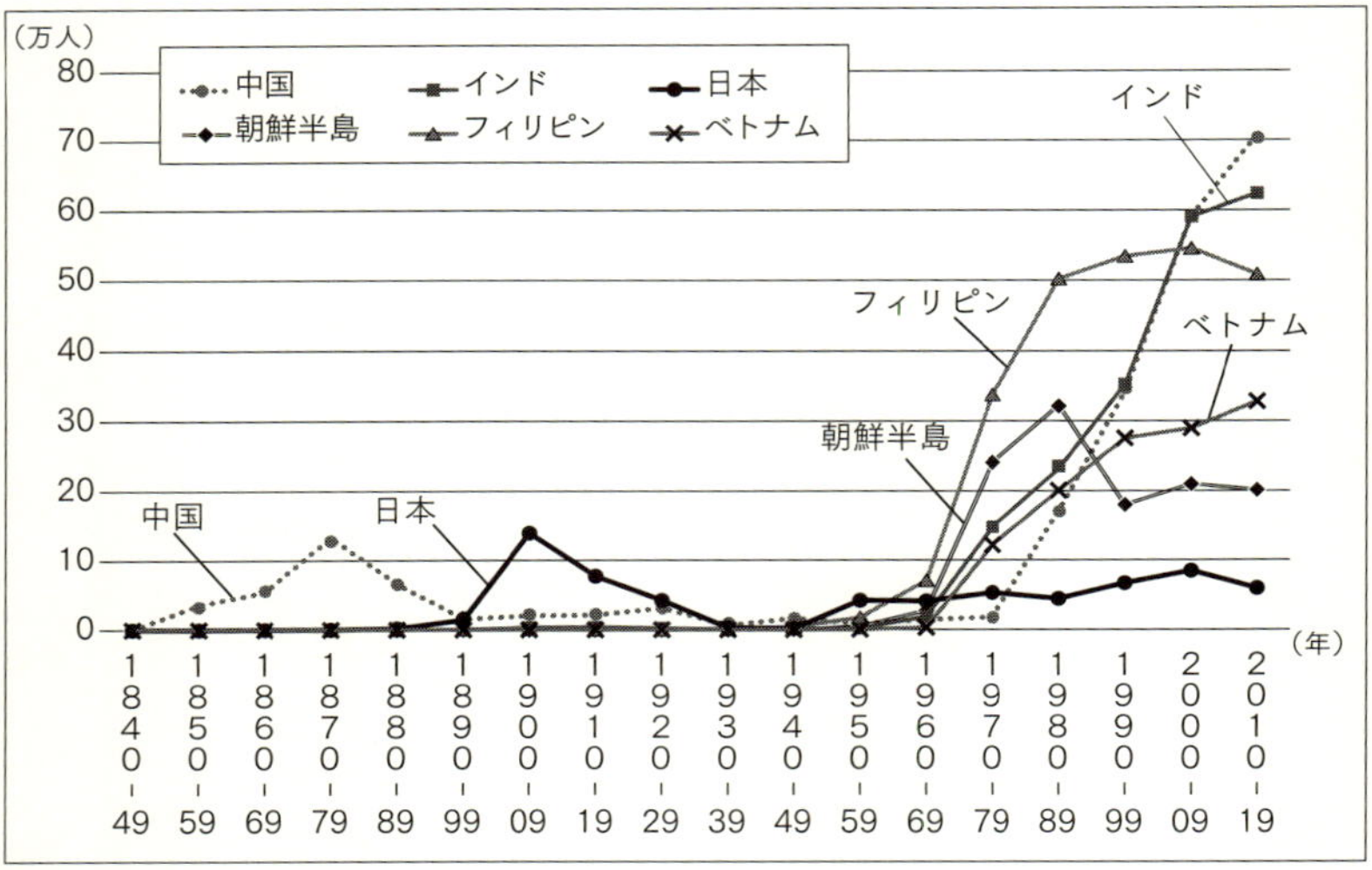

図１　主なアジア諸国からの移民数（1840–2019 年）

出典：*Yearbook of Immigration Statistics 2022* をもとに筆者作成。中国は香港および台湾を含まない。朝鮮半島は南北朝鮮を含む。

とからアメリカへの帰化が許されず、１９２４年から１９５２年までアメリカは日本人移民の受け入れを事実上停止した。１９６５年に国別の移民数上限割当が撤廃されると、１９７０年代以降アジアからの移民数は急増したが、日本からの移民は比較的少数にとどまった（図１参照）。日本人移民数が最も多かったのは20世紀初頭であり、戦後にそれを上回るピークはない。１９６０年までアジア系最大のエスニック集団だった日系が、２０１０年に６番目のグループになったのは、戦後の新規移民が少なかったためでもある。しかし、１９６５年以降にアメリカに移住した日本人移民の総数はすでに戦前の移民数を超えており、様々な人びとが今日の日系コミュニティを形成している。「移民」とは誰を指すのか、国際移動をする人びとがいかにして「移民になる」のか、戦後の日本人移民の変遷から考えてみよう。

戦後にアメリカに渡った最初の日本人移民集団は、敗戦後の占領期に日本に駐留したアメリカ人兵士や軍属と結婚した日本人女性、いわゆる戦争花嫁である。まだ日本人のアメリカ移住が正式に認められていない中、１９５０年代末までにアメリカ人の妻として渡米した日本人女性の数は４〜５万人と言われている。戦争花嫁は日本社会で「夜の女」というネガティブなステレオタイプを与えられ、アメリカの日系社会でもしばしば差別や偏見に苦しんだ。だが、彼女たちは移住先で形成した家族を通じてアメリカ社会に根付き、その子孫たちは日本にルーツを持つ新たなアメリカ人として成長している。戦争花嫁という言葉は時代とともに「国際結婚」にとってかわられるが、占領を経て敗戦国から戦勝国へ渡った彼女たちの経験はその時代の日米関係を反映する特殊なものである一方、アメリカが関与した戦争と占領がアジアの他の国々でも多数の「戦争花嫁」を生み出してきたことは忘れるべきでないだろう。

戦争花嫁をのぞけば、戦後の日本人移民数の少なさは日本の高度経済成長によるところが大きいと言える。経済的に豊かになった日本からアメリカにやってきた大多数は移民というよりもむしろ一時滞在にすぎない「非移民」であり、その大きな集団の一つが企業駐在員である。日米経済摩擦が１９７０年代から徐々に深刻化すると、多くの日本企業がアメリカでの現地生産を開始し、日本人駐在員の数は急増した。それまでは販売員が中心だったが、関連企業を含めた技術者が家族とともにアメリカに駐在するようになり、こうした人びとの生活に必要な日本の商品や日本語でのサービスを提供するあらゆるビジネスが日系企業の周辺に集中した。日系企業を中心とした日本人コミュニティは戦前からの日本町とは別に構築されていった。その一つ、南カリフォルニア郊外のサウスベイ地域には、トヨタ、ホンダ、日産といった大手自動車メーカーをはじめとする多くの日系企業のアメリカ本社が集中し、さながら「日系企業城下町」のようであった。

サウスベイの日系ビジネスが主な顧客とする駐在員は、駐在期間を終えたら日本に帰国する一時滞在者にすぎない。しかし、アメリカへの移民は「移民」という資格で入国する人びとばかりではなく、近年ではその半数近くが一時滞在のビザで入国し、後にグリーンカードとよばれる永住権を取得することで「移民」となっている。サウスベイの「日系企業城下町」の日本人の中にも入国後に「非移民」から資格を変更して「移民」となった人びとが多くいる。転職や起業によりアメリカに留まることを選んだ元駐在員、駐在中に永住権を取得してアメリカで老後の生活を楽しむ古参の元駐在員、就労や結婚などでビザの変更と更新を繰り返した後に永住権を得た元留学生。かれらがアメリカ永住に至る理由は様々だが、「移民」という意識はやはり希薄である。それは冒頭の女性が語ったような戦前との経済的な違いにもよるが、現代のグローバル世界における日本とサウスベイの距離感に対する意識の違いも反映している。２００８年当時、駐在員としてロサンゼルスに25年以上暮らす日本人男性は、移民という意識が希薄なのは「いつでも帰れるから」だと答えて次のように語った。

変な話、日本からアメリカを見るとすごく遠いんですよ、イメージとして。……でもロスのここから見ますとね、飛行場なんてここから10分くらいで行っちゃうし、乗ったらすぐぽんと行けるイメージがありますし。ここからだと近いんですよ。

サウスベイの疑似日本空間からみれば、約９０００キロ離れた東京－ロサンゼルス間すら近く感じられる。

日本人の「移民」意識が希薄なのは、アメリカに帰化する割合が他のアジア系に比べてかなり低いことにも表れている。日本は二重国籍を認めていないため、帰化の際に日本国籍を放棄する必要があるというのが理由の一つだが、最終的に日本へ帰国する可能性を残すために帰化をためらう日本人は多い。だが、アメリカで生まれたかれらの子どもたち「新二世」には生得的にアメリカ市民権がある。また、日本生まれであってもアメリカで長期間教育を受けたことから、英語も堪能で最終的にはアメリカで家族を形成していくことが多い。こうした「新二世」もまた現代の多様な日系アメリカ人、アジア系アメリカ人の新しい層を成している。戦後の日本人移民を考えるとき、世代の言葉や移民／非移民という枠組みを超えて、人の移動と帰属意識の関係性について考える必要があるだろう。

（佃陽子）

◆参考文献

佃陽子「日系グローバル企業がつくる「ローカル」――南カリフォルニア郊外の事例から」上杉富之編『社会接触のグローカル研究』成城大学グローカル研究センター、33‐60、２０１６年。

8

日系（5）

★グアムにおける「日系（日本）人」とはどういう存在か★

２０２１年12月14日付のグアムの地元紙『パシフィック・デイリー・ニューズ』に、グアム在住日系人フランク・Ｓ・Ｎ・シミズが在グアム総領事館にて秋の叙勲として旭日単光章を授与したとの記事が掲載された。この叙勲は、「アメリカにおける日系アメリカ人コミュニティの福祉と日米二カ国間の友好関係を高めたことへの貢献をたたえて」のことであった。フランクは、グアムでよく知られている酒類やたばこ等の卸売業を営むアンブロス社社長であった。同記事によればフランクは、第二次大戦後にアンブロス社を設立した父アンブロシオ・トレス・シミズ、１９００年代初頭にグアムに移住した日本人移民「一世」の祖父ホセ・カツジ・シミズの存在があってこその受勲であると敬意をもって語っていた。

ほとんど先行研究がない、このシミズファミリーのようなグアムにおける日本人移民（および日系人）の歴史を知るためには、新聞記事のほかにグアム大学とグアム政府の観光関連予算で運営されている情報サイト「グアムペディア」や観光雑誌『アイランド・タイムズ』の特集記事等による断片的な情報が頼りになる。そこには、グアムでのビジネスの先駆者としてフランクの父アンブロシオの略歴が紹介されている。1949年にアンブロシオが設立したアンブロス社は、もともと米軍余剰物資をグアム住民に販売することから開始し、その後、バドワイザーの販売権を獲得しながら、ビール、ワインやたばこなどの商品も卸すようになった。フランクも経営に加わるようになった1970年代以降にはその販路をサイパン、パラオ、マーシャル諸島にまで拡大させ、グアムおよびミクロネシア全域におけるリーディング企業に成長させた。その間の1988年にアンブロシオは亡くなったが、今もなおその活躍はグアムで多くの人に知られているようだ。

フランクの祖父ホセ・カツジは、1894年にスペイン統治時代のマリアナ諸島内のサイパン島に東京から移住し、薬剤師見習いという経歴を生かして医療行為を行うなかで現地社会に受け入れられ、その後はココナッツ植林およびコプラ貿易事業者に転身した。カトリックの洗礼をうけ「ホセ」の名を授かった後の1899年に現地のチャモロ人女性と結婚したが死別し、アメリカ領になったばかりの1900年初頭にグアムに移住。そこでもコプラ事業のための土地を購入しつつ雑貨店「J・K・SHIMIZU」を開業し、日本の商品も輸入・販売するようになった。1914年に米国政府はグアムのアプラ湾を閉鎖し外国艦船を締め出したが、ホセ・カツジは日本人永住者と見なされ、日本－グアム間の貿易を継続できた。その間にグアムのチャモロ人女性と再婚し、そのとき授かったアンブロシオも青年期になるとホセ・カツジの仕事に関心を示したという。順調に成長させてきたホセ・カツジの事業は、第二次世界大戦の開始（すなわち日本軍によるグアム統治の開始）とともに崩壊し、彼自身の消息も不明だそうだ。

シミズファミリー以外にも、1903年にグアムに移住し、コプラプランテーションで働いたのち

一世記念碑〈裏側〉
「グアム 1900 年代の一世をたたえて」という表題で、彼らの貢献について英語・日本語で記されている。

個人商店も経営したが、第二次大戦後にイーパオに置かれていた日本人収容所で病死したソーヘイ・タジマ（タジマファミリー）、１９０７年に父とともに12歳でグアムに渡り、ハウスボーイ、料理人、電気技師として主にアメリカ軍政府で働き、第二次大戦直後の収容所生活を経て、日本への強制送還を逃れてアメリカ軍政府に雇用されたシンタロウ・オカダ（オカダファミリー）といったように、前述の記事や情報から、グアム社会における日本人移民とその子孫のライフ・ヒストリーの一端を私たちは垣間見ることができる。

２０１５年、「グアム日系人協会（Guam Nikkei Association）」はホセ・カツジも含めたグアムへの最初の日本人移民52名を顕彰するために、それぞれの名前を刻印した「一世記念碑」をグアム島北部のジーゴにある南太平洋戦没者慰霊公苑内に建立した。グアム日系人協会は日本人を祖先にもつグアム住民による団体で、２０１２年に創設された。同協会は、一世の顕彰事業以外にも、若い世代の文化交流促進のための岡山県の中学生とグアムとの間の交換留学プログラムや、年に一回催されるランタン祭りのホスト役を担っている。冒頭に紹介したフランクはその創設メンバーでもあり、叙勲時には会長職でもあった。また、タジマファミリーとオカダファミリーもこの協会の活動に携わっているそうだ。

一方で、グアム社会における日本人移民や日系人の人口比率は少数派であり、「アジア系」というカテゴリーを代表しているわけではない。ＣＩＡの「ワールドファクトブック」というサイト情報では、２０２３年時点のグアム総人口16万９３３０人のうち、約37％を占めるチャモロ系の次に大きな割合を示しているのが、26％を占めるフィリピン系であり、「アジア系」のなかでは最も多い。それに対して日系は約１％強となっている。ただし、このデータからはアメリカ市民権の有無の数ないし割合まではわからないので、「日系アメリカ（人）」という表現は実は慎重さを必要とする。

その遠因の一つに、これまで取り上げた戦前からの日本人移民とは異なって１９８０年代後半から増え始めた新しい日本人移住者層の存在がある。この時期の移住者を「新一世」、その子どもを「新二世」として、「日本」と「アメリカ」のはざまで、いかにグアム社会で生活しているのかを聞き取ったエスノグラフィックな研究がとても示唆的である。アメリカ国籍ももつグアム生まれの「新二世」と異なって、日本で生まれた後の幼少期に親世代とともにグアムに移住した「新二世」（グアム育ちの日本人）のなかには、当初はチャモロ人を核としたローカルな文化になじめず、あこがれていた日本での生活に向けて就職活動を経験したが日本社会に適応できず、最終的にはローカルな社会に溶け込み、結婚後には家族とのよりよい生活を確保するためにアメリカの同化主義に反発心をもちながらも、アメリカ国籍を獲得し、「グアムで生きる」ことを決意したというライフストーリーもある。なおこうした「新一世」、「新二世」の互助組織として、１９７２年に設立された「グアム日本人会」があるが、前述した「グアム日系人協会」との交流があるのかどうかは、管見の限り不明である。

グアム政府内のチャモロ先住民局は、1940年代までは90％を占めていたチャモロ人の比率が4割すら下回る現在の「多文化化」について、グアム社会の基盤をつくるものではなく、「移民社会アメリカ」を支える装置にすぎないと批判的にみている。「外国人が土地を買い、アメリカ軍基地関連産業や観光産業に従事する労働者の流入が続けば、先住民は周辺化され、グアムを自分たちの手でコントロールできなくなる恐れがある」という危機感は、白人層や「アジア系（主にフィリピン系）」ないし「日系（日本）人」の住民にも向けられているのかもしれない。グアムにおいて「日系（日本）人」を考える、ということは極めて複雑である、ということは少なくとも押さえておきたい。

（池上大祐）

◆参考文献

芝野淳一『「グアム育ちの日本人」のエスノグラフィー――新二世のライフコースと日本をめぐる経験』ナカニシヤ出版、2022年。
中山京子「第一六章　グアムの社会科における先住民学習と多文化教育」森茂岳雄・川﨑誠司・桐谷正信・青木香代子編『社会科における多文化教育――多様性・社会正義・公正を学ぶ』明石書店、2019年。

9

沖縄系

──★沖縄系移民のヒストリーと母の沈黙についてのストーリー★──

私が生まれる前の母はストーリーである。そのストーリーは、母自身の言葉で私に話すことができないし、母はそれをほとんど覚えてないという（Elizabeth Miki Brina, *Speak Okinawa: A Memoir,* New York: Vintage Books, 2022, p.123）。

これは第二次世界大戦後、沖縄からアメリカに移住した母と元米軍人の父を持つアメリカ人女性、エリザベス・ミキ・ブリーナの回想録からの一節である。この回想録において、著者の母の自らのストーリー／ヒストリーについての語りづらさはこの作品に底流するテーマだ。この母娘の経験のように、アジア系アメリカ人の歴史の中では沖縄系のアイデンティティは必ずしも常に可視化されてきたわけではない。また、地域や時代によってもアイデンティティのあり様は様々である。アメリカ文学者の山里勝己が『〈オキナワ〉──人の移動、文学、ディアスポラ』に寄せたまえがき（3～7頁）で指摘するように、沖縄の人びとは過去数世代にわたる様々な形の「移動」の経験により新しいストーリーを紡ぎ、アメリカでは「オキナワ系アメリカ文学」というべきカテゴリーをも生み出してきた。ブリーナの回想録も、母娘の「移動」と「旅」を介し、また時に複数の声の力を借りながら母の沈黙の背景を探究するオキナワ系アメリカ文学といえよう。本章では、まずアメリカにおける沖縄系の歴史を、ハワイを中心に辿り、最後にそのヒストリー／ストーリーにおいて不可視化されがちな第二次大戦後の沖縄系移民の母と家族の物語を描いたブリーナの回想録を紹介したい。

２０１６年の沖縄県交流推進課の調査によると、世界にいる沖縄県系人の合計は約41万５０００人である。最も人数が多い国はブラジルで約16万３０００人。ついでアメリカが約10万６０００人で、そのうち、ハワイは約４万５０００人である。ハワイでは自らのことをオキナワンあるいはウチナーンチュとして、他のジャパニーズ・アメリカンと区別して認識している人が多く、ハワイの沖縄系の人びとは、世界の沖縄県系人の中でも特に存在感の強いコミュニティとなっている。

アメリカにおける沖縄系の歴史は、１９００年にハワイのサトウキビプランテーションの労働者として26人の若者が移住したことから始まる。当時、沖縄からの移民は日本の他県からの移民とは事情が異なった。明治政府が琉球王国を解体し、琉球を日本の領土にするべく１８７２年に琉球藩を設置、さらに強制的に沖縄県を置いたのが１８７９年である。この一連の「琉球処分」とその後の明治政府の沖縄への処遇により、沖縄の人びとは構造的な貧困に陥っていた。この過酷な経済状況を脱する手段として、当山久三をはじめとする沖縄の知識人は海外移住を奨励、先に述べた第1回のハワイ移民を那覇港から送り出したのが１８９９年12月のことであった。当時、明治政府は沖縄の人びとに標準語使用を強制し、固有の文化的習慣を撤廃させるなどの同化政策を実施しており、その異なる文化や経済的格差のために沖縄の人びとは移住先でも他県出身の移民から差別された。そのため、「沖縄系」というアイデンティティは否定的なものとして認識されていた。

「沖縄系」の文化やアイデンティティが肯定的に捉えられるようになるのは第二次世界大戦後である。人によって様々な立場からではあるものの、戦後の沖縄との交流の機会を得て、ハワイの沖縄系の人びとは「沖縄系」というアイデンティティを強く意識するようになる。まず、多くの住民が犠牲となった沖縄戦の戦後復興支援のためにハワイから沖縄に様々な救援物資を送るボランティア組織が多数結成された。この運動はその後の沖縄の人びととハワイの沖縄系の一世や二世たちとの交流再開につながった。一方、アメリカは沖縄を米軍の軍事基地として保有し続ける方針のもと、1945年から1972年までもの間沖縄を占領した。この間、アメリカは軍事基地拡大に対する沖縄の住民の反発を封じ込めるため、アメリカの政策に反する思想や文化活動を検閲し規制や禁止するだけではなく、アメリカ文化の宣伝や「琉球文化」を奨励する文化政策を実施した。この背景には、ハワイの他県出身の日系人から沖縄系の人びとが差別されてきた歴史的事実を米軍が利用し、日本から沖縄を文化的にも切り離すことで、アメリカの沖縄占領を正当化する目的があった。その際、ハワイの沖縄系の人びととの交流プログラムも多数実施された。他方、社会学者白水繁彦によると、アメリカ全体でマイノリティの人びとや文化への関心が高まる1960〜70年代以降には、その頃、青年期を迎えた三世が改めて「沖縄系」のアイデンティティをポジティブなものとして様々な形で発信していった。

しかし、冒頭で紹介した回想録の著者エリザベス・ミキ・ブリーナの母、キョーコ・マキヤは、沖縄そしてアジア系移民史の中でも、あまり光が当てられてこなかったグループに位置している。冷戦

1956年4月25日に琉球列島米国民政府（USCAR）広報局によって撮影された「花嫁学校のメンバー」（沖縄県公文書館所蔵）

期、米軍が駐留した多くのアジア諸国から米軍人と結婚しアメリカに渡った「戦争花嫁」と呼ばれる女性たちがいた。彼女たちの多くは、１９６１年に異人種間結婚を禁じる法律が最高裁判所で違憲として判断される前、また１９６５年の移民法改正によりアジアからの移民受け入れが再開する以前の例外措置により、異人種の米軍人と結婚しアメリカへ移住したのだった。歴史学者のスーザン・ザイガーによれば、当初、米軍は軍人と駐留する地域の女性との結婚を奨励しない立場をとっていたものの、花嫁学校（写真）などを運営したアメリカ赤十字社や一連の戦争花嫁関連法案を成立させたアメリカ議会とともに、「戦争花嫁」というカテゴリーを確立していった。沖縄では１９７２年以降も米軍人と沖縄の女性との「国際結婚」が続き、エリザベスの母キョーコは、ベトナム戦争に従軍した後に沖縄に駐留していた父アーサーと１９７４年に結婚、沖縄からアメリカへ移住した。しかし彼女らの歴史については未だにわかっていないことも多い。またキョーコは沖縄系移民であるが、彼女も娘のエリザベスも沖縄系コミュニティやアイデンティティに対して距離があることもこの回想録では明らかである。

キョーコは家族の中でも周縁的な存在だ。ニューヨーク、マンハッタンのアッパーミドルクラスの家庭で育った白人の父は、エリザベスが彼と同じように育つことが当然と考えていたし、自らが沖縄の文化や言語を学ばないことに何ら疑問を持つことはなかった。結果、エリザベスが人種差別を内在化し、髪を染めて、青いコンタクトレンズを欲し、母を卑下する10代を過ごしたことは自然の流れだったかもしれない。とはいえ、エリザベスはキョーコを、キョーコのトラウマとその源泉を無視することもできなかった。だから、著者は、自らについて語ることができない沖縄から来た母の「何年もの沈黙」(4頁)の由来を深く理解しようとする旅路を綴っている。沖縄にもアメリカの白人社会にもルーツを持つ著者は、時に語り手として、琉球列島に「琉球処分」以前から住んでいた「私たち(we)」に自らを重ねて、また時に日本を開国させることを迫ったアメリカ人である「私たち(we)」の視点から説明を試みる。家族旅行で東京滞在中に母が沖縄のアクセントを恥じて日本語を話そうとしなかった理由や、英語しか話さない白人の父が堂々と日本の首都を案内することができた理由を。そしてその間に横たわる深い溝を。日本にもアメリカにも「沈黙」させられてきた沖縄の人びとと沖縄系移民やその子孫の複雑なアイデンティティのあり様が、この回想録では多角的な視点から語られている。母のトラウマと父の白人社会の特権を同時に生きるエリザベスのストーリーから学ぶべきことは極めて多い。

(新田万里江)

◆参考文献

Ginoza, Ayano. "Okinawa: Rooting and Routing of *Uchinānchu* and *Shimā*." In *Routledge Handbook of Contemporary Japan*, edited by Hiroko Takeda and Mark Williams, 481-493. Abingdon, Oxon: Routledge,

2021.
Zeiger, Susan. *Entangling Alliances: Foreign War Brides and American Soldiers in the Twentieth Century*. New York: New York University Press, 2010.
白水繁彦『海外ウチナーンチュ活動家の誕生——民族文化主義の実践』御茶の水書房、２０１８年。
宮城悦二郎「アメリカ文化との遭遇——対沖縄文化政策とその受容に関する試論」『新沖縄文学』No.89、14－20頁、１９９１年。
山里勝己・石原昌英編『〈オキナワ〉——人の移動、文学、ディアスポラ』彩流社、２０１３年。
渡邊欣雄・岡野宣勝・佐藤壮広・塩月亮子・宮下克也編『沖縄民俗辞典』吉川弘文館、２００８年。

10

コリア系

★太平洋の2つの帝国のはざまで★

米国には、朝鮮半島をルーツにする人（以下、コリア系）が190万人以上暮らしている。そしてその多くは戦後に「大韓民国」から移民した人びととその子孫である。そのためこれらの人びとを英語で「Korean immigrants」と表記するものの、日本語では「韓国系移民」と訳すことが多い。

しかし移民110周年（2023年）を迎えたかれらの歴史は、朝鮮半島が南北に分断されるずっと以前から始まっている。そのためコリア系の中には、「大韓民国」のパスポートを片手に渡航した人もいれば、植民地時代の「大日本帝国」の渡航証明、さらに古くは李氏朝鮮末期の「大韓帝国」の身分証をもってアメリカに入国した人がいる。この章では朝鮮半島を出身とする人やその子孫を総称して「コリア系」というが、戦前の移民を「朝鮮人移民」、戦後の移民を「韓国人移民」と言い分けることでその歴史経験の違いにも注目してみたい。

サトウキビ農場の移民労働者として

最初の「移民」は、1903年1月13日にハワイ港に降り立った103人の朝鮮人である（それ以前は朝鮮人参の商人や外交官が渡航していた）。李氏朝鮮末期の「大韓帝国」の時代にハワイに向かったこれらの人びとは、サトウキビ農場で２年間働くことに「合意」した労働者であった。その後、２年半の間に約７８００人の朝鮮人がハワイに向かった。当時のハワイは、砂糖産業が米国との互恵条約の下で急成長を遂げたが、労働者不足に陥っていた。そのため中国や日本から労働力を供給しようとしたが、日本人労働者がサトウキビ農場の７割を占めるようになり、労働条件の改善を求めてストライキに入ることが増えると、日本人労働者を代替する廉価な労働力として朝鮮人の投入が始まった。しかし朝鮮人労働者が働き始めても、労働者の待遇が改善されるわけではなかったため、朝鮮人労働者も契約期間が終わると、より高い賃金を求めて都市部や米国本土へと移動していった。こうして１９００年代にはハワイのコナやホノルルのみならず、サンフランシスコやロサンゼルス等の西海岸にも朝鮮人が暮らすようになった（ただし、１９０７年にハワイから米国本土への移住が禁止される）。

　しかし１９０５年になると、ハワイへの移民制度が朝鮮で廃止された。朝鮮が第二次日韓協約によって日本の実質的な保護国となる直前のことであった。そして朝鮮が日本の植民地へと転じていく中で、朝鮮人は日本帝国の「臣民」として日本人移民と同じ制度的枠組みの中で移動が行われることになった。そして当時の日米紳士協約の下で、朝鮮人移民は日本人移民のように家族を呼び寄せることが可能となった。こうして朝鮮人女性が渡航するようになり、この中には「写真新婦」と言われる写真の交換を通してお見合い結婚した朝鮮人女性も含まれる（詳しくは第11章参照）。

朝鮮人移民は「日本帝国臣民」なのか「事実上の無国籍」なのか

韓国併合（1910年）は移住した人たちにも、新たな問題を突きつけた。それは朝鮮人移民がどこの国家に帰属するのか、ということである。ハワイの日本領事館は朝鮮人移民に「帝国臣民」として登録するよう呼びかけたが、これに対して朝鮮人移民は「大韓帝国」のパスポートをもって米国に入国したことを理由にこれを拒否した。しかし一方で、かれらの身の安全を保障してくれる国家があるわけではなかった。当時の米国ではアジア生まれの移民は「帰化不能外国人」であった。そのため朝鮮人移民は、どこの国からも庇護を受けることができない「事実上の無国籍」という立場に立つことになった（アメリカ生まれの2世は出生地主義によって米国国籍を取得することができた）。

このような状況において移民が展開したのが、朝鮮独立運動である。1900年代から1910年代にかけて独立運動の指導者――例えば後の大韓民国初代大統領となる李承晩や、独立運動の父と顕彰される安昌浩――が、ハワイや米国に独立運動の拠点を置いたことで、移民と独立運動家、留学生が一体となった独立運動が展開していった。当時の世界情勢――特に第一次世界大戦期の国際的な民族自決主義やウッドロウ・ウィルソン大統領の外交政策――も追い風となり、この時代にハワイや米国本土、メキシコ、朝鮮、中国をつなぐ朝鮮人ディアスポラの越境的ネットワークも形成された。

しかし1919年の朝鮮で三・一独立示威運動が起き、上海に大韓臨時政府が樹立すると、独立運動の拠点は中国へと移り、ハワイやアメリカでの独立運動は凋落していった。こうした中で、移民の間で世代交代が進み、2世の間で「アメリカ化」を志向する若者も台頭したが、1941年12月7日（日本時間は12月8日）の真珠湾攻撃と日米開戦によって、再びコリア系の帰属が問われることになった。

なぜなら戒厳令が敷かれたハワイでは、朝鮮人移民が日系移民とともに「敵性外国人」に分類されたためである（米国本土では「敵性外国人」に分類されることはなかった）。そのため戦時下の朝鮮人移民は、自分たちが「日本人」ではなく、米国にとって「友好的外国人」であることを訴えるようになった。

戦後――朝鮮戦争から「戦争花嫁」「国際養子」、そして韓国系移民へ

第二次世界大戦の終結とともに朝鮮半島は植民地から解放されたが、米ソ対立の中で、朝鮮は2つの国家に分断され、1950年には朝鮮戦争が勃発した。そして韓国が米国を中心とする西側陣営に組み込まれていく中で、戦後のアメリカへの移民は大韓民国出身者によって構成されることになった（朝鮮戦争の動乱によって韓国には朝鮮半島北部出身者も多く暮らすようになり、移民の中にも北部を出身とする人は少なからず存在する）。

こうした中、戦後最初に移民となったのは「戦争花嫁（war bride）」と言われる韓国人女性である。韓国に駐留する米軍基地の軍人や軍属と結婚した女性たちのことで、その数は10万を超えると言われている。さらに朝鮮戦争で孤児となった韓国人の子どもたちが「国際養子」として欧米の家族に引き取られ、その数は世界中で16万人に上るが、そのうち米国の家族に引き取られた子どもの数は2008年まで10万9000人に上る（詳細は第49章章参照。コリアン孤児として国際養子縁組制度でアメリカに移民したキー・ビョンクンが自伝的エッセーを寄稿している）。

さらに1965年に米国の移民法が改正され、家族の呼び寄せ移民と技能をもった移民が優先的に移民できる制度が導入されたことによって、次の2つの現象が起きていった。一つは、血縁関係を中

心とする連鎖移住（チェーンマイグレーション）である。韓国人移民の場合、戦争花嫁が家族を呼び寄せることが多く、その家族が国籍を取得してさらに家族を呼び寄せる中で人口が爆発的に増えていった。もう一つは看護師やエンジニアなどの専門的資格をもった人の移住である。これらが引き金となって、移民の数は1980年代から増え、1970年には7万人程度だったコリア系の人口は、80年代に入ると毎年3万人規模で増え続け、2020年には190万人に達した。

しかし学歴や技術があっても、アメリカでは一般労働市場に参入することが難しい事情がある。英語が流暢に話せることや、米国の大学の学位をもっていることがホワイトカラーの職に就くための暗黙の条件となっていることが多く、働き始めても社会上昇を阻む、「ガラスの天井」と言われる人種の壁があった。そのため移民の中には、自分で商売を始めて一国一城の主となり、経済的な豊かさを目指す人も現れるようになった。特に韓国系移民は、大型スーパーが出店しない都市部の「ゲットー」や郊外の貧困地域をはじめとする隙間産業で小さな商店（スモールビジネス）を営み、ビジネスチャンスを見出そうとする人が多かった。その結果、韓国系の自営率が高くなり、全米平均が9～10％で推移する中、コリア系は1980年に16％に上り、1990年には24％に達した。

また移民の増加とともに、居住地域も全米に広がっていった。現在（2020年）は、ロサンゼルス、ニューヨーク、ワシントンDC、シアトル、シカゴ、サンフランシスコ、アトランタの順にコリア系の人口が多いが、とりわけロサンゼルス市とその周辺一帯（ロサンゼルス郡）には約35万人のコリア系が暮らし、韓国国内で「羅聖（ナソン）」という韓国語名称で知られるほど韓国系移民の集住地域として知られている。

ミス・コリア・ハワイが表紙を飾ったハワイのコリア系エスニックメディア（1990年）。この時代は、韓国系移民の人口が増えていく中でコミュニティの活動も多岐に及び、新たな世代も台頭した

ロス「暴動」以後――韓国系移民からコリアン・アメリカンへ

こうした中で起きたのが、1991年のロス「暴動」（ロス「蜂起」とも言われる）である。これはロサンゼルスで白人警官によって暴行を受けた黒人男性ロドニー・キングをめぐる裁判で、暴行した白人警官が無罪の判決を言い渡されたことに抗議する黒人の「正義」を求める運動であった。しかし抗議する人びとの一部が「暴徒」化したことによって「暴動」に発展し、この被害を受けたのが都市部のゲットーでスモールビジネスを営んでいたコリア系商店であった。コリア系の被害は2000件以上に及び、被害額は3億5000ドルから4億ドルに至った。これはロス「暴動」による被害額の半分近いものであった。また暴徒と間違われたコリア系の青年が犠牲となり、死者も出た。

この事件をきっかけに、コリア系コミュニティでは、自分たちが追い求めてきた「アメリカン・ドリーム」よりも、アメリカ社会で埋め込まれた構造的差別の問題に目を向けようとする声が高まった。そして自分たちを「コリア系移民」ではなく、「コリアン・アメリカン」と名乗る動きも高まり、マイノリティの連帯（特に黒人との連帯）を求める活動が活発化した。

現在のコリア系はアメリカ社会の多方面で活躍しているが、一方でグローバル化の波の中で米韓を頻繁に往来する人や韓国に再移住する人など、新たな現象もみられるようになった。特に、Kポップをはじめとする韓流文化がアメリカにも拡大する中で、例えばKポップアイドルのメンバーとして韓国で活躍するコリアン・アメリカンの姿も珍しい光景ではなくなった。この背景には、現在も約100万人近いコリア系の人びとが、家庭で韓国語を使用していることや、韓国人移民1世の4割が韓国国籍を保持していること等、韓国とのつながりを再構築しやすい条件もあるが、同時にこうしたつながりを支援する韓国政府の動きが活発になったことも影響している。特に韓国では19 90年代の「世界化」の下で展開した在外同胞政策が、元韓国国籍保持者を「在外同胞」と位置づけ、かれらの長期的滞在や経済活動を容易にしている。また近年は二重国籍を段階的に認めていくなど、在外同胞としてのコリア系が韓国で経済活動や文化活動を行いやすい環境がさらに整えられようとしている。

移民100周年記念を祝うハワイのコリア系スーパー（2003年）

110年以上に及ぶコリア系の歴史は、米国の移民政策のみならず、朝鮮半島情勢、さらに朝鮮半島をめぐる日本やアメリカというアジア太平洋に君臨した2つの帝国にも影響を受けながら形づくられてきたが、現在はグローバル化の波も受けながら、新たな変化を遂げようとしている。

（李里花）

◆参考文献
原尻英樹『コリアタウンの民族誌――ハワイ・LA・生野』筑摩書房、2000年。

李里花『「国がない」ディアスポラの歴史――戦前のハワイにおけるコリア系移民のナショナリズムとアイデンティティ1903－1945』かんよう出版、2015年。

李里花「コリア系の沈黙にみる米国の人種民族関係」『歴史評論』869号、65－76頁、2022年。

11

日系とコリア系の「写真結婚」

★個人の夢から集団の使命へ★

１９１４年９月、一隻の船が釜山を出て横浜に寄港し、その後太平洋の海原に出た。船内の３等客室には髪を髷に結い韓服を着た16、７歳の朝鮮人女性が６人、ひさし髪に着物や袴姿の18、９から30歳くらいまでの日本人女性が四十数人いる。皆、アメリカに住む同胞男性のもとに嫁ぐ花嫁である。女性たちは、時折一枚の写真を取り出しては眺め、西洋紳士のような夫、裕福な暮らし、そして学校に通う自分に思いを馳せた。

20世紀初頭、定住を決意した日本や朝鮮出身の在米移民は、同胞女性を妻として呼び寄せた。その際、彼らの多くが旅費を節約して帰省せず、仲介者の紹介を経て日本や朝鮮の女性と海を隔てて写真や手紙を交換し、結婚を決めた。当時このような結婚を「写真結婚（picture marriage）」、花嫁となった女性を日本語で「写真花嫁（picture bride）」、朝鮮語では「写真新婦」と呼んだ。また、両者は１９１０年の日韓併合条約締結以降、原則として日本政府発給の旅券を手に日本帝国臣民として渡米した。

横浜港で出発を待つ女性たち 1918年（RBSC, UBC Library: JCPC_36_002b）

日本人「写真花嫁」の場合、日米紳士協定(Gentlemen's Agreement of 1907-1908)が締結される１９０７年頃からアジア系移民の入国を禁じる１９２４年移民法(Immigration Act of 1924、またはJohnson-Reed Act)制定までの間に、主に山口県、福岡県、熊本県、鹿児島県、和歌山県、三重県からアメリカ本土に約１万人、また広島県、沖縄県から約１万５０００人がハワイに渡った。女性たちは小作農の娘から高等教育を受けた旧士族や庄屋の家の出まで様々であった。結婚の動機もまた、貧困からの脱出、家制度からの自由など人それぞれであったが、どの女性も文明国アメリカに憧れを抱いていた。

一方、朝鮮人「写真新婦」は、１９１０年から１９２４年までの間に、主に朝鮮南東部の慶尚道からハワイへ９５０人あまり、北部の黄海道や平安道からアメリカ西部州へ１１５人が入国した。当時、特に慶尚道では日本政府に農地や鉱山を没収され、重税を課せられて貧困に陥る両班や農民が多く、娘たちは両親に黙って「写真結婚」の仲介を求めた。また黄海道や平安道は早くにキリスト教が普及し近代化が進んだ地域で、新婦の多くは教育を受けた中産階級の出であった。すなわち彼女らにとって渡米は、日本の弾圧的な支配と朝鮮の儒教思想規範から自由になれる機会であった。そして多くの新婦にとって渡米の夢とは、学校で勉強することであった。

ホノルルやサンフランシスコに到着した女性たちは、移民局に迎えに来た夫や婚約者とともに入国審査を受けるのだが、日本人花嫁への審査は厳格であった。特に1910年代前半にかけて、花嫁が入国後に売春婦にされる事件が度々生じたためである。アメリカ西岸部の玄関であるサンフランシスコ移民局では、役人が花嫁と夫に身元や花嫁の渡米目的、夫の職業などを個別に諮問し、花嫁には旅券と婚姻を証明する戸籍抄本、および夫の写真の提示を、夫には財政証明書の提出を命じた。その後、花嫁の写真を没収して入国審査調書に添付し、移民局で保管した。

一方、朝鮮人新婦は婚約者と一緒に役人の諮問に答えるのみで、戸籍抄本や写真の提出も要求されずに審査を通過した。移民局官吏は総じて、日本の弾圧から逃れて来た朝鮮人に同情的であり、アメリカはそのような亡命者の避難所たるべきであると考えていた。実際、新婦の中には朝鮮から親類縁者の亡命先である中国や極東ロシアへ脱出し、旅券もなしに中国人の姿に変装して上海から渡米する者も少なくなかった。日本政府から抗議を受けつつも、移民局は新婦の密航に恩情的に対応し、入国を許可した。背景には、朝鮮人移民の代理機関であったサンフランシスコの大韓国民会の存在があった。同会は移民局長官に朝鮮人女性に売春婦はいないと訴えて新婦入国の便宜を懇請し、また上海の支部と連携して渡米の手引書を発行し、新婦に入国審査の際の心得を伝えた。

日本人花嫁の場合も日本政府と在留日本人の管理団体であった在米日本人会により同様の働きかけはあったが、焼け石に水であった。人数の少ない朝鮮人新婦に対し、集団を成して見ず知らずの男性のもとへ押し寄せて来る日本人花嫁の上陸風景は、現地の白人住民の目には異様に映るものであった。1919年には「写真結婚」は女性を搾取し、日系人口を増やしてカリフォルニアを侵略するための計略であるとして、排日運動家のプロパガンダに利用された。その結果、1921年には日米淑女協定（Ladies' Agreement of 1921）が締結され、「写真結婚」による女性移民のアメリカ本土への入国が停止された。

審査を通過した女性たちを待ち受けていたのは、洋上で船に揺られながら幾度となく思い描いた夢をあっさりとかき消すような現実であった。多くの女性が写真とは異なる姿の、日焼けして貧相な年配の男性が自分の夫であることに愕然とした。花嫁欲しさに多くの男性が若い頃の写真や修整を施した写真を送っていた。また、手紙には地主や商店経営者と書いてあったのが、実際には小作農や賃金労働者であった。それでも大方の女性は現実を受け入れ、夫について街の小さな借家へ、あるいは農村やプランテーションのキャンプへと消えていった。故郷に帰りたくとも旅費はなく、そもそも嫁いだ娘の出戻りは家の恥であった。

ところが、女性たちには夢を手放すことと引き換えに移民女性としての使命が与えられた。在米日本人会および日本政府は、白人住民による排日感情を抑えるには日本人を文明的な民族として証明する必要があり、それには移民家庭の主婦となる「写真花嫁」の教育が急務であると考えた。女性たちはすでに渡航前から横浜の講習所で日本移民協会により英語や西洋のマナー、家事や育児の仕方を指導され、渡米の心得を書いた栞が配られた。さらに、渡米後は各地の日本人女子青年会が西洋のジェンダー規範に基づいた良妻賢母となるよう花嫁を教育した。

朝鮮人新婦もまたアメリカで生活を営む中で、民族としての使命に目覚めていった。植民地人でありアジア系であるという二重の制度的・社会的差別を受け、移民たちは朝鮮の独立を切望した。女性たちは大韓国民会を含む男性主導の政治団体を支持し、さらに1919年には京城の3・1運動を契機に、カリフォルニア州ディヌーバで大韓女性愛国団を、ホノルルで大韓婦人救済会を結成し、運動の負傷者の救済や朝鮮語学校設立のための募金やバザーなどの活動を通して祖国独立を支援した。こうして豊かさや自由の夢に彩られた「写真結婚」に導かれ、日本と朝鮮を出発した女性たちは、たどり着いたアメリカの地で民族という集団を創り上げる使命と出合い、彼女らの旅を終えた。（田中景）

◆参考文献

Sunoo, Sonia Shinn, *Korean Picture Brides: 1903-1920: A Collection of Oral Histories* (Xlibris Corporation, 2002).
東栄一郎『日系アメリカ人 二つの帝国のはざまで――忘れられた記憶 1868－1945』飯野正子監訳、長谷川寿美・小澤智子・飯野朋美・北脇実千代訳、明石書店、2014年。
田中景「『写真花嫁』の写真――移民の可視化と移民政策の実行についての考察」『県立新潟女子短期大学研究紀要』2006年。

12

中国系（1）

★1965年以前の移民史★

アメリカの中国系のエスニック・コミュニティは、19世紀半ばのカリフォルニアのゴールドラッシュ（1848〜1859）と大陸横断鉄道敷設工事（1863〜1869）を契機に中国から人びとが毎年継続的に渡航することで、まず西海岸から形成されていった。本章では、19世紀半ばから1965年まで、約100年の間に見られたアメリカの中国系コミュニティの歴史的特徴を捉えていく。

第一の特徴は、人・モノ・カネ・情報が、広東の特定地域ならびに香港と関わる地方性である。現在こそ中国系は出身地、世代、言語も多様だが、この時期のアメリカの「中国人」は、中国全土から来てはいない。大多数が広東省の、かつ香港、マカオ、広州、汕頭に近い24の県の出身者で、カナダや中南米に渡った中国系も同様であった。これには海上交通の発展と中国南部の地縁・血縁ネットワークが関わっている。特に1867年に太平洋郵船会社が香港－サンフランシスコ間の汽船航路を開くと、広東－カリフォルニア間の中国人の往来が活性化し、香港は北米への送り出し港になった。香港には中国南部とアメリカ西海岸の交易・送金・通信を仲介する金山荘と呼ばれる中国人の商店がいくつも繁盛し、近接県の村々には北米華僑を輩出する「華僑の故郷」、僑郷（きょうきょう）が発展した。北米の親族や同郷人を頼りに後続が海を渡る連鎖移住（chain migration）が起こり、地縁・血縁は渡航先でも会館や宗親会などの団体を形成する基礎となって生活を支えた。

第二に、中国系はアメリカの政府や社会から社会秩序に害悪を与えかねない存在として「問題化」され、アジア人差別における最初の標的となった。19世紀の中国人出国者の多くが、渡航費を前借りして受入国で契約した年数の単純労働に従事し、労賃から返済する、契約労働の傾向を持っていた。これまで中国人契約労働者は、白人より安い賃金でより過酷な労働を担い、読み書きも不自由だったとされてきた。しかし２０１０年代以降アメリカでは19世紀の中国人契約労働者の研究が進み、その歴史像はまだ議論の余地を残しつつも、中国人労働者は基本的な読み書きはでき、商業社会と貨幣経済に慣れて計算能力も高く、広東の農業技術をアメリカでの作業に応用したなどの指摘が共有されている。契約労働を終えて商業や農業に進出した中国人と一般の白人との人種関係も悪くはなく、商品の売買を通した日常があった。

それでも中国人労働者の存在が「問題化」された背景には、資本主義の発展にともなって進んだ白人労働者の組織化、中国人の組織文化や言語の壁などがある。なにより専門経験が浅く野心家の白人政治家・知識人が行った扇動の責任が大きい。中国人差別の起源はゴールドラッシュ期のカリフォルニアにあり、初代州知事ビグラー（John Bigler）が再選キャンペーンの一環で１８５２年に州議会で特別声明「中国人問題（Chinese question）」を出し、中国人は全員奴隷と同じ不自由な労働者「苦力（クーリー）」であるからカリフォルニアの自由労働者の自立の脅威だと、意図的に問題化した。反苦力主義（anticoolieism）は以後、19世紀の西海岸で中国人差別の論拠となり、差別的な州法成立の流れを作った。地方の中国人排斥の気風が、１８８２年に連邦法「中国人排斥法（Chinese Exclusion Act, 1882-1943 以後、排華法）」の成立に結びつき、中国人労働者の入国が禁じられ、中国人一般のアメリカ国籍の取得も拒否された。その過程でも、「問題化」が行われた。１８７０年代後半までに経済不況が数回起こり、白人労働者の間に将来への不安が広がると、カリフォルニア労働者党カーニー（Dennis Kearney）のように「中国人問題」――この時は、低賃金で働く苦力がいると賃上げが抑制され白人の賃金が下がり、かつ多くの職種が中国人に独占されるとの論法――を掲げて煽り、排斥運動を組織化する者が現れた。この賃金論は、すべての中国人を苦力と見なす経済思想家ジョージ（Henry George）の偏見に基づいた理論に依拠していた。しかし検証されずに新聞雑誌、すなわち当時のメディアの力によって、中国人の身体的特徴や文化を醜悪に誇張したイメージとともに、この賃金論はアヘンや売春などその他複数の「問題」とともに拡散された。

第三の特徴は、１８８２年排華法から61年間、中国移民は合法的に排斥されたことである。排華法は、移民を受け入れ続けたアメリカが初めて移民に門を閉ざす門衛国家に転じた法であり、また中国人という特定の集団の、労働者という特定の社会階級の入移民を禁じ、国籍取得も拒否した人種差別法である。かつ前文に「特定地域の秩序を危険にさらす前提で」とあり、未発（みはつ）（まだ問題が起こっていない）段階で発効した。こうした点は、１９２４年移民法（Johnson-Reed Act, １９２４～１９６５）が日本からの移民を制限した差別体制や１９４２年に敵性外国人として未発ながら日本移民・日系人を強制収容した、その法的起源と言える。１８８２年以降、排華法の影響は、労働者に限らず中国系すべての生活・教育・経済活動に及んだ。地縁・血縁団体は身体と財産の安全を守り、団体を統括する「中華会館」がコミュニティを代表してアメリカ政府や裁判所に抗議や嘆願を行い、中国在外公館に支援を要請した。中国系は黙しておらず、歴史の要所で、商業従事者はじめ中国系のジャーナリスト、キリスト教聖職者、さらには広東省出身の黄遵憲や梁啓超といった外交官や政治思想家も排華法に抗議し続けた。排華法は1943年、第二次世界大戦における米中の対日同盟を受けて撤廃され、さらにその後一連の法によって、アメリカ人兵士や軍属と婚姻関係にある中国人女性や養子に入国の道が開かれた。しかし、1924年移民法の国別移民受入人数割当条項によって、中国からの移民数は年間105人に限られたままであったため、中国移民は1965年まで実質的な抑制下にあったと言える。

第四の特徴は、排華法ゆえに故地広東省とつながる中国系コミュニティの越境性（transnationalism）が強まったことである。排華法は一面では確かに中国系の諸活動を弱め、狭めた。白人と共生した地方の小さな中国人地区は1950年代までにほぼ消滅し、逆に都市部のチャイナタウンは流入人口で成長した。1910～40年の間、中国人入国者はすべてサンフランシスコ湾内にあるエンジェル島の隔離施設に収容されて審査を受け、屈辱的な経験が収容者にトラウマを残した。しかし、中国南部の社会不安とアメリカへの夢によって、人びとは強か（したた）にアメリカ入国を試みた。僑郷では家族情報を買ってアメリカ国籍を持つ中国系の子どもになりすまし、審査を通過する方法が編み出され、サンフランシスコから戻った中国系と書類売買や審査情報の交換が活性化した。

第五に、特に第二次世界大戦と冷戦期、中国系は米中関係の変化に翻弄された。日中戦争（1937～45）で故郷広東と香港が日本軍に蹂躙されるにつれて、中国系は、抗日救国運動を活発に行った。

ニューヨークのチャイナタウンにある「中華公所」は 1883 年に設立された当地の統括団体であり、中華会館に該当する。現在も親中華民国の姿勢を維持するチャイナタウン政治の中心である（2020 年 3 月 2 日）

アメリカの中国系は入国時期、出身村、多様な方言、世代、政治的傾向などの別によって常に複数集団に分かれていたが、唯一例外的に団結したのが、中国系コミュニティで抗日救国運動が展開された時期である。軍への志願入隊や屑鉄の対日輸出反対デモなどを通してアメリカ社会の関心を日本の中国侵略に向け、親中派アメリカ人知識人の言論の力も借りながら運動を排華法撤廃の要求へ発展させて、権利と生活を勝ち取る最大の努力をした。戦後、１９４９年に中華人民共和国が誕生すると、中国系の間では新中国への期待が高まり、サンフランシスコやニューヨークのチャイナタウンには左派青年団体も誕生した。しかし朝鮮戦争（１９５０～53）で米中関係が悪化し、反共産主義運動（McCarthyism, １９５２～54）がアメリカ国内を席巻すると、中国系は一転して猜疑にさらされた。移民帰化局や警察は共産主義者や不法入国者を探す建前で、チャイナタウンで監視や立入捜査を行った。中国系は萎縮し、自ら故郷広東省との連絡を控えた。

第六の特徴は、地縁、血縁、業縁などの華僑団体の相互扶助活動が活発で、時に中国国内政治とも関わった点である。19世紀半ばから華僑団体は、アメリカの文化や言語に不慣れで資本力の低い新移民の現地生活を助けてきた相互扶助団体であった。冷戦期には、国共対立を有利に凌ぎたい台湾の中国国民党がチャイナタウンにおける中国共産党との支持者獲得争いを行い、華僑団体はその拠点と見なされたのである。１９５０年代、世界のチャイナタウン内部は親大陸派と親台湾派とに分裂した。アメリカの場合は、国民党が支部を通じて華僑団体、とりわけ中華会館と強固な協力体制を築いた。中国系住民は就労などの社会サービスを華僑団体にますます依存し、閉鎖的なチャイナタウン政治のなかで華僑団体と国民党は力を強めた。

１９６５年改正移民法は、一国から最大2万人、西半球外から最大17万人の移民を可能にし、ようやくアジア諸国にアメリカ移民の門戸が開かれた。中国系人口はこれを機に増加し、そのコミュニティの開放と多様化が始まっていくのである。

（園田節子）

◆参考文献

Chang, Gordon H. (eds.) (2019) *The Chinese and the Iron Road: Building the Transcontinental Railroad*, Stanford: Stanford University Press.

Chinn, Thomas W. (eds.) (1969) *A History of the Chinese in California: A Syllabus*, San Francisco: Chinese Historical Society of America.

Lai, Him Mark (2010) *Chinese American Transnational Politics*, Urbana: University of Illinois Press.

Ngai, Mae (2021) *The Chinese Question: The Gold Rushes and Global Politics*, NY: W. W. Norton & Company.

13

中国系（2）

★1965年以降の移民史★

本章では1965年以降における中国系移民／中国系アメリカ人の歴史について概説する。現在、アメリカはアジア諸国を除くと世界で最大の中国系人口を擁する国家である。その中には中華人民共和国（以下、中国）や台湾そして香港の出身者に加え、東南アジアやその他各地の中国系ディアスポラも含まれている。第二次世界大戦を通して中国系移民に対する制度的差別が緩和されたことに加え、東アジア情勢に関わる一連の移民／難民立法などによって中国系移住者は増加傾向を示していたが、1965年移民国籍法が中国系人口の構成に与えた影響は決定的だった。都市圏に行けばほぼ必ず中華料理店にアクセスできるように、中国系移民は今日の多文化社会アメリカを彩る一員だと言ってよい。ここではそんな中国系移民の世界をのぞいてみることにしよう。

1965年移民国籍法は熟練労働者の受け入れと家族結合を優先課題としつつ、既存の人種差別的な国別割当制度を廃止することで年間2万人の移民枠をすべての国に付与した。1965年から14年間の間は台湾と香港からの移住者が多数を占めた。1960年代から1980年代にかけて約15万人もの台湾人が留学生として学位を取得し、その後アメリカに残ることを選んだ者も多かった。１９７９年に米中国交正常化が成立すると、アメリカ政府は台湾との公式な外交関係を断絶したが、台湾関係法を通じて従来の移民枠を維持したと同時に中国へ２万人の移民枠を与えた。ほぼ同時期、ベトナム戦争を経て大規模なインドシナ難民がアメリカに庇護を求めたことも重要である。明確なデータはないが、１９７９年前後にボート・ピープルとしてやってきた者の３、４割が中国系のルーツを持つ人びとだとされている。１９８０年代は広東省からの移住者が依然多かったが、上海・北京・温州・東北地区など中国各地からの移民が次第に流入した。また、蛇頭（snake head）と呼ばれる密入国斡旋業者の仲介によって福建省からの移民が特にニューヨークで増加した。出入国が記録されていないが故にこのタイプの移住者の正確な人口は不明だが、ＣＩＡの見積もりでは１９９０年代初頭までに約10万人もの中国人が非正規滞在者であったという。目下のところ、中国系アメリカ人人口の中で外国出生者がアメリカ出生者よりも多い事実は興味深い。これは、先行するアメリカ移住者が親族を呼び寄せる連鎖移住（chain migration）の結果である。

日系アメリカ人と並び「モデル・マイノリティ」の典型と見なされる中国系移民／中国系アメリカ人には社会的成功者としてのイメージが伴う。確かに、同集団は平均的なアメリカ人よりも高い教育達成率を見せる。ホワイトカラー職に就く者が多いことに加え、学問・芸術・ＩＴ・エンジニア等の分野で名を馳せる者も目立つ。チェリストのヨーヨー・マやヤフーの共同創設者ジェリー・ヤン、半導体メーカーＮＶＩＤＩＡの創設者ジェンスン・ホワンはその良い例である。第二次世界大戦の終結以降、都市のエスニック集住区から郊外への移住が増加してきたことも中国系移民の社会／経済的ス

サンフランシスコのチャイナタウンに位置するCNSC (Chinese Newcomers Service Center) の掲示板。1969年に発足した非営利団体で、中国語を通じて職業の補導や納税申請などの支援を行う

テータスの向上を示す兆候である。しかし、成功の陰で貧困に悩む人びとがいることも事実である。通常の移民に加えて、インドシナ難民として移住して来た者は尚更であるし、公的支援を受けられない非正規滞在者の存在も注目に値しよう。これら英語が不得手で人的資本が希薄な者がアメリカ社会へ即座に適応することは容易ではない。チャイナタウンでは中国語が通用するため、そんな彼ら／彼女らに雇用の機会を提供するなど経済的困窮者の受け皿として機能してきた側面があある。しかし、脆弱な経済的・法的立場にある移民を場合によっては雇用主が搾取することもある。

中国系移民のアイデンティティや政治意識は状況に応じて可変的であり、出自により多様である。アメリカ市民の立場から人種差別や貧困問題に際して「アジア系アメリカ人」・「中国系アメリカ人」の顔を見せる場合もあるし、例えば春節を祝うなどの文化を共有することはある。しかし、世代や背景そして出身地域を超越した汎・チャイニーズな意識が具現化することは稀である。これは東アジア政治に由来する分断による所が大きい。伝統的に在米中国人社会では中国国民党支持が支配的だったが、公民権運動や第三世界解放闘争の流れに乗じて１９６０〜１９７０年代には毛沢東主義に共鳴する若者世代が声を上げた。台湾からの移住者にしても、全美台湾独立連盟など台湾独立派の活動は盛んである。アメリカでも１９８０年代には中国の民主化運動を唱える声が上がっていたが、天安門事件はそうした活動家に衝撃を与えた。この際、アメリカ政府は在米の中国人学者や学生とその家族に永住権を与えた。イギリス領香港の中国返還が決まった同時期、中国の統治を懸念してアメリカに移住した者も多い。第７代台湾総統の蔡英文が２０２３年に訪米した際、ロサンゼルスにおいて現地の親台派住民と親中派住民の間で小競り合いに発展したことは記憶に新しい。「中国系移民」という言葉はアメリカ社会における同集団の人種的ニュアンスを伝える包括的な用語としては便利だが、その内部にある政治的・文化的差異を見えづらくする点には留意しておきたい。

また、中国系移民はアジア系カテゴリーの中でもある種特異な立ち位置にある点を指摘しておきたい。これは特に近年の移住者とその世帯の教育・学歴において表れる。Migration Policy Institute（２０２３）が公表するデータによれば、２０２１年において25歳以上の中国系移民のうち、52％が最低でも学士号を持つ。一般的な移民の学位保有者が34〜35％であることを考えると、この数値は相当高いという。昨今の中国系移民は留学生としてアメリカの大学に在籍してそのままアメリカに残るか、中国で大学を卒業後にＨ－１Ｂビザで渡米するパターンが多い。これら高学歴・高技能の移民はその子どもにも高等教育を施してアメリカ社会での成功を期待する。こうした背景で育った中国系移民は高校のＧＰＡやＳＡＴで好成績を収めるわけだが、個人の能力を絶対的な評価基準とはしない大学入試のアファーマティヴ・アクションに批判的である。アジア系アメリカ人が概ねアファーマティヴ・アクションに肯定的であるの対し、中国系アメリカ人が否定的である状況を「中国人例外主義(Chinese exceptionalism)」と呼ぶこともあり、アジア系内部の分断を垣間見せる。

アメリカの中国系移民のアイデンティティに関心があるならば、彼ら・彼女らが日本をどのように捉えているのかは興味深い問題だろう。一見すると日本政府や保守派にとっては快く思わない行動や言説が表出することはある。アイリス・チャン（Iris Chang）が１９９７年に出版して大きな話題を呼んだ *The Rape of Nanking* や第43代サンフランシスコ市長のエドウィン・マー・リー（Edwin Mah Lee）の合意で同市に設置された従軍慰安婦像などは日本の歴史認識に対する異議申し立てを含意している。また尖閣諸島（魚釣島）の領有問題に際しても２０１２年にはアメリカで抗議活動が行われた。しかし、だからと言って中国系移民らを反日的と過度に捉えるのは早計にすぎる。ピュー・リサーチ・センターの最新の調査（２０２３）において、日本を否定的に考える中国系移民は約1割に止まり、中立的か好意的に捉える者が多数を占めることについて、我々はどう考えるべきだろうか。現代において、日中関係の絡れはアメリカで中国系移民が日本（人）に対して悪感情を持ち続けることを意味しない。

国際情勢に関わる中国系移民／中国系アメリカ人にとっての現在の関心事は米中関係の行く末である。アメリカの排華は19世紀後半以来の長い歴史があるにせよ、中国の強国化によってアメリカ国内の中国（人）脅威論はかつてないほど高揚している。２０２０年のパンデミックに際して、第45代大統領ドナルド・トランプの「チャイニーズ・ウイルス」発言などが助長した反・中国人感情と民衆の暴力がいかに凄まじいのかを我々は目の当たりにした。日本ではマジョリティの日本人もアメリカでは中国人と同じく「アジア系」として人種的少数派に属することを考えれば、昨今の出来事は決して他人事ではない。２０２３年５月にはフロリダ州で中国系（を含む）住民の不動産所有を制限する法案が可決された。中国に対するアメリカの国防を根拠とするこのような立法は妥当と言えそうだろうか。今後ますます増加すると見込まれる中国系移民は米中対立の進展を受けてどのような趨勢を辿るだろうか。中国系移民／中国系アメリカ人の過去と現在を知ることは、アメリカの人種主義のみならずアジア太平洋国際関係を学ぶ上でも有益な知見を提供してくれる。

（吉田晋也）

◆参考文献

Chinese Historical Society of America. *Chinese America: History and Perspectives*. San Francisco, Calif: Chinese Historical Society of America, 1987-.

Lai, Him Mark. *Chinese American Transnational Politics*. Urbana: University of Illinois Press, 2010.

Lee, H.X. Jonathan eds. *Chinese Americans: The History and Culture of a People*. Santa Barbara, California: ABC-CLIO, 2016.

Lee, Jennifer. "Asian Americans, Affirmative Action & the Rise in Anti-Asian Hate." *Daedalus* 150. no.2 (2021): 180-198

Min, Zhou. *Contemporary Chinese America: Immigration, Ethnicity, and Community Transformation*. Philadelphia: Temple University Press, 2009.

Zhao, Xiaojian. *The New Chinese America: Class, Economy, and Social Hierarchy*. New Brunswick, N.J.: Rutgers University Press, 2010.

14

フィリピン系

★アメリカ植民地主義の歴史と人びとの今★

ブルーノ・マーズや秋元才加をはじめ、フィリピンにルーツを持つ人びとが、芸能やスポーツの業界で、アメリカでも日本でも活躍している。読者の中にも、自身が、あるいは友人が、フィリピン系であるという人がいるのではないだろうか。もしフィリピン系の知り合いがいない場合、フィリピンという国や人びとについてどんなことを知っているだろうか。本章では、東南アジアの島嶼国・フィリピンとアメリカの関係史に引きつけながら、フィリピン系と呼ばれる人びとについて考えてみたい。

フィリピン系は、アメリカに約420万人いて、アジア系アメリカ人の中で中国系とインド系に次いで3番目に大きい集団である（ピュー・リサーチ・センター、2019）。医療従事者や、軍人を含む米軍基地の労働者、家事労働者など、様々な仕事に就いてアメリカ社会を支えている。また、中東やヨーロッパ、香港やシンガポールなどアジア諸国の病院・一般家庭・建設現場で働く者も少なくなく、フィリピン系の人びとは世界中で生活している。

日本では約29万人と、中国・韓国・ベトナム出身者に次いで

第14章
フィリピン系

在留外国人の中で4番目に多い（出入国在留管理庁、２０２２年）。技能実習生や日系人ビザで就労する人びとや、日本人の配偶者や留学生として暮らす人びとなどがおり、都会にも田舎にもいる。フィリピンの日系人は、第二次世界大戦前にフィリピンへ移民した日本人と現地のフィリピン人が築いた日比家族の子孫や、「ジャパニーズ・フィリピノ・チルドレン」と呼ばれる、１９８０年代以降に日本人男性とフィリピン人女性の間に生まれた人びとを主に指す。本章では詳述しないが、ぜひ参考文献を手に取ってみてほしい。

フィリピンが「移民送出国」となった理由は、20世紀後半のマルコス大統領の独裁政権による国内経済の悪化に起因する部分が大きいが、学校教育を受けたフィリピン人が英語に堪能であるがゆえに海外で雇用されやすいという事情もある。読者の中にも、フィリピンのオンライン英会話を利用したり、英語を学びに現地留学したりした人がいるかもしれない。フィリピンは、アメリカ国内のコールセンターの業務を受注していることでも有名であり、公用語は現地語の一つ・タガログ語の他に英語を採用している。なぜだろうか。それは、フィリピンがアメリカの植民地であったからである。フィリピン系は、アジア系アメリカ人の中で唯一、アメリカの植民地主義を公式に経験した人びとおよびその子孫である。

フィリピンは３００年以上ものスペイン統治の後、米西戦争と米比戦争を経て、20世紀初頭にアメリカに併合された。アメリカ統治によって政治や経済などフィリピン社会の仕組みが改変され、中でも教育は植民地政策の重要な柱となった。先ほど述べたフィリピン人と英語の関係は、アメリカ植民地期の公教育政策に端を発する。スペインの教育政策がエリート層に限られていたのに対し、アメリカの教育政策は大衆に英語を教え、英語に堪能なフィリピン人教師を育成してこの体制を維持する仕組みを作った。

アメリカ統治が始まると、フィリピンからアメリカに移動する人びとも出てきた。政府給費留学生として大学で学ぶエリート層もいれば、農場や缶詰工場・製材所などで働く労働者層もいた。カリフォルニアなど西海岸に向かう者がいる一方、ハワイやグアム、アラスカなどアメリカの他の植民地に向かう者もいた。労働者層の方が数は圧倒的に多かったが、留学生に対しては将来のフィリピンを背負うエリート層をアメリカ統治に抵抗しない人材に育てるというアメリカ政府の意図があり、前述の教育政策と関連する。

フィリピン人は、植民地出身ゆえにアメリカ国籍保持者（American nationals）でありながらアメリカ市民（American citizens）ではない、という奇妙な状況にいた。外国人ではないので植民地を含むアメリカの領土内を移動することができるものの、市民ではないのでアメリカ人と同様の権利や保障は受けられなかった。これは、日本帝国の下の朝鮮や台湾の出身者の状況とよく似ている。アメリカが移民法を改定して、中国系や日系、南アジア出身者（インド系）らアジア系の一世を「帰化不能外国人」として排斥するにつれて、アメリカ国籍を持つフィリピン人は社会の労働需要に応える形で移民し続け、結果、数が増え目立つようになった。１９２９年の世界恐慌で不景気になると、フィリピン人が「自分たちの仕事を盗る」「白人女性を誘惑する」と吹聴する白人至上主義者によって人種暴動の標的にされた。こうした暴力・移民排斥の「解決策」として、１９３５年にフィリピン人もまた「帰化不能外国人」となり、強制送還の対象になった。同じ頃、アメリカはフィリピンに対して10年後の独立を約束しており、「帰化不能外国人」への転落は、独立の約束の代償でもあった。

フィリピンからアメリカへの移民が再開するのは、第二次世界大戦中に海外で「外国人」女性と出会ったアメリカ人兵士が、花嫁や婚約者を呼び寄せることを可能にした法律が１９４５年と１９４６年に制定されてのことだった。ヨーロッパや東アジア出身の女性たちとともに、1万６０００人ほどのフィリピン人女性がアメリカに移民した。フィリピン人戦争花嫁の場合、夫の多くがアメリカ人に帰化したフィリピン人兵士であったという事実は特筆に値する。１９４６年のルース・セラー法により、フィリピン人はインド人とともに帰化が再び可能になっていた。ただし、より強調すべきは、従軍によってアメリカの市民権を手に入れたフィリピン人兵士がごく一部にすぎなかったという事実である。

アメリカは戦時のたびに、移民に対して従軍と引き換えに市民権を与えること、つまり帰化を約束したが、「帰化不能外国人」のアジア系にはその約束を反故にしていた。それでも、第二次世界大戦でフィリピンが日本の占領を受けると、祖国を守りアメリカ本国に忠誠を見せるため、約20万人のフィリピン人男性たちが米軍に志願し人種隔離された軍隊で戦った。退役軍人には帰化の権利の他にも、教育や住宅などの手当が受けられ、米軍は多くのフィリピン人兵士に帰化と福祉を保障するはずだった。しかしながら、アメリカは１９４６年に無効法という法律を制定し、こうした保障の義務を無効にした。したがって、実際に帰化など従軍の恩恵を受けたフィリピンの退役軍人はほんの一部にとどまった。１９４６年はフィリピンがアメリカから独立した年でもあり、無効法は独立とルース・セラー法の代償のようにも見える。

マニラの病院に勤める看護師女性たちの絵葉書。20世紀前半にアメリカで流通していたと思われる

移民がより活発になるのは1965年移民法の後で、専門職を持った層とその家族が増加していった。戦前の移民は労働者層の男性が大半であったのに対し、20世紀後半以降は教育水準の高い女性が主流となり、中でも看護師がフィリピン系の象徴となった。写真のように、看護師の養成はアメリカ植民地期の教育政策からすでに始まっていた。つまり、フィリピン系看護師の存在は、戦後の移民法改正だけではなく、アメリカ植民地主義の歴史の産物でもある。

さらに、昨今フィリピン系看護師はアメリカの看護師全体の4%にすぎないにもかかわらず、コロナ禍で死亡した看護師の25%を占めていたという衝撃のデータがある（National Nurses United, March 2021）。なぜフィリピン系看護師の死亡率が高かったのかについて、白人看護師よりも集中治療室に配置されやすくコロナ患者との接触が多かったなどの研究が発表されたが、原因の解明にはまだ至っていない。コロナ禍で、医療従事者をはじめアメリカ社会のエッセンシャルワーカーが、移民や人種的マイノリティの人びとによって担われていることが鮮明になった。フィリピン系看護師の死と、植民地主義の歴史も胸に刻んでおきたい。

近年、「フィリピニックス（Filipinx）」という、フィリピン系の新しい呼び方が出てきた。スペイン植民地主義の影響で、フィリピノ（男性か、女性含む総称）かフィリピナ（女性）と男女で言い分けていたのが、トランスジェンダーやノンバイナリーの人びとを包括する概念として、フィリピニックスが使われるようになった。同様に、元スペインの植民地が多い、ラテンアメリカ出身者に関しても、ヒスパニックやラティーノという呼称に加えて、「ラティンネックス（Latinx）」が登場してきた。

フィリピン系とラティンネックスは、労働運動の歴史も共有している。1965年9月、カリフォルニアでブドウの摘取りに従事していたフィリピン系労働者たちが労働条件や賃金の改善を求めて雇用主に団体交渉した際、メキシコ系労働者たちが連帯を表明した。このデラノ・グレープ・ストライキは、労働史に残る大規模な社会運動に発展した。このように、人種差別や移民排斥の対象となりながらも、時に他の集団と連帯しながら、フィリピン系がアメリカで社会正義を求めて闘ってきたことも、強調しておきたい。

（北田依利）

◆参考文献

DVD・Kプロジェクト『日本人の忘れもの――フィリピンと中国の残留邦人』小原浩靖監督、2020年。

大野拓司・鈴木伸隆・日下渉編著『フィリピンを知るための64章』明石書店、2016年。

岡田泰平『「恩恵の論理」と植民地――アメリカ植民地期フィリピンの教育とその遺制』法政大学出版局、2014年。

カルロス・ブロサン『我が心のアメリカ――フィリピン人移民の話』井田節子訳、井村文化事業社、1984年。

中野聡『歴史経験としてのアメリカ帝国――米比関係史の群像』岩波書店、2007年。

野口和恵『日本とフィリピンを生きる子どもたち――ジャパニーズ・フィリピノ・チルドレン』あけび書房、2015年。

ブローハン聡『虐待の子だった僕――実父義父と母の消えない記憶』さくら舎、2021年。

15

ベトナム系

★戦争難民からエスニック・マイノリティへ★

アメリカ政府によるベトナム戦争への介入の結果として、アメリカに受け入れられたベトナム人の数は1975年以後急速に増加した。2023年5月のアメリカ国勢調査局のデータによれば、ベトナム系はアメリカのアジア系のなかで中国系、インド系、フィリピン系に次ぐ第四のエスニックグループであり、230万人ほどの数であると推計されている。カリフォルニア州に最も多くの人びとが居住しているが、その他の西海岸の州およびテキサス州やヴァージニア州にもコミュニティが形成されている。コミュニティ形成にともない、アメリカ国内において、バインミー（サンドイッチ）やフォー（麵料理）などのベトナム料理の知名度や人気が高まり広く認知されてきた。

ベトナム系アメリカ人のコミュニティは、1975年4月末のサイゴン陥落／解放にともない旧南ベトナム（ベトナム共和国）政府関係者などが難民となり、およそ13万人が米軍の支援によりアメリカへ移動したことから形成された。そのため、旧首都の名前からリトルサイゴンと呼ばれる。全米最大のリトルサイゴンは、カリフォルニア州ロサンゼルス近郊オレンジ郡のウェストミンスター市・ガーデングローブ市・サンタアナ市にまたがる地域にある。

1975年4月頃から翌年にかけてアメリカに入国した旧南ベトナム出身者の多くは、混乱のなかでも出国という選択ができた人びとであった。一方で、同時期にベトナムからは出国したものの、タイなどの東南アジア諸国に滞留することを余儀なくされた人びともいた。さらに、1970年代後半から急速な共産主義化を嫌った人びとが、漁船などで香港、インドネシア、マレーシア、フィリピン、シンガポール、タイなどへ出国した。こうした「ボートピープル」と呼ばれる難民が増加すると、アメリカ政府は難民受け入れを継続した。

カリフォルニア州サンノゼの仏教文化センター（Will Buckner, CC BY 2.0）

初期に受け入れられたベトナム人は、新しいアメリカ人としてその社会的・文化的同化を考察される存在であった。特にそこで注目されたのは、ミン・ザウの研究にあるように、教育に熱心であり、社会経済的上昇を可能としていくモデルマイノリティ像であった。しかし、難民の成功にばかり注目することは、アジア系アメリカ人に対する肯定的ステレオタイプである「モデルマイノリティ神話」を補強することにつながる。

１９８０年代以降は、１９７５年以後あるいはそれ以前に入国していた家族が身元保証人などとなる家族再統合での入国が増加した。特に戦後のベトナム統一によって再教育キャンプに収容された、元南ベトナム政府および軍関係者のアメリカへの入国は、ベトナム系アメリカ人コミュニティの反共主義をより一層強いものとすることになった。冷戦の終結にともない、本国ベトナムの共産党政府打倒などを目標とする反共主義団体の活動がアメリカで活発化し、ベトナム系アメリカ人コミュニティにおいて反共主義はトゥイ・ヴォー・ダンが分析するように、政治思想にとどまらない文化実践となっていった。例えば、南ベトナム国旗こそがベトナム系アメリカ人コミュニティの旗であるといった主張が積極的になされ、リトルサイゴンでは現ベトナム国旗の掲揚およびその存在そのものがタブー視されている。旧南ベトナムのみがベトナム系アメリカ人の故国であり、統一後のベトナム政府および国家を認めないということがベトナム系アメリカ人コミュニティの文化規範として定着していくようになった。こうしたコミュニティ内の文化的抑圧がアメリカ一般社会にも認知されたのが１９９９年に起きたハイテック事件である。レンタルビデオ店オーナーのトラン・チュオンが現ベトナム国旗とホー・チ・ミンの肖像を店頭に飾ったことで、大規模なボイコットおよびそのビデオ店に対するデモが起きた。

こうしたコミュニティ内での衝突は、アメリカとベトナムの関係が１９９５年以降正常化する過渡期に特有の緊張であった。２０００年代以降はベトナム系アメリカ人がベトナムを訪問する機会が増え、近年では二国間の行き来がタブー視されることはなくなった。アメリカの対中国政策の影響もあ

アジアン・ガーデン・モール正面でのベトナム難民流入の記念掲示（カリフォルニア州ウエストミンスター市、2024年2月）

り、米越関係は包括的パートナーシップから２０２３年９月には包括的戦略パートナーシップへと格上げされ関係強化が合意された。こうした米越関係の改善にともない、旧南ベトナム関係者を必ずしも自認しないベトナムからの移民がアメリカに流入してくることによって、ベトナム系アメリカ人の対ベトナム感情も反共主義だけでは理解が難しい状況となっている。

２０２３年５月のピュー・リサーチ・センターの調査によると、民主党支持が強いアジア系アメリカ人のなかにあって、ベトナム系の51％が共和党支持、42％が民主党支持を表明し、ベトナム系アメリカ人は比較的共和党支持が強い集団である。このような政治的特徴は、ベトナム系アメリカ人が持つ反中感情と文化的保守性に起因すると説明しうる。後者は、しばしば保守的な家族観に結びつけられて理解される傾向にあり、ベトナム系は他のアジア系と比較しても日常生活において、良好な異性愛的婚姻関係を維持することを重視し（アジア系54％だがベトナム系61％）、良き親であることを重視することが指摘される（アジア系は67％だがベトナム系は71％）。ベトナム系アメリカ人がこのような価値観を持つ背景には、反共主義をその中核としたベトナム共和国建国とその崩壊、その後の中越戦争およびカンボジアとの戦争というなかで頼りになる関係としての家族の重要性が強調されてきたことが指摘されている。

しかし、その家族観は往々にして異性愛主義と家父長制に基づくものであり、コミュニティ内においても衝突を生んできた。例えば、２０１３年にゲイ・レズビアン団体がテト（ベトナムの旧正月）のパレードに参加を拒否されたことは、コミュニティ内でのＬＧＢＴＱ権利をめぐる議論に発展し、権利擁護のための「ベトレインボー・オブ・オレンジカウンティ」という団体が発足することとなった。

旧南ベトナムの記憶をその集団の歴史と位置付けることによって、アメリカの軍事主義を支える構造となっていることを若い世代のベトナム系アメリカ人研究者が指摘し、ベトナム系アメリカの中核にあるとされる難民アイデンティティも近年批判される傾向にある。こうした軍事主義やジェンダーイデオロギーを乗り越えるために、コミュニティに所属しながらコミュニティを批判的に分析することが若い世代によるベトナム系アメリカ研究に求められている。

（佐原彩子）

◆参考文献

Anguilar-San Juan, Karin, *Little Saigons: Staying Vietnamese in America*, Minneapolis: University of Minnesota Press, 2009.

Dang, Thuy Vo, "The Cultural Works of Anticommunism in the San Diego Vietnamese American Community," *Amerasia Journal*, 31: 2, 64-86, 2005.

Nguyen, Phuong Tran, *Becoming Refugee American: The Politics of Rescue in Little Saigon*, Champaign (IL): University of Illinois Press, 2017.

Zhou, Min and Carl L. Bankston Ⅲ, *Growing Up American: How Vietnamese Children Adapt to Life in the United States*, New York: Russell Sage Foundation, 1998.

麻生享志『「リトルサイゴン」――ベトナム系アメリカ文化の現在』彩流社、２０２０年。

16

モン系

★国を持たずクランと共に生きるモン★

モンとの出会いは全くの偶然によるものだった。当時興味があった中国系女性政治家について、論文の資料集めにワシントンDCを訪れて、*The New Face of Asian Pacific America* という本を手に入れた。帰りの飛行機でそれを開くと目に飛び込んできたのが"Hmong"という名称と、ミネソタ議会で宣誓式に臨むミー・モア議員の写真だった。この本との出会いがなかったならば、筆者はHmong（モン）というラオスの山岳少数民族が戦争でアメリカに加担したために、ラオスを追われて難民となり、後に政治難民としてアメリカに受け入れられた史実と出会うことはなかっただろう。

クーパーによると、モンは約４０００年以上前に中国に住んでいたとされるが、その歴史は曖昧である。紀元前に記された『書経』に、モンの祖先と考えられるMiao（ミャオ）についての記載がある。「ミャオ」の呼び名は、秦朝以前の時代に、中国南西部に住んでいた漢民族以外の人びと全般を指していた。現在の「苗族（Miao-Tseu）」の呼び名は明朝時代になって登場したもので、現在も中国で公的名称として使われている。漢民族は、主流社会と相容れない人びとのことを総称して「ミャオ」と呼んだ。

Hmong（モン）の呼び名は、中国以外に住むモンが「ミャオ」に「野蛮人」や「いなか者」というような屈辱的なニュアンスが含まれ、また発音が猫の鳴き声に似ているという理由から「ミャオ」と呼ばれるのを嫌い、自分たちでつけた呼称である。

モンは漢民族や他民族と血みどろの戦いを繰り広げ、絶え間なく各地を移動した「流浪の民」である。リープリチャによると、モンは1950年代まで書き言葉を持たず、歌、物語、伝説や儀礼のほとんどを口伝えで伝えてきた。彼らは漢民族の慣習を決して取り入れようとしなかったため卑下され、モンだけで固まって住み、モン同士で結婚し、固有の言語、衣装、楽器、宗教などを遵守しようとした。そのため、モンは漢民族との戦いに敗れてインドシナ半島を南下してラオスに至った。ラオスは仏教を信仰する最も大きなエスニック・グループで、アニミズム信仰のモンを見下し「侵入者」と見なして差別した。そのためモンは彼らを忌み嫌う人びととの接触を避けるため、山岳地帯で焼き畑農業や狩猟で生活した。資源の乏しい標高の高い山岳地帯を選んだのは、低地特有の熱帯性疾病や土地の灌漑が必要なかったためで、モンにとっては実用的な環境だったからである。

アメリカとの接点

ベトナム難民は世界に広く知られているが、ほとんどのアメリカ人はラオスからアメリカにやって来た難民の存在や、その中にモンという山岳少数民族が含まれていることを1971年にアメリカが議会の公聴会で公表するまで知らなかった。今でもなぜモンがアメリカにやって来たか知らない人びとは多い。これはラオスでのアメリカによる「秘密戦争」やCIAによる秘密工作が、ベトナム戦争の陰に隠れて行われたからである。アメリカはフランスと結んだ相互防衛援助協定に基づき、第一次インドシナ戦争ではフランスに間接的な支援を行っていた。しかしフランスがジュネーブ協定（1954年）によりインドシナから完全撤退すると、アメリカはドミノ倒しのように共産主義がインドシナ全体に広まるのではないかと恐れ、その後フランスに代わって戦闘の前面に出るようになった。だが、アメリカは戦費を抑制するために自国の戦闘部隊を使わず、はからずも戦闘地域に住んでいたモンに武器を与え訓練し、戦闘の見返りとして食糧や経済的・人道的援助を提供する約束で、モンを最前線の戦闘に駆り出した。

1975年、南ベトナムの首都サイゴンが共産勢力に陥落すると、アメリカ軍は隣国のラオスからも撤退した。戦闘を率いたバン・パオ将軍をはじめとするモンの軍関係者および医療従事者は、軍用機を使って難民として正式にアメリカに迎え入れられた。しかしCIAはアメリカのために戦った一般のモンとの約束を反故にし、ベトナムで行ったような大規模な救助をモンに対して行わなかった。13万人ものベトナム人がアメリカ軍のヘリコプターや輸送機で救出された一方で、空路でラオスを脱出できたモンはわずか2500人でその数はあまりにも少なかった。

ラオスに取り残された一般のモンは、「モン掃討作戦」の名のもとに共産兵に命を狙われ、村を焼かれその多くが命からがらラオスを脱出した。戦闘で命を落とした者や、逃避行中にメコン川でおぼれ死んだ者など、死亡者の数は計り知れない。モンはもともと農耕が正業だったが、タイの国連難民キャンプでは食糧などの物資を一方的に受け取るだけの主体性を欠く生活を余儀なくされた。こうして人により数年、長い人では十数年間難民キャンプで過ごした後に、アメリカ、フランス、オースト

ミネソタ州在住の４世代の集合写真。アメリカに難民として受け入れられた世代から４世代がお祝い事に集まっては集合写真を撮影するのが恒例（Kazoua Kong-Thao 提供）

ラリアなどの西洋諸国に政治難民として受け入れられたのである。しかし、その際に多くの家族や親族が同じ国には受け入れられず、モンは世界各地に離散せざるをえなかった。

Clan（クラン）と共に

教会や慈善団体がスポンサーとなってアメリカに渡ったモンは、２０１０年の人口調査で、カリフォルニア州に約9万１０００人、ミネソタ州に約6万６０００人、ウィスコンシン州に約４万９０００人が居住する。モンは実在の国民国家を持たず、「個人」の存在よりも、父方の姓を表すクランとその親族を優先するすべての男性子孫で構成される父系親族を基盤に、アニミズム信仰に結びつく家父長社会を形成している。人びとは家族、親族、クランなどを通じて密接に結びつく。モンの多くが今日までまとまったエスニック・グループとして存在するのは、今も続くクランのおかげとされる。これまでに約１００人のモンと筆者は対面で聞き取り調査をした結果、その多くが「クランなしには生きてゆけない」と語るほど、クランはモンの生活や活動の中心になっている。それゆえ初対面でクラン名から互いの関係を確認し、さらに先祖代々の精霊を共有するか否かを区別することは非常に重要視される。クランの数には諸説があるが、代表的なクラン数は18ある。アメリカ政府は当初、難民が一定の州に集中してしまい、ある州に過度な負担をかけることを避けるため、モンを全米各州に分散させた。このため多くの家族や親族が別れ別れになったが、のちに親族が多く集まる地域に移動する第二次移住（国内移動）が発生し、気候的に農作業に向くカリフォルニア州のフレスノ、工場などでの賃金仕事が多いミネソタ州のセントポールやウィスコンシン州に大きなモン・コミュニティが形成された。

モン系アメリカ人として

アメリカ各地に離散したモンは、彼らの風采と話す言語に対して多くのいじめや偏見・差別を受けてきた。これは多くのアメリカ人が、秘密裡に行われたラオス戦争でアメリカを助けたがためにモンが難民となり、共産勢力による殺戮を逃れるためにラオスを脱出せざるをえなかった経緯を知らなかったことや、「経済難民」と呼ばれる、いわゆる金銭を稼ぎにアメリカにやってきた他のエスニック・グループとモンを同一視したことに起因する。今も低所得にあえぐモンが存在する一方で、教育の拡充や生活の安定にともない、これまでの「難民」意識から「モン系アメリカ人」として権利の行使と義務を果たそうという変化が現れ始めた。

アメリカへの移住から四十数年が経ち、教育を受けた若い世代が「モン系アメリカ人」として高い意識を共有するようになった。前出のミー・モア元議員は、ノーベル賞受賞者を多く輩出しているアイビーリーグに属するブラウン大学の卒業生で弁護士である。彼女はミネソタ州議会議員を経て、現

カリフォルニア州フレスノにおけるHmong New Yearの祝祭にて。過去には結婚適齢期の男女が玉投げを交わしたとされるが、現代のいわゆる玉投げにおいては、老若男女が未婚・既婚にかかわらずリクリエーション的に玉投げに参加し友好を深めている

在は弁護士・コンサルタントとして活躍している。その他にもモンは全米各地で、市議会議員、教育委員会の要職、弁護士、学術、医学、ビジネス界に進出し、モン系アメリカ人として高い地位を確保している。

アメリカに住むモンを初めてハリウッド映画作品に描いたのは、クリント・イーストウッド（C. Eastwood）で、彼が監督・制作した『グラン・トリノ』（２００８）では、移民に対して偏屈な感情を抱いていた一人暮らしの頑固な白人老人が、隣人のモンとの交流を通して心を開いていく様子が描かれている。この映画で「モン」の名前はアメリカの内外で知られるようになった。

また、２０２０年の東京オリンピックでは、セントポール在住のスニサ・リーが、体操女子個人総合で金メダルを獲得した。ニューヨーク・タイムズ紙は一面に彼女の活躍を取り上げ、モンがアメリカにやって来た経緯を記事にしたことから、モンの名前は世界中に知られるようになった。

新年の祝いはモンの生活にいつも重要な位置を占めてきた。通常、新年の祝いは収穫が終わり食物が豊富にある旧暦の12月の終わりに行われる。過ぎ行く年の最後の日を祝うことで、その年に起きた不運が除かれ、新年にはすべてが一新されると考えられている。持ち回りで各クランが親族や友人を招いて催す祝いは、各地のモンのコミュニティが開催する大規模な祝宴で、誰でも参加できる場であり、モン文化の様々な表象をそこに見ることができる。現代ではイベント的要素が加わり、より開かれた形でこれまで継承してきた文化を守る「モン系アメリカ人」の姿が見られる。最大の規模を誇るカリフォルニア州のフレスノでは、ある年の参加人数が主催者発表で12万人を記録し、アメリカの主流社会とモンの社会との間に双方向の関係が生み出されていることを垣間見ることができよう。

（吉川太惠子）

◆参考文献

Hillmer, Paul (2010) *A People's History of the Hmong*. (St. Paul: The Minnesota Historical Society Press.)
Lee, Gary Yia. and Tapp Nicholas (2010) *Culture and Customs of the Hmong*. (Santa Barbara: Greenwood.)
Vang, Chia Youyee (2008). *Hmong in Minnesota*. (St. Paul: Minnesota Historical Society Press.)
大津留（北川）智恵子『アメリカが生む／受け入れる難民』関西大学出版部、２０１６年。

17

インド系

――★IT、医療、階層、宗教、ジェンダー：多様な経験と変遷★――

ニューヨーク州の中都市に住むラフルは、5年前にインドから妻とともに移住してきたＩＴエンジニアである。渡米前には「アメリカ人」に囲まれて仕事をするものと想像していたら、初出勤の日、多くのインド人同僚がいることに面喰った。２０２３年の8月、兄弟が姉妹の保護を約束するヒンドゥー教のラクシャーバンダン（保護者の絆）の祭礼の日、インドに住む妹と従姉妹からエアメイルで送られてきたラーキー（吉祥の紐）を腕に巻き、いつものようにWhatsAppで地球の裏側に住む家族と話をした。２０２０年に生まれた息子にはインドの名前を付けた。大家族で育った夫妻にとって、2人だけの子育てはまったく新しい経験である。妹のラーニーは、インドビハール州の小さな町に住み、兄の仕送りで増築した部屋で、医科大学共通入学試験ＮＥＥＴに向け、スマホアプリの講義を視聴しながら猛勉強中である。なぜ医師を志すのか尋ねると、「お父さんが言うから。インドでは、男の子にはエンジニア、女の子には医者になれと言って育てるの」と少年時代の兄によく似た聡明な瞳で答えた。エンジニアと医師、インドでは将来の展望が開けると憧れの職業である。熱心な教育者として知られた兄妹の父親は、持てる経済力とネットワークを駆使して、全力で子でもたちの教育に投資してきた。

現在、インド系は中華系を抜いて、世界で最も大きな移民グループである。イギリスのスナク元首相をはじめ、アメリカのＩＴ大企業のＣＥＯ、有名なビジネス・スクールの校長など、インド系ディアスポラは、世界の政治、経済において大きな存在感を示している。コロナ禍では、米国からのニュースレポートで多くのインド系医師を目にした読者も多いだろう。米国におけるインド系移民の傾向を分析したMigration Policy Institute（ＭＰＩ）によると、２０２１年には約２７０万人のインド生まれの住人がいるが、多くは高等教育を修了し、全米の平均的な家庭の2倍の年収を得るなど、最も成功している移民グループと見なされている。しかしインド系移住者をよく見ると、歴史的にも、また社会階層、ジェンダー、職業により様々な背景や経験を持っている。本章では、彼らの多様性に富んだ様子をわずかながらではあるが紹介する。

インドから「新世界」への移民は、イギリス植民地時代、大英帝国「臣民」としてカリブ海諸島への年季奉公労働者から始まり、20世紀の初めごろには、アメリカ合衆国西部へ若い男性が移住し農業や鉄道敷設に従事した。当時家族の帯同が許されなかったため、「見た目の似ている」メキシコ系女性との結婚がよく見られたという。一方、合衆国で高等教育を受けたエリート層の中には、英領からの独立を支援するIndian League of America（ＩＬＡ）を形成し、外から植民地主義に抵抗する者たちもいたが、独立運動への大きな影響力はなかった。合衆国で高等教育を受けた女性の中には、ヒンドゥー教高位カースト出身のアーナンディ・ジョシがいる。インドで広く女性が医療を受けられるように女性医師教育の必要性を訴え、自身もペンシルベニア女子医科大学で学び、１８８６年、インド出身の女性として初めて米国で医師の資格を取得した。それぞれの国の女性として初めて西洋医学の学位を取得した日本人、岡見京とシリア（クルド）人のサバト・イスラムボウリとの記念写真も残されている。ジョシの従姉妹にあたるキリスト教に改宗した女性社会改革者、パンディター・ラマーバーイーもミッショナリーの招待を受け、イギリス、アメリカに渡り、インド社会での女性の地位向上と医師教育の必要性を訴えた。インド帰国後は女子教育に生涯を捧げ、児童婚の末に歳の離れた夫に先立たれ、行き場をなくした寡婦女児のための寮制の女子校を建学した。当時米国で高等教育を受け、インドの社会改革に尽力した中には、B・R・アンベードカルもいる。いわゆる「不可触民」カースト出身のアンベードカルは西インドの藩王により才能を見出され、奨学金を得て１９１３年から１９１６年までコロンビア大学に留学し修士号、後に博士号を取得している。その後ロンドン大学で修士号と博士号、さらに弁護士資格も取得し、インド帰国後は法律家として活躍した。その傍ら自らも苛烈なカースト差別と闘い、「不可触民」の解放と権利獲得の活動に身を投じ、ガーンディーとも激しく対立した。１９４７年にインドが独立を果たすと、連邦の初代法務大臣、憲法草案起草委員会の議長として憲法を起草した。死の直前にはカースト差別の温床であるとしてヒンドゥー教を捨て、数十万の「不可触」カーストの人びととともに仏教に改宗し、インド社会に衝撃を与えた。またパンジャーブ地方からも、多くのシク教徒がアメリカに移住している。１９５７年に差別をはね除けアジア系アメリカ人初の連邦議会議員となったダリップ・シン・サウンドもシク教徒である。

米国では、19世紀後半よりアジアからの移民制限が続いていたが、１９６５年の移民および国籍法により、移民認定の基準を、それまでのヨーロッパ偏重の「出身国」から移民の「技術」と「家族呼び寄せ」へと移行させ、アジアやアフリカ諸国からの高度技術を有する移民へ門戸を開くことになった。これにより、医師やエンジニアなど専門職エリートの米国への移民が増加した。１９７０〜80年代には、インドも含めアジア・アフリカから高度専門職が米国をはじめ裕福な国に移民してしまう「頭脳流出」として問題視されるようにもなった。

１９９０年代からは、ＩＴ技術者をはじめとしたＳＴＥＭ（Science, Technology, Engineering, and Mathematics）分野などの専門職に就業する移民が急増している。米国におけるＳＴＥＭ分野でのスキルギャップ（仕事で求められる技能に対する労働者のスキル不足）を埋めているのが、冒頭で紹介したラフルのような高度技術者たちだ。雇用主がスポンサーとなり発行されるＨ－１Ｂビザとともに３年間就労し、その後さらに３年間のビザの延長が可能である。近年のＨ－１Ｂビザ取得者の中ではインド系が最も多く、母国インドの高度なＩＴ教育が背景にある。トランプ政権の移民制限政策により、渡航者数は減少するかと思われたが、２０１７年からコロナ禍前の２０１９年まで、インド出身者のＨ－１Ｂ取得者数は年間約27・６万人から32・８万人へと増加した。当該年度のＨ－１Ｂ全取得者のそれぞれ52・０％、54・５％がインド系で、高度技術者の中でも際立っている。家族帯同も珍しくないことを考えると、毎年中規模の都市まるごと一つが、インドから米国に移住しているようなイメージとも言える。Ｈ－１Ｂは非移民労働者対象のビザではあるが、希望者にはその後永住権や米国籍取得に門戸は開かれており、実際、近年のインド系移民の永住権や米国籍獲得は、このルートを通じたものが多い。ラフルも永住権の取得を考えているが、インドにいつか帰ってくると信じている両親にはまだ言い出せないでいる。

ＳＴＥＭ労働者の圧倒的多数は男性で、インドからの女性の移民は、専門職の夫とともに移住した妻が多い。彼女たちの多くは高学歴で、母国では専門職に就いていた人も少なくないが、米国の移民政策が壁となり就業できず、専業主婦として家事と育児に従事することが多い。家庭内でエスニック文化を保持し次の世代に伝えるのは女性の役目と見なされ、宗教的な行事や祭礼を取り仕切る。また社会とのつながりを求めて、子どもの学校や、様々な組織でのボランティア活動に参加する人たちもいる。ただ、移住に伴う経済力の低下が夫婦間での力関係に影響を及ぼす場合もあり、社会的損失であるのと同時に、社会から隔絶され、心身の調子を崩したり、ＤＶ被害にあったりする女性もいる。様々な批判を受け、２０１５年、オバマ政権下の大統領令により配偶者の就労が条件付きで可能となった。専門を生かして多種多様な業種の会社に雇用されたり、自らエスニック・ビジネスを起業したりする女性も増えている。インド・コミュニティの拡大にともない、インド産の食料や服飾品の需要が増え、インドと米国を行き来しグローバルにビジネスを展開する女性たちもいる。エスニック・ビジネスではインド系の従業員を雇用することも多く、そこでは母国でのジェンダーや階層関係が再生産されがちなことも指摘される。難民として米国にやってきた、教育を受けておらず英語を話せない女性が、同胞の経営する店や会社で低賃金に甘んじたり、敬意に欠けた扱いを受けたりすることも報告されている。

一方で女性が牽引力となって移住するケースが多いのは看護師たちである。背景には、世界的な医療従事者の不足がある。インドの看護師は南インド、ケーララ州出身のキリスト教徒が多く、他者との近接や体液に触れるといった看護師の職業的特徴が、社会的多数派のヒンドゥーやムスリムの間では「不浄」と見なされてきたことが影響していると言われ、看護師の地位や給与は低い。地元の村や小都市から大都市の大学、病院に出て経験を積み、比較的移住が容易なドバイ等の湾岸諸国に単身で渡り、数年間最先端医療技術の経験を積んだ後、米国を含む裕福な西側諸国に移住するのである。花嫁側から花婿側にダウリ（持参金）を支払う慣習のあるインドでは、安定した給与に加え、西側諸国への移住機会獲得の可能性がある看護師は、結婚市場で有利になるとも考えられていて、下位中産階層では家族の社会的上昇戦略として、娘に看護師を目指すよう親が指示する場合もある。湾岸諸国へは単身で移住するが、米国移住時は、教育のことも考えて配偶者と子どもを連れて移住することがほとんどである。米国では、夜勤中心の雇用形態のように、米国生まれの看護師に比べ不利な労働条件を示される例もあるなど、人種差別や移民看護師の搾取も指摘される。その一方で、女性看護師の自律的なキャリア形成や移動は、女性のエンパワメントの一つであり、インド、アメリカ双方でみられる父権主義的なジェンダー構造への挑戦と好意的に解釈する研究者も多い。

近年では、技術者、医師、成功した経営者などが、インドに戻って大学、病院、企業に勤めたり、自ら起業したりする例も増えている。年老いた両親の近くで暮らしたい、祖国に貢献したい、より大きな研究やビジネスの機会が期待できる、など理由は様々である。彼らはインド帰国後も、米国やその他の地域を行き来し、国境を越えて共同研究、ビジネスを行っており、「頭脳還流」とも呼ばれる。インド政府も、他国の国籍を取得したインド系ディアスポラに期待を寄せ、永住権の一種である海外インド市民（OCI）という地位を与え、自由な往来や活動を後押ししている。インド国内の熟練労働者不足、若年層の失業、インフォーマル・セクター依存の産業構造および経済格差の拡大が指摘されて久しい中、米国、インド両国の社会や個人がより豊かになるような交流の促進が望まれる。

きらびやかな専門職移住者の陰であまり知られていないが、実は近年、メキシコ経由のインド系不法移民も急増し、２０２１／２０２２年には、１万８３００人に達している。ＭＰＩによると、インドでのヒンドゥー至上主義的な政権による少数派（特にムスリム）への迫害、国内の経済的機会の少なさ、コロナ禍での移動制限の長期化、中南米から米国への移民増加への便乗などが理由として挙げられている。

インド系移民というとＩＴ技術者のイメージが強いが、宗教、階層、ジェンダーなどによりルートも経験も様々である。また以前のようなインドから米国への一方的な流出だけではなく、インドへと回帰してくる還流・往来も盛んになっている。人口世界一となり、近い将来ドイツと日本を抜き、世界第３位の経済大国になると言われるインド、そしてインド系ディアスポラの存在感はこれからも増すばかりだ。インド系の人びとの移住がどのような新たな様相を見せるのか、今後も注目していきたい。


（野沢恵美子）

◆参考文献

Migration Policy Institute. 2022. Indian Immigrants in the United States. Retrieved on September 16, 2023 from https://www.migrationpolicy.org/article/indian-immigrants-united-states .

18

中東系

★「白人」じゃない私たち★

はじめに

「西アジア」と呼ばれる地域は「中東」と一部重なり合う。米国にも当該地域出身者は多いが、「(西)アジア系」を自認する人はほぼおらず、専ら「アラブ」や「トルコ」などのエスニシティ・出身地を冠して名乗る。その中で今回は筆者の専門であるパレスチナ系アメリカ人に焦点を絞る。

地中海東岸、ヨルダン川西部に広がる地域は歴史的に「パレスチナ」と呼ばれてきた。だが1948年、この地にユダヤ国家イスラエルが建国され、70万人のパレスチナ人が難民と化した(これをアラビア語で「大破局」を意味する「ナクバ」と呼ぶ)。1967年に勃発した第三次中東戦争では、ナクバ後も残っていたヨルダン川西岸地区とガザ地区、東エルサレムがイスラエルに占領された。現在に至るまでパレスチナ難民は故郷への帰還を許されていない。難民か否かを問わず、世界に離散するパレスチナ人も後を絶たない。

米国のパレスチナ人の多くもこの苦境によって故郷の外へと押し出されてきた。19世紀末に始まった第一波移民こそ無関係だが、第二次世界大戦終結から約20年続いた第二波にはナクバの傷が刻まれている。第三波は60年代後半から現在まで続いているが、ここには終わりなき占領の影響も大きいだろう。

パレスチナ系を含むアラブ系移民たちは、米国で「人種」の枠組みにぶち当たる。クリスチャン多数の第一波移民は統計上「白人」とされ、当人たちも概して白人社会への同化を志向した。だがムスリム（イスラーム教徒）が多数である第二〜三波移民は同じく「白人」枠ながら、自認にも他認にもズレがあった。米国で生まれ育った二世以降となれば自己認識はなお複雑化する。本章では2人の女性の視点から、中東系アメリカ人が米国の「人種」構造の中で足場を探してきた様子を垣間見たい。

ナジュラ・サイード

パレスチナ系アメリカ人を代表する知識人であるエドワード・サイード（1935〜2003）には、レバノン人の妻との間に米国生まれの子が2人いる。うち役者・劇作家である娘のナジュラ・サイード（1974〜）は、2013年に自伝『パレスチナを探して』（*Looking for Palestine*、未邦訳）を著している。その書き出しはこうだ。

> 私はパレスチナ・レバノン系アメリカ人のクリスチャン女性だが、ニューヨーク・シティでユダヤ人として育った。ところが人生の始まりにおいては、私はWASP（白人アングロサクソン系プロテスタント）だった〔Said (2013) p. 1. 筆者訳〕。

サイード夫妻は白人社会への同化を意図してはいなかったが、白人の令嬢が多数を占める名門校にナジュラを通わせた。その学校でナジュラは初めて自らに違和感を抱く。金髪の海の中で悪目立ちする黒褐色の髪。家で食べるヨーグルトは果物入りではなく、お米に合う塩味のもの。メディアにおける「テロリスト」としてのアラブ表象と自らの経験との乖離も相まって、幼いナジュラは己の「アラブ」性を忌み嫌うようになる。

この苦悩は形を変えてナジュラに付きまとう。「白人」になろうともがいた時期、政治にも戦争にも「関心がない」と距離を取った時期。出口が見えたのは9・11後だ。「アラブ系アメリカ人」という存在に突如注目が集まったのだ。ハイフンでつながれた「組み合わせ」の形で己を認識したことのなかったナジュラは、同じ背景を持つ仲間とともに、演劇を通してその意味を探求する。この努力はやがて、単なる「〇〇人」になりきれない移民の子どもたちを鼓舞する一人芝居「パレスチナ」(*Palestine*、日本未上演)に結実する。

ナジュラの例からは、パレスチナ系をはじめとしたアラブ系アメリカ人の経験が、「白人」という枠に収まらない多様性や多層性——移民の子どもにとってはある種の「普遍性」——を擁していることがうかがえる。彼女の物語は「米国」の隙間でもがく子どもたちとの連帯の道を開いたのだ。

スヘイル・ハンマード

ナジュラと同世代ながら好対照をなすパレスチナ系女性が、詩人のスヘイル・ハンマード(1973〜)だ。ヨルダンのパレスチナ難民キャンプで生まれたスヘイルは1978年、家族に連れら

本章に登場したパレスチナ系アメリカ人女性２人の著書

れてニューヨークに移住した。一家が居を構えたのはブルックリンでも低所得の非白人層が多いサンセット・パーク。ここで育ったスヘイルのデビュー詩集は、『パレスチナ人に生まれて、黒人に生まれて』(*Born Palestinian, Born Black*、未邦訳) と題されている。カールした黒髪に浅黒い肌をもつスヘイルは「白人」としてはパスできない。そのうえアフリカ系やカリブ系の人びとともに育った彼女にとっては、白人文化よりも黒人文化がなじみ深いのだ。

だがスヘイルが自らを「Born Black」と形容するのは、単に「なじみ深いから」だけではない。彼女は米国で迫害される黒人の姿に、占領下や離散の地で苦しむパレスチナ人との相似を見てきたのだ。彼女の詩「ダディの歌」(daddy's song) では、難民として生まれた父が黒人歌手サム・クックの「ア・チェンジ・イズ・ゴナ・カム」に涙する。「タクシー」(taxi) では、ヒップホップ・グループ、パブリック・エネミーとパレスチナの民族舞踊「ダブケ」、パレスチナ詩人ダルウィーシュと公民権運動の指導者マルコムXが、等しく価値をもつ闘いのシンボルとして掲げられる。

> ねえ　もがいてるシスタ　P.　E.　のリフぐらいファンキーなダブケのビートがあるんだよ／〔中略〕だからバラカを読んでマルコムを聴くなら／ダルウィーシュを読んでそのまま／マルコムを聴き続けよう〔Hammad (2010 [1996]), pp. 27-28. 筆者訳〕。

こうして「黒人」と「パレスチナ人」というラベルは、分断や差別のカテゴリーではなく連帯のハブとして奪還される。このような連帯は、マルコムXの時代から近年のブラック・ライヴズ・マター運動まで、黒人とパレスチナ人（ひいてはアラブ人）との間に連綿と紡がれてきたものだ。スヘイルは自らの「黒人性」を掘り下げることで、ブルックリンの街角からその思想に至ったのだ。

おわりに

パレスチナ系の女性2人を比べただけでもわかるとおり、アラブ系——ひいては広く中東系のアメリカ人は「アジア系」という枠組みの中で生きているわけでもなく、かといって公的な「白人」のカテゴリーにも到底収まらない経験をしている。そこには既存の「人種」の枠を超えた連帯の潤沢な可能性が存在する。難民・ムスリム排除やアジアンヘイトが燃え上がる今日は、こういった連帯が一層求められる時代だ。椅子を取り合うのではなく、手を伸ばして支え合うことこそが、分断を是とするシステムに抗う唯一の道なのだから。

（佐藤まな）

◆参考文献

Hammad, Suheir (2010 [1996]) *Born Palestinian, Born Black & The Gaza Suite*. New York: UpSet Press.
Said, Najla (2013) *Looking for Palestine: Growing Up Confused in an Arab-American Family*. New York: Riverhead Books.

19

アジア系クィア

★二重のマイノリティ化に直面する人びと★

今日であればクィアあるいはＬＧＢＴＱ＋と呼ばれるであろう、異性愛主義や因習的なジェンダー意識に則らないアジア系の人びとの歴史は、決して短くない。19世紀中葉以降の中国人移民や19世紀末以降の日本人移民は男女比が圧倒的に男性に偏っていたが、彼らのコミュニティ内では男性同士が親密に社交し、その関係はしばしばエロティックであり、性的な行為になることもあった。彼らの出身社会である20世紀以前の東アジア社会では、アメリカ主流社会におけるキリスト教に根ざした男性間性行為のタブーは必ずしも普及しておらず、許容される性行為は異性愛のみであるとする考え方自体が希薄だったためである。

しかし20世紀に入り、アジア系コミュニティ、とりわけその指導者たちが、主流白人社会にとってリスペクタブルな（立派と見なしうる）存在と認められることで地位を獲得する戦略を取ると、同性愛や異性装などの行為はコミュニティ内でタブー化されていく。特に第二次大戦期の日系人収容所では、被収容者のリーダーたちは反同性愛の立場を鮮明にした（しかし収容所での同性間のロマンスや性的関係は、公に見えにくい形で存在していた）。

その過程で、否定される対象になりうる欲望を有していた人びとは、性的マイノリティとしてのアイデンティティを獲得していく。

第二次大戦後のアジア系アメリカ人は日系・中国系・フィリピン系などのエスニシティに基づいた個別のコミュニティで生活していたことから、アジア系のLGBTQはしばらく「アジア系」の「性的マイノリティ集団」という意識に基づいて相互に交流したり連帯・組織化したりする動きは乏しかった。1950年代には大都市でホモファイル運動と通称される同性愛者の権利運動が始まっていたが、アジア系は運動団体にほとんど参加しなかった。アメリカ最初のレズビアン運動団体「ビリティスの娘たち」が1955年に結成されたとき、その立役者はフィリピン系アメリカ人女性ローズ・バンバーガーであったが、彼女もやがて同団体から離れた。

アジア系住民の多いロサンゼルスなどのゲイバーも白人客以外を拒否する店が多く、入店できてもアジア系の客を疎外する雰囲気が濃厚であった。アジア系への人種差別が激しかった当時の状況では、アジア系ゲイ男性の場合、白人を頂点とする人種ヒエラルキーに順応して、アジア系同士で交際せずアジア系と白人のゲイの出会いのためのバー（通称「ライス・バー」）で若いアジア系男性との関係を求める年長の白人男性（「ライス・クィーン」と呼ばれた）と接触し、交際することも多かった。

転機となったのは、公民権闘争およびブラックパワー運動に触発されて、急進的なアジア系アメリカ人運動とゲイ・レズビアン解放運動が勃興した、1970年代だった。アジア系のゲイやレズビアンは、こうした運動に積極的に活動家として参加することで、「アジア系」および「ゲイ・レズビアン」コミュニティに属している感覚を高めたが、他方でそれは、双方の運動のなかで疎外される経験でもあった。アジア系アメリカ人運動の場合、とりわけアジア系差別の表れとしての「アジア系男性＝女性的」というステレオタイプへの抗議として、アジア系の人種的誇りとして男らしさを強調することが多かった。その際、当時はゲイ男性が女性的性質であるという偏見が根強かったことから、同性愛を非アジア的なものとして嫌悪する言説も少なからず見られた。他方、１９７０年代のゲイ・レズビアン運動においては、「第三世界との連帯」などを謳いながらも、組織内では白人活動家が主導権を握ることが多く、アジア系は疎外されやすかった。アジア系とクィアの双方のコミュニティから周縁化され、アメリカ社会において二重に不可視化されるという、今日まで続く現象である。

そうしたなかで、アジア系としての人種的意識とゲイ・レズビアンとしてのアイデンティティの双方に基づいた交流や抗議や権利獲得活動を推進するための運動組織が求められるようになり、１９８０年にロサンゼルスで結成されたＡ／ＰＬＧをはじめとする団体が次々と結成されるようになった。また、若い世代になると活動家は「クィア」の自称を使用し、同性愛者以外の様々な性的指向・性自認に基づく性的マイノリティの組織化も進んでいく。こうした団体は、多様なエスニシティを出自とする参加者がエスニックな違いを超えた「アジア系」クィアとしてのアイデンティティに根ざして連帯するよう、いわゆる「汎エスニック」な組織運営のあり方を意識していた（例えば、Ａ／ＰＬＧでは、日系や中国系などがそれぞれの文化を教え合う催しを開いた）。20世紀末のＨＩＶ／エイズの流行時には、エイズを「白人」ゲイの病とする偏見がアジア系住民向け予防・啓蒙・治療サービスへの支援不足をもたらしたことに対し、ラティンクスやアフリカ系など他の非白人の団体と連合して抗議や当局との折衝を推進する動きも起きた。近年では、ビジネス・文芸・芸能など、アメリカ社会の様々な分野で活躍するアジア系クィアが増加している。

1965年以降のアジア人移民の急増（「はじめに」参照）によりアジア系人口が多様化した結果、21世紀には新しい課題と展望が生まれている。新しい移民のクィアに特有の困難として指摘されるのは、アメリカ社会の反アジア人種主義にさらされ白人クィアと距離があるなか、家族的義務として異性愛結婚と生殖を重視しがちな一世移民社会に対して若い世代がカムアウトすることによって、エスニック社会からも断絶される危険性である。

他方、こうした課題に取り組むため、インド系やベトナム系など出身国別のクィア団体が増加した。例えばイ

「ゲイ・レズビアン・バイの平等権と解放のためのワシントン大行進」に参加するアジア太平洋系クィア団体メンバー（1993年、ONE Archives より）

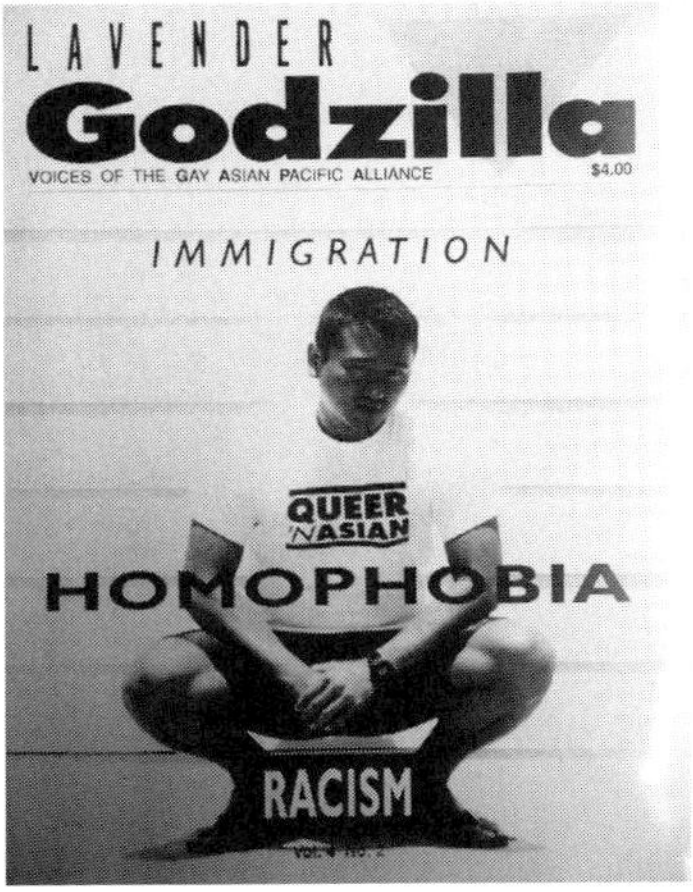

アジア太平洋系ゲイ・レズビアン同盟の機関誌『ラベンダー・ゴジラ』の表紙、1991年

ンド系の「トリコーン」は、故国と英・豪にまたがるネットワークを構築している。こうした団体は帰属するエスニック文化を活用・再解釈（カーマスートラが同性愛行為を肯定していると指摘するなど）してエスニック社会に対しクィアの正当性を主張しつつ、同時にパンエスニックなアジア系クィア団体とも連携している。また、近年では多様性をふまえた「アジア系」としての共感と連帯を目指すため、アジア系クィアの多様な経験を記憶し継承する「ドラゴンフルーツ・プロジェクト」などのオーラルヒストリーも進められている。

（兼子歩）

◆参考文献

Manalansan, Martin, Alice Hom, and Kale Bantique Fajardo (eds.), *Q&A: Voices from Queer Asian North America*, Philadelphia: Temple University Press, 2021.
Wat, Eric, *The Making of a Gay Asian Community: An Oral History of Pre-AIDS Los Angeles*, New York: Rowman & Littlefield, 2002.
Wat, Eric, *Love Your Asian Body: AIDS Activism in Los Angeles*, Seattle: University of Washington Press, 2021.

20

アジア系とミックスレース

★その歴史と現在★

ミックスレースとは、第2章でも述べたようにセンサス上では2つ以上の人種を選んだ「複数人種」の人びとのことを指す。「マルチレイシャル」や「ハパ」とも呼ばれる。スポーツ界におけるアジア系のミックスレースとして誰もが知る存在となったのは、ゴルフ選手のタイガー・ウッズである。最近では、大坂なおみ、そして野球のWBCで日本チームの優勝に貢献し有名となったラーズ・ヌートバーであろう。また、政治家ではカマラ・ハリス第49代副大統領があげられる。ハリスの母親はインド系移民、父親はジャマイカ系移民であり、ハリスが黒人だけでなく、アジア系初の女性副大統領としても位置づけられるのは、彼女がミックスレースであり、両方の人種を象徴しうる存在だからである。

２０２０年のセンサスによれば、アジア系と他の人種を一つ以上選択したアジア系「複数人種」は４１０万人を数える。また２０１９年までのセンサス・データをもとにしたピュー・リサーチによる分析では、ヒスパニックではないアジア系のミックスレースは、アジア系全体の14％を占めている。つまりアジア系のおよそ7人に1人は、ミックスレースなのである。そのうち人種をアジア系と白人だと選択する人びとは、ヒスパニックではないミックスレース全体の70％を占める。アジア系のなかで、規模の大きな6位までの人口集団は、中国系、インド系、フィリピン系、ベトナム系、コリア系、日系であるが、日系はヒスパニックではないミックスレースであるとの回答率がもっとも高く、日系の32％が該当する。次いで、フィリピン系の18％とコリア系の15％が、ヒスパニックではないミックスレースである。中国系の8％も同様である。6つの最大の出身集団のうち、ベトナム系とインド系は、ミックスレースの割合が低く、それぞれ5％と4％であった。

ピュー・リサーチの2022年の調査によれば、アジア系の大多数は、近親者が異なる人種やエスニシティの人と結婚することに抵抗感が少ないようだ。特に、フィリピン系の成人はこの点で際立っていて、94％もの人びとが、近親者がアジア系ではない人と結婚すること、93％がアジア系だがフィリピン系ではない人と結婚することにたいして違和感はない、と答えた。ジェンダー別でみると、アジア系女性は、アジア系以外の人と結婚すること（89％）と、異なるアジア系エスニシティの人と結婚すること（90％）の双方にたいして、違和感がないと答えた。このようにアジア系は全般的に異人種・エスニック結婚に賛成の立場なのだが、移民であるか、アメリカ生まれであるかどうかによって、やや異なる意見がみられる。近親者が異なる人種の人と結婚することにもっとも違和感がないと感じているのは、米国生まれのアジア系女性で、その割合は95％に上る。同様に、ほぼすべての米国生まれのアジア系女性（96％）が、近親者がアジア系だが異なるエスニシティの人と結婚することに違和感がないと報告しており、米国生まれの男性（90％）より高い。こうした異人種間結婚への肯定的な態度は、実際の結婚相手を選ぶ行動にすでにみられている。2015年にはアジア系新婚夫婦の10人に3人近く（29％）が別の人種や（アジア系のなかの別の）エスニシティの人と結婚していた。異人種結婚は米国生まれの間で特に顕著であって、2015年には米国生まれのアジア系新婚夫婦のほぼ半数（46％）が異人種結婚をしたと言われる。

ミックスレース――歴史的変遷

このようにアジア系のミックスレースは、全米のなかで早いスピードで顕在化しているため、彼ら彼女らの動向とアイデンティティは注目を集めている。しかし、異人種間の結婚や親密な関係、それらを禁止する法律をめぐる歴史ははるか昔、英領植民地時代にさかのぼる。そして合衆国独立後1967年に連邦最高裁によって異人種間結婚禁止法を違憲とするラヴィング判決が下されるまでの長きにわたって、異人種間結婚禁止法への対応は州によって異なっていた。例えばそうした法律が存在しなかったニューヨークでは、19世紀の中葉から、中国人男性と主にアイルランド系女性の間の異人種間結婚が珍しくなかった。その後20世紀転換期には、日本人移民のジェンダー構成が偏っていたことを主な背景として、中国人移民男性と同様に、ニューヨークにおける日本人移民男性の異人種間結婚が増えた。白人女性と結婚することは日本人女性と結婚するよりも容易いのだと述べた桑山仙蔵のような日本人移民もいた。

また、ハワイ王国では、19世紀前半、アジア系とハワイの先住民との間に家族を築いたなかに中国人男性が多くいた。日本人でもジョン万次郎と同じ船で海難にあった後、ハワイに留まり家族を築いた人もいた。その名は寅右衛門である。こうした中国人や、元漂流民の子どもたちはアジア系のミックスレースのパイオニアということができるだろう。１７０年以上経った現在、ハワイ州は３つ以上の人種を選んだ人びとが、全米でもっとも多くみられる州となっている。

現代に話を戻し、アジア系のミックスレースの方のアイデンティティの一端を示す生の声をここで紹介したい。回答者は、スチュワート・ガフニーで、現在カリフォルニア大学サンフランシスコ校で公衆衛生の仕事についている。ガフニーは人種の選択について以下のように語る。

中国系の母と白人の父を持つスチュワート・ガフニー（本人からの提供）

人種を一つだけ選択する必要がある場合には、特定の状況で代表者が不足していると思われる人種を選択します。したがって、以前のセンサスでは、私はアジア系を選択しました。一方、アジア美術を展示する美術館でのアンケートで人種を含む属性に回答するとしたら、白人を選ぶかもしれません。センサスで複数の人種の回答を選択できるようになって以来、私はアジア系と白人の両方を常に選択してきました。様々なマイノリティの［単独人種の］数を減らすべきではないという議論は承知していますが、マルチレイシャルの人びととの本当の数を正確に示すことがより重要だと思っているのです。

チェコを知るための60章

薩摩秀登、阿部賢一 編著

プラハ城をはじめ数々の歴史遺産が現代に息づくチェコ。チェコスロヴァキア独立運動から社会主義化・崩壊への道、EU加盟から現在の政治動向までを明解に描き出し、特に個性あふれるチェコの芸術・文学等に焦点をあて大幅にグレードアップしたチェコ理解の必読書！

◎2200円

ISBN 978-4-7503-5704-1

ロシア極東・シベリアを知るための70章

服部倫卓、吉田睦 編著

広大なロシアの国土のうち、おもにウラル山脈以東、沿海州までの自治共和国・自治州を網羅的に紹介する待望の書。小辞典の役割も果たす。今般のウクライナ戦争でもこの地の一部から多くの若者が戦場に赴き斃れた。

◎2200円

ISBN 978-4-7503-5468-2

スロヴァキアを知るための64章

長與進、神原ゆうこ 編著

山地や農業に適した平地が広がるスロヴァキアはポーランドやウクライナなど様々な国と接し、地域によって生活が大きく異なる。村や小都市では民俗文化が花開き、現在でも古き良き文化が色濃く残る。チェコスロヴァキア解体から30年。スロヴァキアが最もよく、深くわかる決定版。

◎2200円

ISBN 978-4-7503-5663-1

現代中国を知るための54章【第7版】

藤野彰 編著

前著第6版（2018年刊）をベースに再構成し全面的に内容を改稿した最新版。第6版刊行以降の約5年間に起きた重大事件や新しい情報を盛り込み、複雑多岐を極める現代中国を多角的に複眼的に理解するために読者を導く最適な書籍である。

◎2200円

ISBN 978-4-7503-5718-8

冒頭にあげたハリス副大統領のような、アジア系と黒人とのあいだのミックスレースは、全体を見渡した場合、多数派というわけではない。ピュー・リサーチは、センサスの２０１８年のデータを検討した結果、米国の成人約６２０万人が２つ以上の人種を選択したが、そのうち20％は白人とアジア系のミックスレースであったのに対して、黒人とアジア系のミックスレースは２％にすぎなかったと報告した。先述の通り、人種をアジア系と白人だと選択する人びとが、ヒスパニックではないミックスレース全体の70％を占めているのが現状である。異人種間結婚の前に、大学や職場といったパートナーと出会う機会が相対的に少ないことがその理由としてあげられるが、実態はより複雑である。こうした現状が続くのか、それとも、アジア系のなかに真に多様なミックスレースが増えていくのか、注目される。

（菅〈七戸〉美弥）

◆参考文献

Fulbeck, Kip, et al., *hapa.me – 15 Years of The Hapa Project*, Japanese American National Museum, second edition, 2018.
竹沢泰子・川島浩平編『人種神話を解体する３――「血」の政治学を越えて』東京大学出版会、２０１６年。

21

アジア系とインターマリッジ

★境界を越える結婚、つくる結婚★

アメリカでは異なった人種カテゴリーのあいだで生じた結婚をインターマリッジと呼んでいる。ピュー・リサーチ・センターによれば、２０１５年に結婚した件数のうち、異なった人種間での結婚（インターマリッジ）は17％（約67万組）であった。同年に結婚したアジア系の29％が異なった人種の相手と結婚しており、ヒスパニック（27％）、黒人（18％）、白人（11％）を上回っている。アジア系アメリカ人は、一般的には非アジア系とのインターマリッジの割合が高い集団と考えられている。

アジア系のインターマリッジにおいて顕著なのは、白人との結婚であろう。２０１５年のインターマリッジの約15％を白人とアジア系のカップルが占めており、アジア系の人口比率（18歳以上人口の5・8％）を大きく上回る。２００８年の集計では、アジア系のインターマリッジの相手の75・1％が白人、11・8％がヒスパニック、6・5％が黒人である。

インターマリッジは、アメリカ主流社会へのアジア系の同化の指標の一つに挙げられてきた。社会学者ミルトン・ゴードンは、結婚による同化を、移民エスニック集団が独自のエスニック・アイデンティティを失って、アメリカの主流社会と同一化する段階の一つと位置づけた。１９６７年の連邦最高裁によるラヴィング判決によって人種間結婚の禁止が違法となったアメリカにおいて、アジア系は教育・職業・所得などだけでなく、白人との結婚を通して同化を達成した「モデルマイノリティ」と見なされてきた。そして、インターマリッジの増加は、アジア系の日常生活や人間関係において人種が重要な要素ではなくなりつつあることを示唆していると考えられてきた。

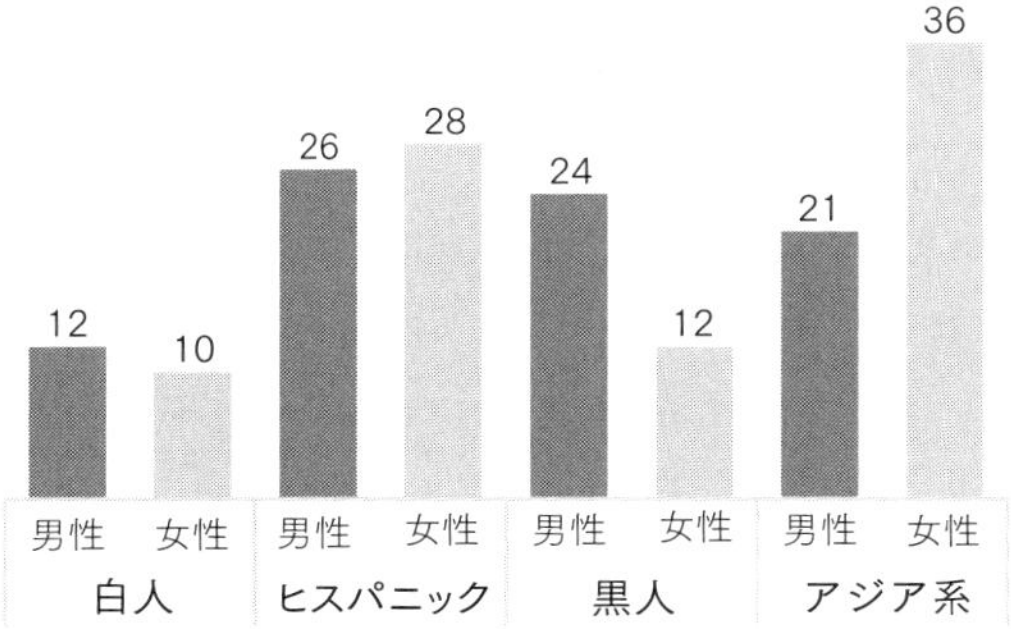

図１　2015年に結婚した件数のうちのインターマリッジの割合（人種・ジェンダー別）
出典：Livingston and Brown (2017), p.13.

しかし、インターマリッジを同化の一段階とする見方は、単純すぎる。一つ一つの結婚は、個人の選択の結果と考えられるが、それがつくり出す社会的パターンには、人種・ジェンダー・階級などの複合的な要素が絡んでいる。複雑な文脈を丁寧に解きほぐしながら説明する必要がある。

アジア系のインターマリッジにおいては、ジェンダーによる差異が見られる（図１）。２０１５年に結婚したアジア系女性の36％がインターマリッジであり、男性（21％）と比べて、アジア系以外の人種のパートナーと結婚することが多い。また、アジア系女性のインターマリッジの相手としては白人が76・８％を占めている（２００８年）。

アジア系女性のインターマリッジは、戦後のアジア系の歴史と深く結びついている。第二次世界大戦後、東アジアに駐留した男性アメリカ兵との結婚を契機に、日本や韓国から「戦争花嫁」として多くの女性が移住した。戦後から冷戦期にアメリカの影響下にあったアジア各国においては、結婚移民によるグローバルな上昇婚（ハイパーガミー）は女性の生存戦略の一つであった。また、アジア系女性に「従順さ」と「エキゾチックな魅力」を求める性的ステレオタイプ化も、アジア系女性との人種間の交際や結婚の背後に存在してきた。

一方で、アジア系男性のインターマリッジ率は、ヒスパニック男性（26％）、黒人男性（24％）よりも低い。アジア系男性は、エスニック集団内での結婚を重視する傾向があり、移民世代の場合は配偶者を出身国から呼び寄せる結婚パターンも多い。アジア系男性を「男性性に欠ける」「家父長制的」と見なすステレオタイプが、特に白人女性との結婚を抑制しているという指摘もある。

また、インターマリッジにおける教育歴の重要性も指摘されている。結婚は類似した教育歴を持つカップルのあいだで生じることが多いが、２０１５年の大学卒業以上の学歴を持つ人びと（すべての人種）のあいだのインターマリッジの割合は19％で、短大など卒業（18％）、高校以下（14％）よりも高い。アジア系と白人のあいだの結婚は、両集団の教育歴の高さから説明することもできるだろう。アジア系とヒスパニックおよび黒人のあいだの結婚についての研究蓄積は不十分だが、ヒスパニックの場合、大学卒業以上でのインターマリッジの割合が高く、やはり教育歴が鍵要因となっていると考えられる。黒人との結婚を否定的にとらえる傾向は今日では大幅に改善されているが、アジア系と黒人との結婚件数が大きく増加しているわけではない。

アジア系に見られるもう一つのインターマリッジとして、アジア系内部での異なったエスニック集団間の結婚、いわゆるインターエスニックな結婚にも注目が集まっている。実は、アジア系の人種間インターマリッジの比率は1980年の33％から2015年の29％まで微減傾向にある。その背景にあるのは、1980年代以降に増加した移民第一世代が同じエスニック集団内で結婚する傾向があること、そして、アジア系集団間のインターエスニックな結婚が一定数見られることである。インターエスニックな結婚は、人種間結婚と同様にアメリカ生まれで高学歴の二世・三世以上のアジア系のあいだに多い。その割合は、2008年から10年に結婚したアジア系全体の6％程度で決して高いわけではないが、汎エスニックな「アジア系アメリカ人」という意識をつくり出す一因として取り上げられている。

同性婚の合法化のもと、性的マイノリティにとってのインターマリッジも重要なテーマであるが、その実態は十分に把握されていない。ゲイ・コミュニティにおいては、アジア系男性を好む非アジア系男性は「ライスクィーン」と呼ばれ、ゲイ男性のインターマリッジの一パターンを形づくっていると言われる。このことは、異性婚と同様に、同性婚もアジア系男性を一面的にとらえ、その「従順さ」や「エキゾチックさ」を強調する人種的・性的ステレオタイプ化と無縁ではないことを示している。公共宗教研究所（ＰＲＲＩ）による2018年の調査では、アジア太平洋諸島系の75％が同性婚を支持している（全米では62％）が、アジア系性的マイノリティのなかのインターマリッジの現状については、さらなる研究が待たれる。

アジア系のインターマリッジは研究分野としては開拓途上であるが、少なくともインターマリッジの割合の高さを白人社会への同化と考えるのは一面的であろう。異性愛・同性愛いずれのインターマリッジも、アジア系の人種化と無関係ではない。また、１９９０年代に複数の人種的背景を持つ人びととその親たちが「多人種系」として権利獲得を求めた運動では、アジア系のルーツを持つグループが重要な役割を果たし、２０００年センサスで複数人種の選択を実現した。インターマリッジが新しい人種的アイデンティティを導く一方で、インターエスニックな結婚が「アジア系」としての汎エスニシティの境界を強化するなど、結婚はアジア系の複層的なアイデンティティ形成を導く鍵となっている。

（南川文里）

◆参考文献

Chong, Kelly H., 2021. *Love Across Borders: Asian Americans, Race and the Politics of Intermarriage and Family-Making*. Routledge.

Livingston, Gretchen, and Anna Brown, “Intermarriage in the U.S. 50 Years After Loving v. Virginia,” Pew Research Center, May 18, 2017. https://www.pewresearch.org/social-trends/2017/05/18/intermarriage-in-the-u-s-50-years-after-loving-v-virginia/

II

ライフ／カルチャー

22

アジア系と排除の歴史

★黄禍論を中心に★

２０１９年末から新型コロナウイルス感染症が世界で広まると、それをきっかけに米国内ではアジアン・ヘイトと言われるアジア系に対する暴力が蔓延した。ニューヨークではいきなり「病気のビッチ」と言われて殴打されたり、オークランド市内を散歩しているだけで突き飛ばされたりするなど、アジア系の外見をしているというだけで理不尽な暴力にされされる事例が多発した。物理的接触がなくとも、すれ違いざまに「コロナ」と言われるなど、言葉による嫌がらせを加えると枚挙にいとまがない。また、事件発生後の対応にも差別的な様相が見られた。サンフランシスコ市内の交差点で信号待ちをしていただけの中国系の老人がいきなり顔を殴られた事例では、被害者が反撃したため怪我を負った加害者の白人は、駆けつけた救急車のストレッチャーにのせてもらえた一方で、目から出血するアジア系の被害者は放置されたままであった。

これらの一連の出来事は、最初の新型コロナウイルスによる集団感染が中国の武漢で発生したため、このウイルスとアジア系が結びつけられて起きたことと言われる。このようなアジアン・ヘイトの急増について、コロナ禍による一時的なものと見る向きも多い。だが、これはそのような一時的なものではなく、19世紀半ばにアジア系が北米に大量に到来して以来、アジア系を異質なものと見る人種主義的見方が、アメリカ社会において100年以上にわたって脈々と続いていることを示しているにすぎない。

カリフォルニアでのゴールドラッシュに伴って、19世紀半ばに中国人が大量に流入した直後から米国ではアジア系差別は続いている。1854年のカリフォルニア州最高裁の判決は、中国人が白人に不利な証言をすることを禁じた。1858年のカリフォルニア州法は、中国系などの州境を越えての侵入を禁止した。それらの規制の多くは、その後撤回されたり取り消されたりしたが、極めて早い時期からアジア系が過酷な差別にさらされていたことがわかる。1871年にはロサンゼルスで19人の中国人が虐殺されているし、1885年にはワイオミングで28人の中国人が殺される暴動が発生している。

コロナ禍で見られた病気とアジア系を結びつける発想もすでにこの時期から存在した。1876年にサンフランシスコで天然痘が発生した時、市当局は確たる証拠もないまま、「チャイナタウンは感染の中心地であり汚水溜め」と決めつけた。1900年にサンフランシスコのチャイナタウンで腺ペストの疑いのある死体が発見されると、これも確たる検査を待たずに、市の公衆衛生責任者は、チャイナタウンを封鎖した。アジア系は一切封鎖地区から出ることを許されなかったが、白人は出ることを許された。このように100年以上前からすでに疫病とアジア系を確たる証拠もなく結びつけるという発想が存在していたのである。

アジア系を見下しつつ忌み嫌うという見方に、19世紀末から20世紀初頭にかけて新しい見方が加わった。日本からの移民の流入によるものである。日本が、中国人移民の出身国である混乱し弱体化した清国とは異なり、最新兵器を使いこなして、欧米列強と同等の戦いができることを日清戦争と日露戦争で示すと、そこに脅威として見る見方が加わったのである。西海岸への日系移民の流入は、帝国日本の尖兵と見なされ「静かな侵略」と呼ばれた。そのような見方は１８９０年代に欧州でドイツ皇帝ヴィルヘルム2世によって広められた黄禍論と一致し、アジア系は黄禍と呼ばれた。

黄禍論的人種主義は、第二次世界大戦で頂点に達する。世界戦争を戦う米政府は、その第一戦場をアジア太平洋ではなくヨーロッパ戦線としたが、多くの米国民は、ドイツ人ではなく日本人を第一敵と見なしていた。太平洋戦線では記念に日本兵の耳を切り取って集める風習が米兵の一部で存在したが、それに対して、同様のことをドイツ兵に対して行ったら大騒ぎになるだろうと当時の新聞は書いた。ただ、日本が完膚なきまでに叩きのめされ、無条件降伏をすることで日本人に対する恐怖感は消え去った。同盟国として共に日本と戦った蒋介石率いる中国との友好関係を維持することで戦後米国は黄禍論的恐怖からは解放されるはずであった。

ところが徐々にアメリカの目算は狂っていく。中国が共産化し、日本が急速に経済大国化したことは、予想外であった。日本の復興に伴って安く質の良い日本製品が大量に米市場になだれ込んだ。アメリカの貿易収支は急速に悪化していき、アメリカ人はそれを「貿易戦争」と呼んだ。特に激しかったのが日本車の流入に伴う、アメリカの自動車産業の没落であった。アメリカに流入したのは日本車だけではなく、欧州からも質の良い自動車が多数輸入されたが、やり玉に挙げられたのは日本車であった。日本車をデトロイトの労働者がハンマーで打ち壊す映像が連日テレビで放送された。

第22章
アジア系と排除の歴史

業績が悪化したアメリカの三大自動車会社は、大量の労働者を一時解雇した。そこで不幸な出来事が起こる。1982年、クライスラーに一時解雇された労働者とたまたまバーで居合わせた中国系アメリカ人のビンセント・チンが、日本人と間違われて撲殺されたのである。この事件は、白人労働者の日本人に対する怒りと、アジア系の外見をしていれば、日系であろうが中国系であろうが、またアメリカ国籍であっても関係ないということを表している。裁判で犯人には罰金が科されたのみであったことも、アジア系に対する地域社会の態度がいかに冷たいものであったかを表していた。

その後、バブル景気に沸く日本企業が、アメリカを代表する企業や不動産を次々買収すると、日本に対する反感は増していった。特に物議をかもしたのが三菱地所によるロックフェラーセンターの買収であった。クリスマスになると巨大なツリーが飾られることが風物詩となっているニューヨークのロックフェラーセンターを日本企業が買収したことは、大きな衝撃をもって報じられた。『ニューヨーク・タイムズ』紙は、「もし日本人が戦争に勝って日章旗を掲げるとしたらロックフェラーセンター以上に勝ち誇った場所はあるだろうか」という発言を掲載した。ただ、アメリカに投資をしていたのは日本だけではなく、イギリスやオランダなどから日本を超す額の投資がなされていた。しかし、問題にされたのは日本からの投資であった。

ただ、このような日本脅威論も、日本の経済が衰退するにつれ、急速に収まっていった。貿易摩擦が激しかったころは、ジャパン・バッシング（日本叩き）が叫ばれたのが、やがて日本を素通りすることを意味するジャパン・パッシング、果ては日本など何物でもないというジャパン・ナッシングへと変わっていった。少数者に配慮するポリティカル・コレクトネスの風潮も日本脅威論の減退に一役

アジアン・ヘイト反対のデモの様子（Elvert Barnes is licensed under CC BY-SA 2.0）

買った。

そういった状況のなか登場したのが、ポリティカル・コレクトネスの風潮に違和感を抱いていた白人労働者たちの不満を受け止めたドナルド・トランプであった。彼は選挙期間中からメキシコ人を「強姦魔」と呼ぶなど、様々な人種差別的発言を繰り返して人気を得た。そして大統領就任後も、白人至上主義者を非難しなかったり、人種差別に抗議するアフリカ系のフットボール選手を「首にしろ」とツイートするなど、その差別的発言はとどまるところを知らなかった。それまで差別的発言を控えていた人びとは、公の場でそのような発言をしてもよいのだというある種のお墨付きを大統領から得たと感じたのである。

そのトランプ政権下で新型コロナウイルスが発生し、それに伴うアジアン・ヘイトが起きた。本来、沈静化を図るべき政府はそれをしなかった。それどころかトランプは、折からの中国脅威論を利用した。記者会見において原稿に「コロナウイルス」とあるのを、自ら「コロナ」の部分を「チャイニーズ」と書き換えて煽ったのである。その後バイデン大統領が誕生し、政権は差別的なものに対して批判するようになったものの、一度目覚めた人種差別的風潮は続いており、すぐに収まる気配は見えない。

このような風潮を改善するためにできることはないのだろうか。差別に対してもおとなしくしており、モデルマイノリティとも呼ばれたアジア系の中に、声を上げる動きが近年出始めている。ハリウッド俳優のダニエル・デイ・キムとダニエル・ウーの2人が、未解決のアジアン・ヘイト事件の情報提供への懸賞金の提供を申し出たのだ。人種差別事件に声を上げると干される恐れがあることから、ハリウッド俳優がこのように声を上げることはこれまで極めて稀であった。日本にいる我々には何ができるだろうか。アメリカでの差別を対岸の火事とするのではなく、日系やアジア系はもちろんのことその他の少数者への差別に対しても共感を抱くことがまずは大事なのではないだろうか。（廣部泉）

◆参考文献

飯倉章『黄禍論と日本人——欧米は何を嘲笑し、恐れたのか』中公新書、２０１３年。
ハインツ・ゴルヴィツァー『黄禍論とは何か』瀬野文教訳、草思社、１９９９年。
廣部泉『黄禍論 百年の系譜』講談社選書メチエ、２０２０年。

23

アジア系とブラック・ライヴズ・マター運動

──★人種的階層性への加担とマイノリティ共闘への試み★──

2020年5月25日。警察官デレク・ショービンに膝で首を押さえられ、「息ができない。ママ！　ママ！」と叫んでこと切れたジョージ・フロイドさんの映像にショックを受け、アメリカの全都市と世界の多くの国で、「黒人の命も大切だ（ブラック・ライヴズ・マター）（BLM）」を叫ぶ街頭デモが繰り広げられた。BLMが「黒人の命も大切だ」と訳されるのには理由がある。アメリカ社会の不文律である人種的階層性のなかで、白人が頂点にあり黒人・先住民が最底辺にあることは、警察がいとも簡単に後者の命を奪い、その行為がほとんど罰せられないことにも示されている。この最も軽んじられる命の大切さを訴えることですべての命の尊重を求めたのがBLM運動であった。

さて、この映像には白人警官と地面に倒れた黒人男性だけでなく、通行人が現場に近づくのを制止するアジア系警官の姿も映っていた。21世紀アメリカの都市で展開される暴力の構造が、白黒だけではない複雑な色彩を帯びている事実を象徴する映像であった。

ショービンは第二級不作為殺人などの罪で有罪判決を受けたが、現場で職務についていた3名の警官も過失致死幇助で禁固刑となった。その一人、アジア系警官トゥ・タオはラオスの少数民族モン（Hmong）系で、ベトナム戦争で米軍に味方したことから難民としてアメリカにやってきたコミュニティの一員だった。一般的に平均学歴や収入が高いアジア系アメリカ人のなかで、モン系の大学卒業者の割合は4人に1人を下回り、貧困率も17％とアジア系平均の2倍近くにのぼる。モン族で警官となることは社会的上昇だけでなく、名誉だと考えられる。しかし、アメリカ全体の人種階層性の中で警察は治安を守る一方、国家暴力の担い手ともなっており、トゥ・タオはこの権力構造の中間的位置から、人種構造の最下層にいた、貧しく犯歴のある薬物中毒者であった黒人フロイドさんの不当な死に加担した。

移民としての厳しい生活から脱する一つの方法として警察官になることは、19世紀以来のアイルランド系などにも見られる現象である。アイルランド系は母国をイギリスに植民地化され、移民先のアメリカでも差別の対象であったが、北東部の都市などに集住し、警察官や消防士など高い学歴を必要としない公務員の職業を媒介としながら社会的上昇を成し遂げた。アイルランド系の上昇を助けたもう一つの要因は、彼らが黒人やアジア系への差別や排除に積極的に参加したことである。19世紀末には白人労働者階級を形成し、中国系移民や黒人を労働組合から排除し、民族団結して投票することで政治権力を握り、20世紀の移民排斥運動を有利に運んだ。彼らによる「白人性」を梃子（てこ）にした権力の把握は、警察や保安官、国境警備隊といった法執行組織において、一般社会以上に強烈な人種暴力が発動されやすい構造を生み出した。

ＢＬＭ運動は警察による人種暴力を主要な非難対象とする社会運動である。フロイドさんの場合もそうだが、社会的弱者のコミュニティには薬物中毒、貧困、精神疾患、身体障害など多くの問題が存在する。そして、司法省が発表したミネアポリス警察に対する調査データによれば、人種別人口に対して自動車運転または歩行中に警察に止められる件数の比率は、黒人が白人の６・５倍、先住民が７・９倍であり、警察が相手に銃を向ける確率は、黒人に対してが白人の13倍、先住民に対しては26倍である。これに困難を抱えるコミュニティでの治安活動という要素を加えると、警察による過剰暴力でマイノリティの不必要な死が多くなるのは当然であり、これが警察官個人の資質ではなく、社会構造に深く根ざした問題であることがわかる。ＢＬＭ運動はこの構造的暴力を指摘し、警察予算の削減（ディファンド・ザ・ポリス）と警察以外の人員による非常事態への介入、弱者コミュニティの困難そのものの解決につながる政策への予算増額、コミュニティのエンパワメントと自治などを訴える。

ＢＬＭ運動が警察暴力を生む構造的人種主義を認識し、警察や監獄以外の方法による治安の改善を主張するのに対し、アジア系と警察の関係はより複雑である。新型コロナウイルスの蔓延に伴ってアジア系への暴力が急激に増えた。ニューヨークや西海岸のチャイナタウンなどでは、コミュニティ自身によるパトロールや自衛手段（セルフ・ディフェンス）教室、ヘイトクライムを見かけたときの対処法、アジア系アメリカ人史に関するセミナーなど、自衛戦略も数多く練られた。しかし、アジア系への暴力を防ぐには警察の協力を仰がざるを得ない。このような点から、アジア系アメリカ人の特に保守層は、むしろ警察予算の増額を希望する者も多い。大都市ではアジア系集住地が黒人集住地と隣接している場合も多く、コロナによる対アジア系ヘイトクライムの加害者には黒人もいたことから、特に移民世代の保守的なアジア系が元々持っている黒人への偏見が強化される傾向も見られた。これは、歴史的にアジア系が自分を黒人と差異化することで、人種的階層の中間から主流社会への統合を目指し、そのなかで黒人差別に加担してきた姿勢の継続とも言える。

一方、アメリカ育ちの若い世代やアジア系運動の活動家たちは、むしろ黒人との共闘を訴え、ＢＬＭにも積極的に参加している。前述したように「アメリカの警察はそもそもマイノリティを守るのか？」という疑問があるからだ。２０２１年のアトランタでアジア系マッサージサロンを連続銃撃し、８名（うち６名はアジア系女性）を殺害した白人男性について、当初捜査した保安官は「その日、犯人はムシャクシャしていた」と言ってヘイトクライムを否定した。１９９２年のロサンゼルス蜂起ではコリア系と黒人コミュニティの対立が注目されたが、コリア系店舗に大きな被害が出たのは、警察が白人地区を厳重に警備したのに対し、コリアタウンの略奪を放置したためとも指摘されている。フロイドさんの事件でもミネアポリスのモン系コミュニティはＢＬＭを支持した。警察の過剰暴力で命を落とすモン系も多く、コミュニティは継続して警察に対する司法正義を求めてきたからだ。逆に「アジア系へのヘイトを止めろ（ストップ・ＡＡＰＩ・ヘイト）」のデモにはＢＬＭの支持者も多数参加する。

アジア系コミュニティにとっては人種階層性のなかで上位を目指すよりも、

BLM と共闘するアジア系アメリカ人（The All-Nite Images from NY, NY, USA, CC BY-SA 2.0）

構造的差別そのものを崩して平等な社会を作ることこそ自分たちの生活や命を守るのではないか、という意識が芽生えつつある。アジア系は一枚岩ではなく、アジア系のなかの階級格差は極端に大きい一方で、人種主義が続く限りアジア系の上昇を阻む「竹の天井」はなくならないからだ。存在感を増しつつある連邦議会のアジア系議員団（コーカス）は、革新系議員団（プログレッシブ・コーカス）や黒人議員団と親和性が高い。マイノリティ同士の連帯が広がるなか、ストリートのＢＬＭから連邦政治を含む大きなＢＬＭ運動まで、アジア系は今後さらに関わりを深めていくだろう。

（和泉真澄）

◆参考文献

United States Department of Justice Civil Rights Division and United States Attorney's Office District of Minnesota Civil Division, "Investigation of the City of Minneapolis and the Minneapolis Police Department," June 16, 2023.

アリシア・ガーザ『世界を動かす変革の力――ブラック・ライブズ・マター共同代表からのメッセージ』人権学習コレクティブ監訳、明石書店、２０２１年。

和泉真澄「アジア系アメリカ人とＢＬＭ運動」『現代思想　総特集　ブラック・ライヴズ・マター』２０２０年10月臨時増刊号、２２９－３０６頁。

マ・ヴァン／キット・マイヤーズ「アメリカ軍事帝国主義とレイシズムの交錯　ジョージ・フロイド殺害におけるトウ・タオの共犯と、アメリカとの同盟を拒否するモン系アメリカ人の抵抗」佐原彩子・兼子歩訳『現代思想　総特集　ブラック・ライヴズ・マター』２０２０年10月臨時増刊号、３０７－３１２頁。

24

アジア系とインターセクショナリティ

★多様性だけで終わらせず、権力構造を見抜くには★

アジア系アメリカ人という括りで社会運動を見つめる時に、民族アイデンティティや人種差別を最初に思い浮かべるのは当然だろう。しかし、アジア系のコミュニティが直面する問題はもちろんそれ以外にも多く、職業、教育、資産、住居などを含めた社会階級の問題や、ジェンダー、セクシュアリティ、障がい、宗教などの面で、マイノリティの中のマイノリティとしての闘いも多種に及ぶ。こういった構造的な抑圧を個別に見るのではなく、様々な差別や搾取の仕組みがそもそも根底でつながったものとして考える方法をインターセクショナリティという。

例えば、あるコリア系アメリカ人の生き様を通して世界を考える時、その人はトランスジェンダーの女性かもしれないし、大学を卒業していない労働階級かもしれない。幼少期に観光ビザで入国し、その後法的な滞在期限が切れたまま国外にも出られず生きてきたかもしれない。なかなか生活を保障できるような職業に就けず、かといって家族からのサポートも受けられないまま、知り合いのリビングのソファで寝泊りしつつ、性労働やウーバーイーツの配達業で食いつなぐのが精一杯ということもあるだろう。つまり、コリア系だからといって人種差別のみを受ける訳ではないし、それが常に最重要問題だとは限らない。逆に言えば、その人の一見個人的な生き様を複合的に考えることで、資本主義や家父長制、永住権問題などが人種・民族問題と深く関わっていることが見えてくるのだ。

インターセクショナリティという言葉は、１９８０年代後期に法律学の分野で生まれたもので、インターセクション、つまり道路の交差点を比喩とした考え方である。黒人女性が差別を受けた時に法に訴える手段として、少なくとも当時は人種差別か女性差別かのどちらかでしか訴訟を起こすことができなかった。現実的には同時に黒人として、女性として生きる人たちの複雑な経験を、どちらかの記号にしか当てはめられないなんておかしな話だ。そこでキンバレイ・クレンショウという学者が指摘したのが、各種の構造的差別や制度的な不平等をそれぞれ道路に見立て、その交差点に被抑圧者が交通事故の被害者のように存在すると見立てる方法だ。ジェンダー差別という道路と人種差別という道路が交わる場所に社会的弱者として生きる黒人女性たちの葛藤に光を当てることで、既存の考え方の盲点を突いたのである。

さらにフェミニズムとＬＧＢＴＱ＋運動が勢いを増した１９９０年代には、あらゆる社会的不平等が全体的な権力構造を織り成す仕組みの一部として、様々な問題に対しそれまでの枠組みを越えた連帯を広げる活動が少しずつ主流になっていった。しかしその一方で、ソビエト連邦の解体や新自由主義の台頭とともに労働運動が弱体化したせいで、本来は物質的な社会階級の問題までも単なる記号的なアイデンティティの話に貶められたのも事実である。「誰しも人種・階級・ジェンダーなどの面で色んなアイデンティティやバックグラウンドがあります、お互いに尊重しましょう」という生ぬる

郵便はがき

料金受取人払郵便

神田局
承認

2420

差出有効期間
2025年10月
31日まで

切手を貼らずに
お出し下さい。

101-8796

537

【受　取　人】

東京都千代田区外神田6-9-5

株式会社 **明石書店** 読者通信係 行

お買い上げ、ありがとうございました。
今後の出版物の参考といたしたく、ご記入、ご投函いただければ幸いに存じます。

ふりがな お名前	年齢	性別

ご住所 〒 -

TEL ( ) FAX ( )

メールアドレス	ご職業（または学校名）

＊図書目録のご希望	＊ジャンル別などのご案内（不定期）のご希望
□ある □ない	□ある：ジャンル（ ） □ない

書籍のタイトル

◆本書を何でお知りになりましたか？
□新聞・雑誌の広告…掲載紙誌名[ ]
□書評・紹介記事……掲載紙誌名[ ]
□店頭で □知人のすすめ □弊社からの案内 □弊社ホームページ
□ネット書店 [ ] □その他[ ]

◆本書についてのご意見・ご感想
■定　価 □安い（満足） □ほどほど □高い（不満）
■カバーデザイン □良い □ふつう □悪い・ふさわしくない
■内　容 □良い □ふつう □期待はずれ
■その他お気づきの点、ご質問、ご感想など、ご自由にお書き下さい。

◆本書をお買い上げの書店
[市・区・町・村 書店 店]

◆今後どのような書籍をお望みですか？
今関心をお持ちのテーマ・人・ジャンル、また翻訳希望の本など、何でもお書き下さい。

◆ご購読紙 (1)朝日 (2)読売 (3)毎日 (4)日経 (5)その他[新聞]
◆定期ご購読の雑誌 [ ]

ご協力ありがとうございました。

ご意見などを弊社ホームページなどでご紹介させていただくことがあります。 □諾 □否

◆ご 注 文 書◆ このハガキで弊社刊行物をご注文いただけます。
□ご指定の書店でお受取り……下欄に書店名と所在地域、わかれば電話番号をご記入下さい。
□代金引換郵便にてお受取り…送料+手数料として500円かかります(表記ご住所宛のみ)。

書名	冊
書名	冊

ご指定の書店・支店名	書店の所在地域 都・道 府・県 市・区 町・村
	書店の電話番号 (　　)

い多文化共生の語り口で、あたかも資本家や富裕層にも同等の権利があり、貧困層は誇りさえ持てばよいというリベラルな思想がある程度まかり通ってしまったことは否定できない。本来インターセクショナリティとは多様性を容認するスローガンではなく、権力構造を覆すために生まれた道具なのだ。

このアカデミックな言葉のはらむ難しさがアジア系コミュニティでも議論を招いた例が、同性婚制度である。政府にことごとく無視されたＨＩＶ・ＡＩＤＳパンデミックから生死を賭けて湧き起こったクィア運動の結果、ＨＩＶ感染予防の公的基金がようやく出されるようになった頃から、アジア系のＬＧＢＴＱ＋当事者を中心とした非営利組織がサンフランシスコやニューヨークなどの大都市部で誕生した。一方で、ラディカルなクィア運動の粗熱が冷めた２０００〜２０１０年代に、同性婚の権利運動がリベラルな個人主義の延長として盛り上がったのだが、そこでアジア系ＬＧＢＴＱ＋市民の態度も複雑化していったのだ。コミュニティがある程度できた後、アジア系ＬＧＢＴＱ＋であるという経験には結局どんな政治的意味があるのか、という命題を突きつけられた瞬間だった。

法律的に言えば、もちろん結婚という制度の利益を受ける権利から除外されていることは差別以外の何でもない。特にアジア系コミュニティでは、永住権という生活に直結する問題との関わりもあり、州ごとではなく移民法を司る連邦法のレベルで同性婚の合法化を求める声が強くあった。同時に、性的多様性への理解が乏しいとされるアジア系移民の家族との関係を改善する取り組みなども増える中、インターセクショナリティという言葉が使われる場面も多くなった。一方で、特に労働階級や非白人のＬＧＢＴＱ＋当事者からは、果たして同性婚が最重要課題なのか疑問視する声も出ていた。そもそも婚姻制度とは男性の私有財産保護のために作られたものだ。同性婚が合法化されたところで、結

2023 年 11 月 11 日、サンフランシスコで行われた APEC 会合反対のアクションに参加し、パレスチナとの連帯を叫ぶコリア系とフィリピン系のコミュニティ・オーガナイザーたち
出典：Jamie Lowe

局既存の権力構造は何も変わらないだろう、という先見的な分析はずっと前から出ていた。このような同性婚制度の矛盾点も、インターセクショナリティを記号的ではなく物質的に用いることで浮かび上がる。

さらに近年の状況を歴史的な文脈で読み取ってみよう。中国経済の台頭に併せ、アメリカ社会がそれまで抱えていた「アジア」への不信感が、コロナ禍を機にヘイトクライムとして現れることが増えた。銃乱射や線路への突き落としなどの特に酷い事件から、統計にも残されないような日常の暴力まで幅広い。女性や高齢者の被害が多いことを考えると、単に「反アジア系暴力」という大まかな捉え方では見えにくい分析もあるだろう。例えば、アジア系女性が従順で性的消費対象にしやすいというステレオタイプがある。これも移民法の歴史をたどれば、１８７５年のペイジ法でアジア、特に中国からの女性の売春目的の入国を禁止した時に、「東洋人女性＝売春婦」という言説が定着したことに一端がある。高齢者は「移民のくせに労働せず福祉を受けて血税を横取りする悪」という偏見にもさらされる。結局はアメリカという帝国が労働者を搾取するのに好都合な仕組みだ。特定の身体や生命の価値を民族や性別、国籍によって貶めることで、被差別者だけでなく白人や男性の労働賃金をも全体的に抑えられる。インターセクショナリティとは、人種差別や女性差別の根底が資本主義と連動していることに気付かせてくれる強力な武器なのだ。

（エダハルキ）

25

アジア系の連帯

★黒人とアジア系の歴史的なつながり★

２０２０年初頭からのコロナ禍の時期、日米のニュース報道では、アメリカの黒人市民がアジア系を襲う映像が何度となく流され、「アジア系を襲う黒人」というイメージが作られた。しかし、ＦＢＩが公表している２０２０年から２０２２年までのアジア系に対するヘイトクライムの統計によると、加害者の人種は様々であり、そもそも白人が最も多い。「黒人がアジア系を襲う」イメージの流布は、黒人を暴力的であるとするレイシズムの観念がいかに強固であるかを示す。またそれは、アジア系と黒人は対立するものだという、アメリカで往々にして繰り返されてきた語りを改めて視覚化するものでもある。果たして、この２つのマイノリティ集団の関係は対立や分断のみによって理解されるべきものだろうか。以下ではこのことを考えてみよう。

19世紀のアメリカは、北アメリカ大陸西方に入植者植民地主義の帝国を拡大させつつ近代国民国家を形成し、人種秩序を再形成していった。南北戦争後に奴隷制が廃止され、黒人の市民権が拡大し社会進出も一定程度は見られた。だが、特に南部の白人、とりわけ旧奴隷主や保守層、そしてかれらも多く参加した人種暴力に訴えるテロ組織クー・クラックス・クラン（通称KKK）によるバックラッシュにより、1870年代末以降は白人優位の人種隔離体制が成立していく。

同じく19世紀中盤に、中国系移民の流入が本格化する。かれらは大陸横断鉄道建設や金鉱での労働などに従事するようになり、アメリカ社会を支えていった。中国系の多くはカリフォルニア州に住んだが、一定数は職を求めて南部にもプランテーション農家などの労働者として居住するようになった。当時南部では、一部の白人旧奴隷主や資本家が、奴隷解放によって不足した労働力を中国系移民で埋め合わせようとしていた。ここにおいて中国人と黒人とが互いに接したり、生活圏を交えたりする機会が生まれた。

ムンホ・ジョンの研究によれば、1870年頃のルイジアナ州には2000人以上の中国系移民労働者がいた可能性がある。白人のプランテーション所有者やメディアは、黒人が怠惰であるという偏見を奴隷制期から継続しつつ、それと対比させる形で中国系が勤勉であるという見方を流布した。つまり人種主義的イデオロギーは、個々人のあり方や状況の多様性とは無関係に、マジョリティがマイノリティ同士を「上から」比較する恣意的なステレオタイプを通じて再生産された。しかしルイジアナでは、黒人の間で「中国人たちの地域近辺で嫉妬の感情は一般的に全くない」という1870年の新聞報道にも見られる通り、中国系と黒人とは概ね友好的な関係をもっていたようである。

この時期、黒人知識人たちは、奴隷制が廃止されてもなお暴力的な形で自らの市民権が制限されている状況と結びつけながら、アジア系移民の存在を意識するようになる。ヘレン・ジュンの研究が指摘するように、アメリカの様々な場所で発行されていた黒人新聞は、アメリカ国民国家の人種統合の理念と、黒人に対するレイシズムの継続という現実との矛盾を考察する過程において、新しい人種的他者であった中国系移民に対する独特のオリエンタリズム的視角に基づき、中国系や中国文化に対して単純化した見方を示すこともあった。

他方で黒人知識人たちは、19世紀中盤以降に西海岸などで巻き起こる中国系排斥を自らへのレイシズムに重ね合わせて批判することもあった。著名な活動家・知識人であったフレデリック・ダグラスは、１８６９年のボストンにおける演説で、黒人と先住民への社会的抑圧を指摘すると同時に、移住や商業の権利のみならず投票権をも含んだ中国系や日系の権利を訴えた。黒人新聞の多くも、１８８２年の中国人排斥法に結実した中国系移民排斥運動に対して明確に反対の声を上げた。つまり黒人知識人層は、自分たちと中国系の経験から、白人社会が非白人を排除・抑圧するあり様を捉えていたのであった。

19世紀末から20世紀前半にかけてのアジア系の黒人に対する見方は、黒人のアジア系に対する視座と同様に複雑だった。例えば日系一世の中には、アジア侵略を行っていた帝国日本の植民地主義・レイシズムのイデオロギーを敷衍するのみならずアメリカ社会のレイシズムを内面化し、黒人に対する差別意識をもつ者が少なくなかった。他方で日系二世は、アメリカ市民ながら人種・民族的マイノリティとして社会的に周縁化される経験がそのアイデンティティ形成に大きな影響を与えていた。二世の中には、黒人の反差別や反リンチの運動との連帯を表明する者もいた。例えば１９３０年代のニューヨークにおいて、のちに世界的な芸術家になるイサム・ノグチは、彫刻『死』でリンチの犠牲者を主題にした。画家で共産主義運動家でもあった野田英夫も、アラバマ州の冤罪事件で死刑判決を受けていた少年ヘイウッド・パターソンを描く作品を残した。

太平洋戦争中の日系人強制収容（第5章参照）の際、黒人の間では当初様々な反応が見られたが、歌手ポール・ロブソンや詩人ラングストン・ヒューズなどはこれに反対する立場を打ち出した。かれらは帝国日本のアジア侵略に反対し、中国系との連帯を表明していたが、帝国日本と直接の関係がなくそれを支持しない日系人も含めて一様に「敵性外国人」として抑圧したアメリカ政府の政策にも明確に反対した。すなわち、日本の帝国主義に対する批判と、日本人や日系人を一括りにして排斥するアメリカのレイシズムへの批判とを両立させたのだった。

１９６０年代末以降、アジア系に対する「モデルマイノリティ」のステレオタイプが流布される。このステレオタイプは、「アメリカに模範的に同化できるアジア系」と、「そうでない黒人やラティーノ」という同化主義的レイシズムを再生産してきたし、これを内面化するアジア系もいる。しかしこの観念を拒絶する形で、アジア系と黒人の連帯の努力が続けられた。「アジア系アメリカ」という概念を生んだ60年代末のアジア系の社会運動は、ブラック・パワー運動に呼応して発展した（第44章参照）。ニューヨークの日系二世活動家ユリ・コチヤマとマルコムXとの共闘はよく知られているが、デトロイトの黒人コミュニティで活動した中国系二世グレイス・リー・ボッグズの事例も重要である。彼女たちは黒人の知識人や活動家と交流・連携

グレイス・リー・ボッグズ（2012年）
(Kyle McDonald, CC BY 2.0)

しながら、人種・民族的マイノリティ、労働者、女性の解放を（強調点に差異はあれど）構想した。

１９９２年のいわゆるロス「暴動」——この呼称は論争的でもある——の発生時も、警察暴力を含む複雑な要因があったにもかかわらず「黒人対アジア系」という単純化された図式がメディアで流布された。しかし事件以来、コリア系、黒人、ラティーノの指導者や市民たちは、長年にわたって地道にコミュニティ同士の関係を深める活動を続けてきた。事件から30年を迎えた２０２２年４月、ロサンゼルスでは、暴力の痛みを記憶し、対話と協働の重要性を再確認する様々な行事が開かれた。

アジア系と黒人の連帯の歴史は、レイシズムや排外主義、ヘイトが世界を覆いかけている時代にきわめて多くの教訓を与えてくれる。

（松坂裕晃）

◆参考文献

Jun, Helen Heran. *Race for Citizenship: Black Orientalism and Asian Uplift from Pre-Emancipation to Neoliberal America* (New York: NYU Press, 2011).

Jung, Moon-Ho. *Coolies and Cane: Race, Labor, and Sugar in the Age of Emancipation* (Baltimore: Johns Hopkins Press, 2008).

Onishi, Yuichiro. "Afro-Asian Solidarity through Time and Space: Roads Taken and Not Taken," Cindy I-Fen Cheng, ed., *The Routledge Handbook of Asian American Studies* (New York and London: Routledge, 2017).

Wang, ShiPu. *The Other American Moderns: Matsura, Ishigaki, Noda, Hayakawa* (University Park: Penn State University Press, 2017).

26

アジア系と社会運動

★ウィスコンシン大学における学生団体を事例に★

筆者は2015年から2019年にかけて大学の学部時代を米国中西部にあるウィスコンシン大学マディソン校で過ごし、そこでの「Asian American Student Union（AASU）」に運営側の幹部として関わった経験を持つ。そこで、本章では学生による「アジア系アメリカ人」を冠した運動体の組織化をめぐる歴史的過程を簡単に踏まえた上で、「アジア系アメリカ人」という集合的アイデンティティに付与される意味と運動組織としての学生団体の動員戦略の変化について、ウィスコンシン大学のAASUにおける筆者の経験を交えながら考察してみたい。

「アジア系アメリカ人」を冠した運動体の組織化は、ミドルクラス化した米国生まれのアジア系移民2世および3世の若者の一部が大学進学を果たした1960年代に大学キャンパスの中から始まった。当時、これらアジア系の学生たちは公民権運動やベトナム反戦運動などにより活発化した大学キャンパス内での革新的な学生運動に参加する中、そうした運動内で「黒人対白人」という二項対立で捉えられてきた米国の人種問題の枠組みに異議を唱え、黒人でも白人でもない「アジア系」としての問題提起を目指した。そうした状況の中、1968年にはカリフォルニア大学バークレー校で「Asian American Political Alliance」という学生団体が設立され、「アジア系アメリカ人」を冠した団体が米国各地に広がる契機となった。

これらの過程をめぐり特筆すべきは、多様な言語的・文化的背景を持った人びとを「アジア系アメリカ人」という集合的アイデンティティを軸に組織化するため、様々な思考錯誤が行われてきたということである。例えば、カリフォルニア大学ロサンゼルス校の日系人3世を中心とする学生団体「Sansei Concern」は、1968年夏にアジア系の学生100人以上と開催した"Are You Yellow?"会議を機にその名称を「Oriental Concern」へと変更し、その翌年にはバークレー校と同様の「Asian American Political Alliance」の名を採用した。これら一連の団体の名称変更は、日系人という特定のエスニック集団に限定することなく、アジア系の学生全般をより広範に動員することで「アジア系アメリカ人」としての共通の課題に取り組む基盤を作る一戦略であった。

そうした社会的文脈を背景に、本章が着目するウィスコンシン大学のＡＡＳＵは１９７０年にジャック・Ｔ・チェンという学生によって米国中西部で最も古い「アジア系アメリカ人」の学生団体として設立された。団体の主な実践として１９７０年代はアジア系の学生を対象とした新聞の発行や当時全米で注目を集め始めていた第二次世界大戦中における日系人の強制収容に対する補償問題の勉強会が中心に行われた。そして、１９８０年代はこれらの活動を通じ整えられた基盤を軸に、「アジア系アメリカ人」の歴史や文化を正規科目として学べる学内の研究プログラムの設立および充実を求める運動が展開された。そうした実践の結果、１９９０年代以降、大学当局側では「アジア系アメリカ人」に関する授業を担当する教員の採用などが進められ、１９９７年には一定の科目履修をした学生に対し「アジア系アメリカ研究」の修了証の発行が認められるなど、研究プログラムの制度化が図られた。

このようにAASUは学内での「アジア系アメリカ人」という存在の可視化に一定の貢献を果たしてきた。特に、これらAASUの実践は、米国社会でアジア系が被ってきた差別や抑圧の歴史に対しアジア系の米国市民自らが声を上げていくことを「アジア系アメリカ人」であることの集合的アイデンティティとして意味付け、アジア系の学生を動員することで行われてきた。従って、「アジア系アメリカ人」というハイフン付きのアイデンティティの中でも重点は「アメリカ人」に置かれ、米国社会という枠組みの中における「アジア系」としての権利主張が実践の中心となってきた。

一方、筆者が大学に入学した2015年頃のAASUでは学生が集まらなくなり団体の廃止すら議論されていた。そうした状況に陥った背景の一つには、1980年代以降、AASUの実践の対象の中心となってきた学内のアジア系アメリカ人研究プログラムが軌道に乗ることで、運動体としてのこれまでの要求がある程度達成されたことにある。そして、もう一つの背景として考えられるのが、アジア系アメリカ人の学生の人口統計的な変化である。特に、1965年の米国移民法の改正および近年のアジア諸国と米国との間における人の移動の活発化は、自身が幼い頃に米国への移民を経験した1・5世や米国での定住歴が比較的浅い両親を持つ2世のアジア系移民を増加させた。そうした中、出身国などアジアの諸地域と直接的・間接的に強いネットワークを保ち「アジア系アメリカ人」という集合的アイデンティティの中でも重点を「アジア系」に置く人びとが増加し、人びとの関心が米国社会での権利主張だけでなくアジアとのつながりにも向けられるようになったのである。

AASU「ファミリー・プログラム」の集まりにて

これらの変化を反映し、筆者がＡＡＳＵの運営に本格的に関わるようになった大学2年次に団体の一新が行われた。特に、新たなリーダーとして、幼い頃に米国へ移民した1・5世、１９７０年代以降に米国へ移住した両親を持つ2世、そして私のような留学生の学生が中心に選出されるなど、従来の2世および3世を中心としたリーダー層の構成の見直しが図られた。また、対象とする学生として「アジア系アメリカ人」の学生に加え、中国・韓国・台湾・日本・タイ・マレーシアなど様々なアジア諸国出身の留学生にも勧誘が行われるなど、ＡＡＳＵに関わる学生の幅が大きく広げられた。

これら異なる層の学生を取り込む中、ＡＡＳＵが再び多くの学生から注目を集める契機となった実践の一つが「ファミリー・プログラム」であった。「ファミリー・プログラム」とは少人数での親密なコミュニティ形成を促すため、個々の性格や趣味などを考慮して5から10人くらいのメンバーを一つの「ファミリー（家族）」としてグループ分けし、それぞれスポーツをしたり、映画を見たり、料理を作ったりするなどイベントを企画し一緒に楽しむ取り組みである。学期末には各グループがどれだけ楽しんだかを全体で発表し合い、点数を競うというイベントも設けられた。この実践を通じAASUが打ち出した新たな「アジア系アメリカ人」の意味とは、これまでの米国市民としての権利主張より学生がルーツを持つ様々なアジア諸国の歴史や文化に関する多様性の尊重とそれを基盤とした連帯の構築であった。

そうした新たな「アジア系アメリカ人」の意味の構築とそれに伴う広範な学生層の動員を通じ、AASUは以前の2倍以上の学生を獲得し、大学当局からも複数の表彰を受けるなど、団体の立て直しに成功した。一方で、米国社会に対する関心を失ったわけではないということを最後に付言しておく。特に、筆者がAASUの幹部を務めた2016年から17年には米国大統領選挙が行われ共和党のトランプが当選した。この際、共和党と民主党双方の候補者による僅差の票争いが行われたウィスコンシン州にある筆者の大学では、選挙結果に対し両陣営を支持する学生間で激しいデモ活動などが行われた。そうした中、AASUは対立ではなく対話を求めいくつかの企画を開催した。ただ、米国社会における権利主張とアジアとのつながりとの間で「アジア系アメリカ人」を冠した米国各地の運動団体が今後どのような舵切りをするかはウィスコンシン大学のAASUの事例に限定されることなく、他大学の学生団体、また学生団体以外の組織をも考慮した上で今後さらに検討されたい。

（柳川大貴）

27

アジア系アメリカ研究

★大学カリキュラムの確立とその発展★

アジア系アメリカ研究は、学際的分野であり、歴史学・社会学・文学・人類学・ジェンダー研究・政治学・宗教学・経済学などの学問領域を横断する、アジア系アメリカに関する研究の総称である。アメリカの大学においては、エスニックスタディーズ学部・学科のなかで、アフリカ系アメリカ研究、アメリカ先住民研究などと並ぶ研究分野である。アジア系アメリカ研究の発展に大きく貢献してきたアジア系アメリカ研究学会（AAAS）が1979年に設立されたが、アメリカのアジア研究学会が1941年に設立されていることと比較すると、アジア系アメリカ研究の確立は比較的新しい。アジア系アメリカという用語そのものも、1968年カリフォルニア大学バークレー校の大学院生であったエマ・ジーとユージ・イチオカがバークレーで「アジア系アメリカ政治同盟」という団体を創設した際に使われたことから広がったと考えられている。このアジア系アメリカという用語には、それまで使用されてきた「オリエンタル（東洋人）」というアメリカでの外国人視された集団イメージからの脱却を図る意図もあった。

アジア系アメリカ研究が大学のカリキュラムとして確立し

たのは、第二次世界大戦後、アメリカの大学でアジア系アメリカ人が学ぶなかで、ヨーロッパ中心主義的なカリキュラムに批判が起こり、文化・歴史への学生の知的好奇心に応える授業の必要性が訴えられた結果である。1968年11月にブラックパンサー党員であり英語教員でもあったジョージ・メイソン・マレーが解雇されると、サンフランシスコ州立大学に対して、第三世界解放戦線や黒人学生団体、アジア系学生団体などがマレーの再雇用とカリキュラムの改善などを求めるストライキを実施した。1968年11月6日から1969年3月までの5カ月に及ぶストライキの結果、エスニックスタディーズ学群が創設され、現在、アフリカーナ研究、アメリカンインディアン研究、アジア系アメリカ研究、ラティーナ／ラティーノ研究、人種と抵抗研究の5つの学部が存在している。さらに、1969年1月に始まったカリフォルニア大学バークレー校のストライキによって、エスニックスタディーズ学部が創設され、比較エスニックスタディーズ、アジア系アメリカおよびアジア系ディアスポラ研究、チカーナ／チカーノおよびラティーナ／ラティーノ研究、先住民研究の4つの学部プログラムとエスニックスタディーズの博士課程が存

1968–69年サンフランシスコ州立大学でのストライキの様子
（サンフランシスコ州立大学アーカイブより）

在している。

このようにアジア系アメリカ研究が大学プログラムとして発足し、学問分野として確立してきた過程は、1960年代後半から1980年代に展開したアジア系アメリカ人運動がマイノリティ権利運動としてアジア系アメリカ人の集団意識を形成してきた過程でもある。アジア系に向けられた差別に対する抵抗および反発が、アジア系のなかでどの個人／エスニック集団がいかに白人に近いかを競うのではなく、アジア系として集団化することで社会正義を求める動きへと高まり、イェン・レ・エスピリトゥがアジア系アメリカ人「汎エスニシティ（panethnicity）」と呼ぶような拡大した集団意識形成をもたらした。こうした新たな集団意識をブラックパワーになぞらえて、イエローパワーと呼ぶこともあったが、比較的肌の色が濃く、自らを黄色とは意識していないフィリピン系の人びとは疎外感を抱くこととなった。さらに、アジア系アメリカ人がモデルマイノリティと表象されたことは、アジア系とアフリカ系がマイノリティとして連帯することをしばしば妨げてきた。

多様な出自の人びとをアジア系アメリカという傘の下にまとめるアジア系アメリカ研究において、人種・エスニシティ理論は、白人でもなく黒人でもない、アジア系アメリカの集団性を規定するものとして、不可欠なものである。アジア系アメリカ人意識の形成にとって重要であったのは、1982年、日系アメリカ人と間違われて2人の白人に野球バットで中国系アメリカ人二世のヴィンセント・チンが撲殺された事件であった（第3章参照）。事件は、アジア系アメリカ人が白人と同等に扱われていない現状とアジア系に対する暴力が公平に裁かれない現実を露呈し、多くのアジア系アメリカ人が組織化していく契機を提供した。

第 27 章
アジア系アメリカ研究

アジア系アメリカ研究は、アジア系アメリカ人意識の形成を歴史的・文化的に説明することが中心的課題となり、学部の基本的カリキュラムとしては、アジア人がアメリカ社会へ流入した19世紀半ば以降、その流入に対する反発および排斥、そして包摂という歴史とそれにともなう文化形成・変容を現代にわたって学ぶことが多い。そこでは、1882年中国人排斥法の成立や、1942年の日系人収容、1965年移民法の成立などが重要な歴史的事柄となるが、こうした歴史的理解はしばしば東アジア系が中心であり、カリフォルニア州を中心とした研究にとどまっていることなどが批判されてきた。アジア系アメリカという人びとのルーツは、東アジアや東南アジア、インド大陸などに広がる20カ国以上にたどることができるため、アジア系アメリカ人の実態が多様になればなるほど、誰が表象され、誰が代表できるのかという問いを喚起する。

さらに近年、セトラーコロニアリズム（入植者植民地主義）批判への高まりと相まって、ハワイ研究や先住民研究などの分野においても、アジア系アメリカ研究が内包する植民地主義への批判が起こってきた。これは、アジア系が自らの権利を主張する一方で、自らが支配者となって経済的・文化的搾取を行ってきたことを不可視化してきたことへの批判である。

それでもいまだ、ラティーノ／ラティーナ研究やアフリカ系アメリカ研究と比べて全米でアジア系アメリカ研究を提供する大学は少ない。アジア系アメリカ研究を提供する大学は100校未満で、52校しか専門プログラムを提供していないという報道もある。ラティーノ／ラティーナ研究は89校、アフリカ系アメリカ研究は252校という数字から見てその差は大きい。こうしたアジア系アメリカ研究の充実を求める声は、新型コロナウイルスの感染拡大によってウイルスとアジア系の身体が同一視されることにより、アジア人およびアジア系に対するヘイトクライムが多発し、アジア人およびアジア系アメリカ人に対するレイシズムに再び注目が集まったことも影響している。アジア系アメリカ人人口の増大とともにその歴史・文化に対する知的関心も高まりつつあり、アジア系アメリカ研究の進展が期待されている。

（佐原彩子）

◆参考文献

Choy, Catherine Ceniza, *Asian American Histories of the United States*, Boston: Bacon Press, 2022（『アジア系のアメリカ史』（再解釈のアメリカ史・3）佐原彩子訳、勁草書房、２０２４年）.
Espiritu, Yen Le, *Asian American Panethnicity: Bridging Institutions and Identities*, Philadelphia: Temple University Press. 1992.
Lowe, Lisa, *Immigrant Acts: On Asian American Cultural Politics*, Durham and London: Duke University Press, 1996.

28

アジア系とアファーマティブ・アクション

★「犠牲者」と「成功者」のはざまで★

２０２３年6月29日、連邦最高裁はハーバード大学とノースカロライナ大学において実施されていた人種を考慮する入学試験の方法について、合衆国憲法修正14条の平等保護条項に反すると違憲判決を下した。この判決は、人種差別に対する是正措置として半世紀以上にわたって実施されてきたアファーマティブ・アクション（以下、ＡＡ）の廃止を意味したが、この裁判には一部のアジア系アメリカ人が深く関わっていた。

原告の「公平な入試を求める学生の会（ＳＦＦＡ）」は、成績や課外活動に加えて出身地域や人種なども考慮する全体評価方式によって、黒人やヒスパニックの学生が人種によって「優遇」される一方で、優秀な学業成績を収めたアジア系学生が不当に低く評価されていると訴えた。最高裁は、人種にもとづく入学判定がアジア系の入学者数を抑制していると認め、そのような選抜方法は法の下の平等原則に反すると判断した。ＡＡ政策において、アジア系アメリカ人はどのように位置づけられてきたのか。そして、ＡＡをアジア系に対する差別とする最高裁判決を、どのように評価できるだろうか。

ＡＡは、１９６０年代における人種間の差別と不平等を解消するための取り組みとして導入された。言葉としては、1961年にジョン・F・ケネディの大統領命令で連邦政府と契約する企業に差別なく従業員や応募者を扱うように「積極的な措置」を求めたのが最初の用法と言われるが、政策としては、人種による差別を禁じた1964年公民権法にもとづく措置として本格的に導入された。連邦政府機関は、各企業に従業員の人種別構成を調査し、非白人の雇用や昇進を抑制する差別的雇用の改善を求めた。同様に、大学などの高等教育機関でも、学生や教職員の人種別構成における不均衡を改善することが急務とされた。

「アジア系」は「黒人」「ヒスパニック」「先住民」とともに、連邦政府が設定した人種別カテゴリーに含まれ、差別が確認された場合には改善措置の対象となった。ただし、アジア系カテゴリーの採用は、当時の連邦統計での慣行をふまえたもので、アジア系に対するAAが広範に実施されたわけではない。当初、AAには、数値目標を設定した採用・昇進・入試制度から、マイノリティを対象とした就業支援や特別訓練プログラムまで幅広い取り組みが含まれていた。しかし、1970年代に連邦最高裁が人種別の数値目標を伴う入試制度を違憲と判断したことで、AAは、職場や学校内での「多様性の実現」のために採用や入試の際に人種を考慮する取り組みとして継続するようになった。

1980年代はじめには、アジア系がハーバード大学の新入生の8・5%、カリフォルニア大学バークレー校で20%を占めるようになり、エリート大学での学生比率が人口比率（1・5%）を大きく上回るようになった。そのため、アジア系は、各大学がAAの対象とする「不利なマイノリティ」から除外され、白人と同様の扱いとなった。その一方で、大学入試においてアジア系学生が「学業に優れていても人物面で劣る」という偏見によって低く評価されているという告発も相次いだ。告発を担ったのは、反人種主義を掲げてAAを支持してきたアジア系グループであったが、各大学はAAの縮小と「成績と多様性のバランス」を重視した入試改革によってこれに対応した。

その後、アジア系のエリート大学への進学熱はますます高まった。2000年以降では、アジア系は、ハーバード大学で新入生の2割弱、そのほかのアイビーリーグ大学でも20〜25%程度を占め続けている。しかし、一部のアジア系学生やその親のあいだでは、この状況を「事実上のクオータ制度」によってアジア系学生の比率が制限された結果と疑問視する意見が目立つようになった。長くAA反対運動に関わってきた白人活動家エドワード・ブラムを代表とするSFFAは、2014年にアジア系をAAの新たな「犠牲者」として取り上げ、ハーバード大学などを相手にAA廃止を求める訴訟を起こした。

アジア系による反AA運動の中心にいるのは、1990年代以降に増加した中国出身の留学生・高度技能移民・企業家移民とその家族である。高度な専門職や技術者を対象としたH−1Bビザ導入以降の新しい中国系移民は、高学歴で子どもへの教育にも熱心で、属性よりも業績を重んじるメリトクラシーをアメリカ的価値の中心と考える傾向がある。自助努力やカラーブラインドネス（人種を考慮しないこと）を強調して反AA運動に賛同したアジア系は、近年、名門高校での多様性を重視する入試の導入、ホームレス・シェルターや刑務所の設置、非正規移民の権利を擁護する「聖域都市」の宣言などに反対する住民運動でも存在感を示している。

しかし、このようなアジア系のAAへの態度を一般化することはできない。2022年のアジア系アメリカ人有権者調査（図1）によれば、「黒人や女性などの高等教育へのアクセスを改善するAA

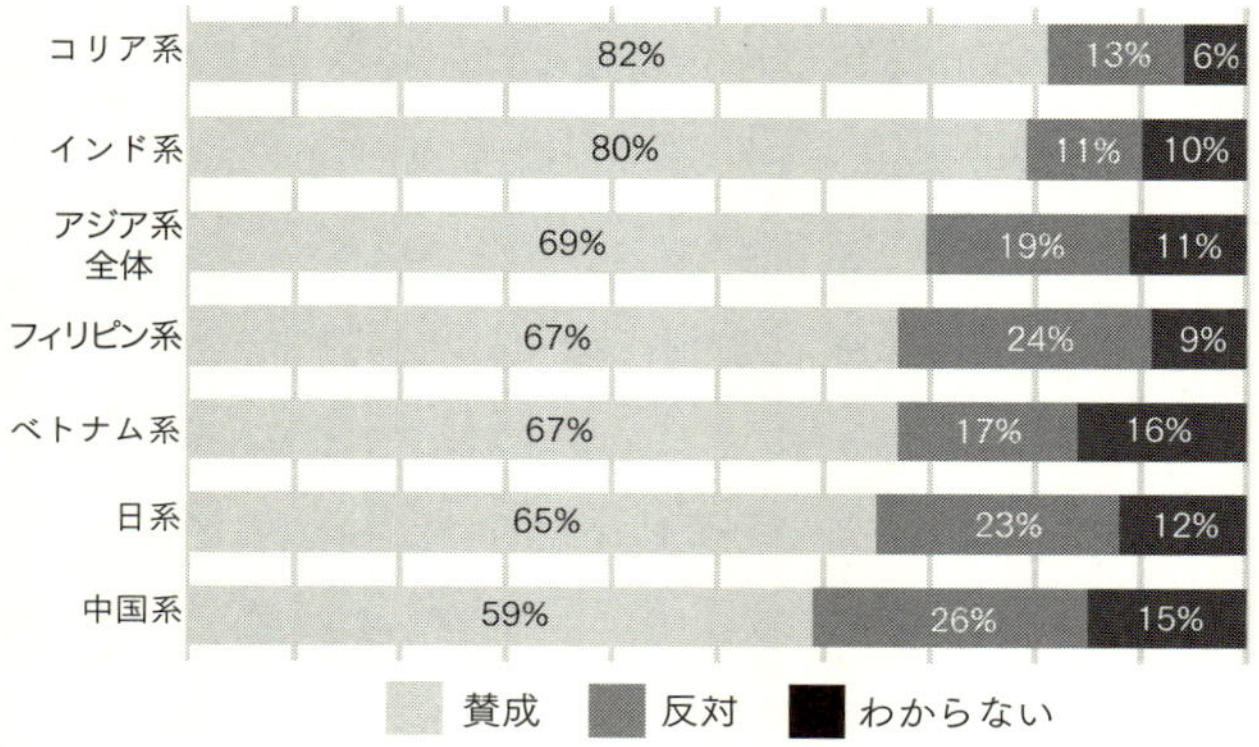

図１　アジア系エスニック集団別のアファーマティブ・アクションへの賛否
「黒人、女性、マイノリティの高等教育へのアクセスを改善するためのアファーマティブ・アクションのプログラムに賛成ですか」という質問への回答。
出典：2022年アジア系アメリカ人有権者調査、AAPI Data（https://aapidata.com/blog/affirmative-action-aavs-2022）

政策」について、「賛成」と回答したものが69％を占め、「反対」の19％を大きく上回った。集団別では、中国系による「賛成」が59％で最も低いが、同様に多数の高度技能移民を含むインド系ではＡＡの支持がきわめて高い。また、ＡＡは質問方法によって意見が一定しないことでも知られ、２０２３年のピュー・リサーチ・センターの調査では、アジア系の53％がＡＡを「よいもの」と回答した一方で、「大学入試の合否で人種を考慮するべき」と回答したのは21％にとどまった。

　ＡＡを支持するアジア系グループは、ＳＦＦＡ判決が以下のような問題をもたらすと指摘している。判決は、アジア系の「モデルマイノリティ」像を強化する一方で、アジア系貧困層の高等教育へのアクセスをさらに困難にする。ＳＦＦＡ裁判はアジア系を反ＡＡ運動のシンボルとして利用することで、アジア系と黒人・ヒスパニックとのあいだの対立を煽り、新型コロナウイルス感染危機以降の反アジア系感情の悪化の一因となっている。入試におけるアジア系差別は１９８０年代から指摘されてきたが、裁判はその実態解明よりもＡＡ廃止を優先させてしまった。結局のところ、人種を考慮するＡＡ廃止の恩恵は、寄付者や卒業生の家族、非都市部出身者、スポーツ経験者の比率が高い白人学生が享受するとも言われている。ＡＡの廃止が、複雑な人種関係とアジア系コミュニティにいかなる帰結をもたらすのか、注目が集まっている。（南川文里）

◆参考文献

Lee, Jennifer, "Asian Americans, Affirmative Action and the Rise of Anti-Asian Hate," *Daedalus*, Vol. 150, No.2, 2021.
南川文里『未完の多文化主義——アメリカにおける人種、国家、多様性』東京大学出版会、２０２１年。
南川文里「アファーマティヴ・アクションはアジア系差別か」『大原社会問題研究所雑誌』７６１号、２０２２年。

29

アジア系と経済界

★「頭脳流出」と経済覇権の行方★

現代アメリカ経済におけるアジア系のプレゼンスは高い。特にＩＴ産業などのハイテク分野におけるアジア系の活躍は著しく、世界を席巻するビッグ・テックのＧＡＦＡＭ（Google, Amazon, Facebook〈現 Meta〉, Apple, Microsoft）には多くのアジア系エンジニアがいる。高学歴で高収入を得ているアジア系は、まさに「モデルマイノリティ」の名にふさわしい。くわえて、アジア系の約60％はZ世代（１９９７〜２０１２年生まれ）あるいはそれより下の世代であると言われる。テクノロジーの最先端にいる彼らは、今後のアメリカ経済の重要な担い手になっていくことだろう。

少子高齢化の進む日本とは異なり、先進国の中で珍しく人口が増えている国がアメリカである。２０１９年に国連が公表した世界人口予測では、２０５０年におけるアメリカの人口は3億７９４２万人、２１００年には4億３３８５万人になるという。その主な理由が移民の増加である。なかでもアジア系人口の増加は著しく、２０６０年までにヒスパニック系にかわって、アジアからの移民が最大のマイノリティ集団になるとも言われる。アジア出身の移民には、高度な技術や専門性を持つ人材が多いことから、アメリカの経済競争力の強化が期待されている。グラフで示したように、アジア系のなかでも特に中国とインド出身者の割合が高い。ここでは彼らに焦点を絞って、アジア系の経済的な影響について考えてみよう。

そもそもなぜ高度な技術や専門性をもつアジア系は増えたのか。その歴史をさかのぼれば、戦後アメリカの移民政策に大きな転機があった。冷戦を背景に技術や知識を持つ人材への需要が高まったことから、高度人材を優先的に受け入れる政策に転換した。その結果、１９６０年代後半以降、多くの優秀なアジア系が海を渡った。アジアが高度人材の宝庫となった理由の一つに、欧米諸国による途上国に対する開発・技術援助の影響があった。欧米諸国の支援もあり、戦後アジア各国には、次々と先進的な高度人材の養成機関が設立され、欧米流の教育研究システムや先端的科学技術が導入された。インド工科大学はその典型例である。アメリカのみならず、イギリスや西ドイツ、ソ連もインド各地でインド工科大学の設立を支援して、その影響力を競い合った。しかしアジアにはそこで育成された高度人材の受け皿となる産業的基盤が不十分だった。そのため、アジアの高度人材の一部は、アメリカへと「頭脳流出」することになる。科学者やエンジニア不足に悩まされていたアメリ

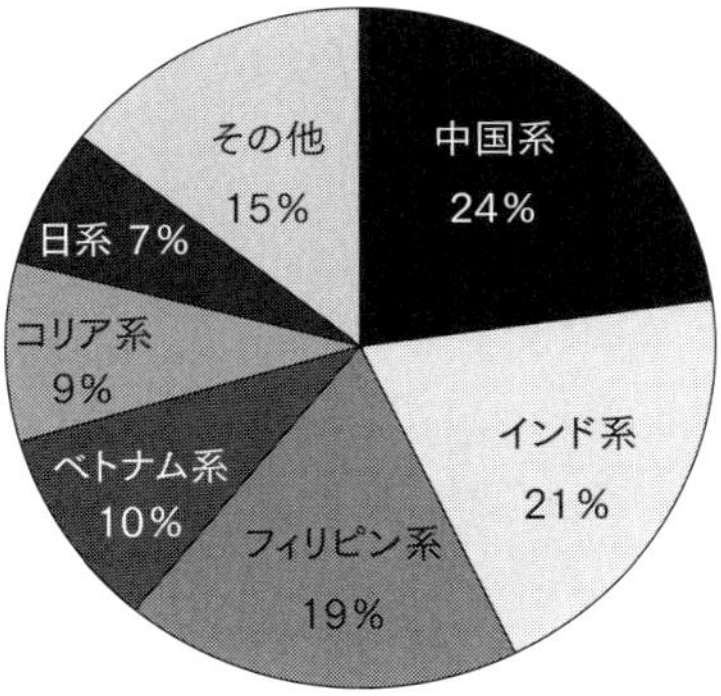

図１　アメリカのアジア系人口の構成（2019 年）
出典：ピュー・リサーチ・センター（2021）

カにとっても「渡りに船」であった。こうしてアジアから多くの優秀な「頭脳」を受け入れたことは、戦後アメリカ経済成長の源泉となった。なかでもインド系は、航空機や電子通信、コンピュータ開発などのハイテク分野に進出し、存在感を高めていった。すでに1970年代初頭の段階で、インド系の一人当たりの平均所得はどのエスニック集団よりも高かったという。

１９９０年代のＩＴブームは、「頭脳流出」の勢いを加速させる。シリコンバレーにおける人材不足もあって、１９８０～90年代以降、ソフトウェア開発などハイテク産業における技能労働者の需要が急増した。１９９０年の移民法改正では、知識や技能を持つ専門職に対する期間限定の就労ビザ（Ｈ－１Ｂビザ）が創設されたが、それはグローバルな人材獲得戦略の一環として、大学卒業以上の学歴を持つ科学・技術・工学・数学（ＳＴＥＭ）の高度人材を想定して打ち出されたものであった。その結果、高学歴の留学生や高技能移民などが増加してゆく。シリコンバレーのハイテク企業の人材の多くは、アメリカの大学院を卒業した留学生であるが、１９９０年時点でシリコンバレーのハイテク産業で働く科学者、技術者の３分の１が外国人で、その３分の２までが中国とインド出身であった。シリコンバレーのＩＴ産業における外国出身の高度人材の割合は、１９９０年の16％から２０１０～14年には42％と約20年間で３倍近くに伸びている。ＩＴや情報経済への移行にともない、グローバル資本の担い手として、アジア系の存在感はますます高まっている。

しかし、アジア系の間で二極化の傾向が強まっているのも事実である。アジア系アメリカ人の収入は、世帯別所得の中間値算定では最高水準であるものの、アジア系社会の中での貧富の差は人種別に見ても最も大きい。もちろんここ数十年の傾向を見ると、アメリカ社会における所得格差は全般的に進んでおり、高所得層の所得が膨らむ一方で、中間層と貧困層は伸び悩んでいる。その格差がとりわけ大きいのがアジア系で、最上位層と最下位層との間の格差は10倍以上にもなる。このようにアジア系を一括りに見ることは適切ではない。

またアジア系を画一的に「モデルマイノリティ」と見なすステレオタイプは、例えば高等教育においてアジア系に割り振られる人種別入学枠を制限しようとする動きを生み出している。アジア系の留学生がアメリカ市民の高等教育へのアクセスを妨げているのではないかという懸念がその背後にある。アメリカの優れた教育制度を活用して高い学歴を得て、社会的経済的に成功するアジア系に対する偏見はいまだに根強い。

なかでも中国系に対する警戒心は、激しい米中対立のなかで強まっている。特に「海亀族」と呼ばれる中国人留学生がアメリカのデュアルユース技術を中国に持ち出しているという技術流出の問題は大きかった。トランプ政権下ではスパイ活動から知的財産を守るという名目で「チャイナ・イニシアティブ」が採られ、中国からの留学生の受け入れを制限しようとした。ここまで露骨ではないとはいえ、中国強硬論を唱えるバイデン政権にもそうした姿勢は継承されている。実際に、中国やインドなどアジア出身の移民・留学生たちは、アメリカで得た先端技術を持ち帰り、母国を経済・軍事大国にするための研究開発システムの基盤を整えつつある。トランプ前政権以降、アメリカではデジタル技術の流出を懸念して、事実上初めて経験する「頭脳流出」が問題視されている。

戦後、卓越したアメリカの科学研究に惹きつけられて、多くの移民や留学生がアジアからやってきた。その一部は、現代アメリカを代表する企業の創業者やＣＥＯとなり、アメリカ経済を支えている。

コンピュータ産業やＩＴ産業など、特にアジア系の活躍が目覚ましい分野では、彼らの働きのうえに、アメリカの優位性が築かれていると言ってよい。しかし同時に、秘密漏洩や違法な技術移転を引き起こす懸念が強まっているのも事実である。国際経済の重心は徐々にアジアに移りつつあり、21世紀はアジアの時代と言われる。これからもアメリカは経済覇権を維持できるのか。アジア系は、その鍵を握っていると言えるのかもしれない。

（下斗米秀之）

◆参考文献
下斗米秀之「高度人材の育成とグローバル頭脳獲得競争」大橋陽・中本悟編『現代アメリカ経済論――新しい独占の広がり』日本評論社、２０２３年。
安田聡子「人材の国際移動とイノベーション」宮田由紀夫・安田聡子編『アメリカ産業イノベーション論』晃洋書房、２０２３年。

30

アジア系と政治

★増加し、民族的に多様化するアジア系の政治家たち★

筆者が「アジア系アメリカ人の政治を研究しています」と自己紹介すると、日本の8割方の人は「日系アメリカ人の政治を研究していらっしゃるのですね」と反応する。しかし、本章で明らかにするように、現在のアジア系の政治家は、民族的に多様化している。108議会（2023〜25年）の冒頭でアジア系連邦議員は上院に2人、下院に16人いるが（それでもアジア系人口が数え方によって全米人口の約7％である〈「はじめに」参照〉ことを考えると、上下両院の定数合計538よりは過小代表である）、日系議員は4人しかいない。

アジア系アメリカ人の公職者は、上は副大統領（カマラ・ハリス、母親がインド系、民主党）から下は教育委員会委員（アメリカでは公選、しばしば上位の政治的地位を狙う候補者によって「政治的訓練の最初の場」と捉えられる）までおよび、知事や州議会議員などの公選職、連邦・州・地方政府の裁判官や任命職を合わせると数千人に及ぶと言われている。だがここでは、読者の関心も高いと思われる連邦議会議員について中心に見ていこう。

初のアジア系アメリカ人連邦議員（議会の本会議で投票権を持たなかった準州時代のハワイ選出議員などは除く）に当選したのは、インド系議員だった（ダニエル・イノウエ下院議員〈民主党〉とヒーラム・フォン上院議員〈共和党〉がともに初当選したのはハワイが50番目の州として昇格した5年後の1959年である）。ダリップ・シン・ソーンド（民主党、カリフォルニア州）はインドからの移民で、カリフォルニア大学バークレー校で博士号を取得した後、1954年に共和党の地盤が強い農村部で当選している。アメリカの下院議員は、憲法上、合衆国市民となってから7年経たないとなれないが、インド系は日系より早く1946年に帰化が認められたので、ぎりぎり間に合ったことになる。もっとも、ソーンドは、予備選挙で対抗馬が、アメリカ人であった期間が足りないという訴訟を提起したと『インド出身の連邦議会議員』という自伝で述べている（ソーンドの勝訴に終わる）。

アメリカ連邦議会には、アジア系アメリカ人の利益を擁護するために、アジア太平洋系アメリカ人議員連盟（APAIC）が1994年にノーマン・ミネタ議員（日系、カリフォルニア州）によって設立された。APAICはアジア系アメリカ人の利益を守り、偏見を取り除くために活動している。その意味で、エリートレベルではアジア系諸民族をまたぐ「汎アジア系（panethnic）」な連合は成立している。構成員はアジア系議員に限らず、選挙区にアジア系住民が多い議員、アジア系と連合を組むことに積極的なマイノリティ議員も入っている。なお、リベラル色の強いAPAICには、2020年の選挙で初当選した2人のコリア系女性議員（ヤング・キム、ミッシェル・スティール、いずれもカリフォルニア州、共和党）は加入していない。

現在、APAICの委員長はジュディ・チュー議員（中国系、民主党、カリフォルニア州）である。彼女の選挙区は、1990年代前半、「最初の郊外チャイナタウン」として研究者の脚光を浴びたモントレー・パーク（ロサンゼルスの東に位置している）を含んでいる。チューの政治歴も、この地域の教育委員会委員から始まった。その後彼女はカリフォルニア州議会議員を経て、２００９年に連邦議会に空席ができると、補欠選挙で勝利した。この本選挙の共和党の対抗馬も中国系だったので（偶然にもチューの義理のいとこであった）、ハワイ以外の本選挙で二大政党のアジア系どうしが対決したのはこれが初めてとなる。

しかし、本選挙でのアジア系どうしの戦いとして有名なのは、カリフォルニア第17選挙区であろう。カリフォルニア州は、「トップ2」という、予備選挙で上位2名に入った候補者が、そのまま本選挙に進む仕組みを取っている。２０１４年と２０１６年に「トップ2」に入った候補者は、いずれもロー・カナ（インド系）と、２００７年に日本は「従軍慰安婦」に謝罪すべきだという下院決議を通したマイク・ホンダ（日系）であった。この選挙区は、いわゆるシリコンバレーがある、サンノゼ郊外の選挙区であり、2人とも民主党である。２０１４年の本選挙は、ホンダが辛くも逃げ切ったが、２０１6年は、ホンダの高齢批判、汚職の疑い、カナの多民族連合の形成の成功によって、カナがホンダから議席を奪い取った。

これまで、ハワイの2つの下院選挙区以外には、アジア系が最大人口割合を占める選挙区は、ジュディ・チューの選挙区と、ロー・カナ、ミッシェル・スティールの選挙区しかない。ということは、大半のアジア系アメリカ人議員は、アジア系以外の有権者の票で当選していることになる。そのため、アジア系の候補者は、アメリカに移民して貧しい家庭で育ったこと、アメリカ軍への志願歴・戦闘歴を有していること、公認会計士などの特殊技能を有していること、長年地域でコミュニティ活動をし

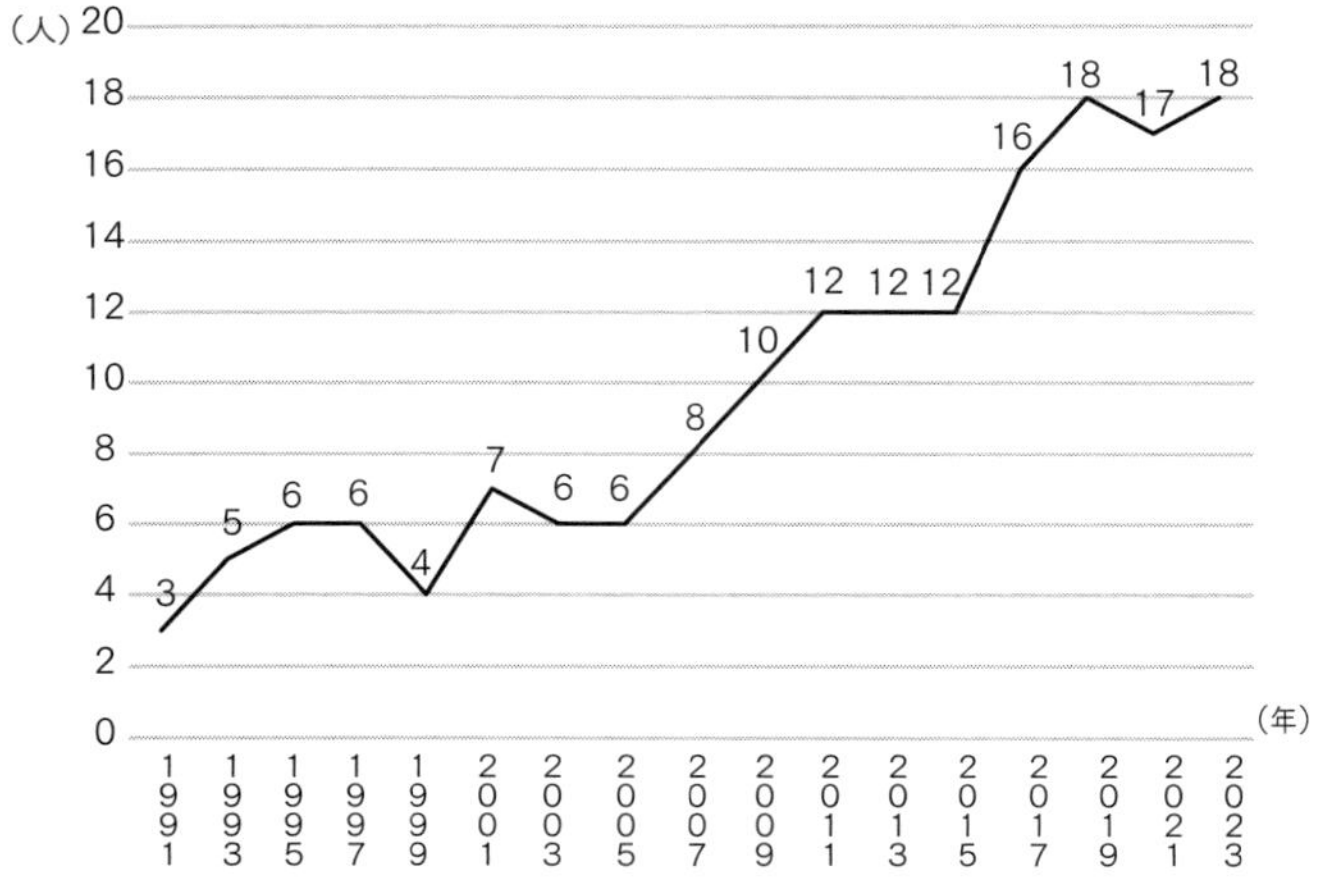

図１　過去 30 年のアジア系アメリカ人連邦議会議員数の増加

出典：Biographical Directory of the U.S. Congress - Retro Search<https://bioguideretro.congress.gov/> から、筆者が作成。無断転載禁止。

（注）人数は、上下両院の議員数を足したものである。なお、本国では例外的に太平洋島嶼部系議員も含む。

てきたことなどをアピールして選挙戦に臨むことになる。

日本で一番有名なアジア系アメリカ人連邦議員は、ダニエル・イノウエ（日系、ハワイ州、民主党）だったであろう。真珠湾攻撃の後、第４４２戦闘部隊に志願し、ヨーロッパ戦線で右腕を失うも、死去するまで50年間上院議員を務め、その間には大統領継承順位第３位（上院臨時議長：副大統領、下院議長の次）の職に就いたこともあった。また、上院歳出委員長という権力あるポストを利用して、ハワイ州に多額の経済的・軍事的利益をもたらした。しかし、そのような姿勢は、ハウナニ＝ケイ・トラスクなどハワイ先住民たちから批判されることにもなった。

これまで連邦議会には、様々な民族のアジア系アメリカ人議員が選出されている。

図1は、ここ約30年におけるアジア系アメリカ人議員（上下両院を合計）の増加の様子を示したものである。イラク戦争に従軍し、車いす生活となった上院議員のタミー・ダックワース（民主党、イリノイ州）は母親がタイ系であり、任期中に出産した乳児を「神聖な」上院本会議場に連れて入ることを認めさせた初の議員となった。ベトナム系アメリカ人（第15章参照）の連邦議会議員は、これまでに二例あるが、意外にもカリフォルニア州オレンジ郡の「リトルサイゴン」選出ではなかった。

最近は、インド系議員の進出が著しい（現在5人、第17章参照）。あと、民族ではないが、マーク・タカノ議員（民主党、カリフォルニア州）は、アジア系連邦議員で初めて同性愛者（第19章参照）であることを公言した議員である。

連邦議会以下では、1999年にカンボジア系の集住地域であるマサチューセッツ州ローエル市で、リシー・ウォングが全米初の公選職（市議会議員）に当選した。2022年には、同市でカンボジア系難民二世のソカリー・チャウが全米初のカンボジア系市長に選ばれた。

第16章の冒頭に触れられているように、モン系では、2002年にミー・モアが、これまたモン系の集住地域であるミネソタ州の州議会議員に初めてなった。その後彼女は、有力なアジア系の擁護団体である「アジア系アメリカ人の正義を進める」会（AAJC）のトップを務めるなど要職に就いた。

最近では、2021年に台湾系二世の女性のミシェール・ウー（民主党）がボストン市長に選出され、また2022年には、カリフォルニア州オークランド市長にモン系難民二世の女性のシェン・タオ（民主党）が選ばれた。リエンとフィラーが強調するように、これら若い女性の大都市への市長就任のニュースは今後のアジア系アメリカ人政治の発展を予期するかのように明るい知らせとしてアジア系アメリカ人コミュニティに受け入れられた。しかし一方でこの間、アジア系住民は、「はじめに」で述べられているように、コロナウイルスから来る差別や偏見、暴力と向き合っていたこと、また上記の政治家たちは、そのような状況を改善するのに努力してきたことを決して忘れてはならない。

（武田興欣）

◆参考文献

Congressional Asian Pacific American Caucus homepage 〈https://capac-chu.house.gov/〉.
Lien, Pei-te and Nicole Filler, *Contesting the Last Frontier: Race, Gender, Ethnicity and Political Participation of Asian Americans*. 2022, New York: Oxford University Press.
Saund, Dalip Singh, 1960, *Congressman from India*. New York, Datton.1960.
ダニエル・イノウエ／ローレンス・エリオット『上院議員ダニエル・イノウエ自伝——ワシントンへの道』森田幸夫訳、彩流社、１９８９年。

31

アジア系と教育

★「モデルマイノリティ」の光と影★

アジア系アメリカ人は教育分野で「成功したマイノリティ」として知られている。センサス局によれば、2020年の25歳以上のアジア系人口において、大学卒業以上の学歴を持つ割合は55％を占め、そのうち大学院以上の学位を持つのは24％に達する。これは、白人の大学卒業以上34％（うち大学院以上13％）と比較しても、きわめて高い値である。また、全米教育統計センターによれば、2022年のSAT（大学進学適性試験）のアジア系の平均合計点は1229点で、白人（1098点）、黒人（926点）、ヒスパニック（964点）を大きく上回っている。高いスコアを背景に、アジア系学生はハーバード大学をはじめとするアイビーリーグ大学の新入生の20～25％程度を占めている。教育での達成は安定した職や高い所得にも結びつき、アジア系を「モデル（模範的）マイノリティ」として、白人とともにアメリカの新たな「主流」を形成していると見なす議論も盛んだ。

しかし、アジア系内部のエスニック集団別で見ると、少し異なった姿が見えてくる。図1によれば、25歳以上大学卒業以上の割合は、台湾系（80％）、インド系（75％）などできわめて高

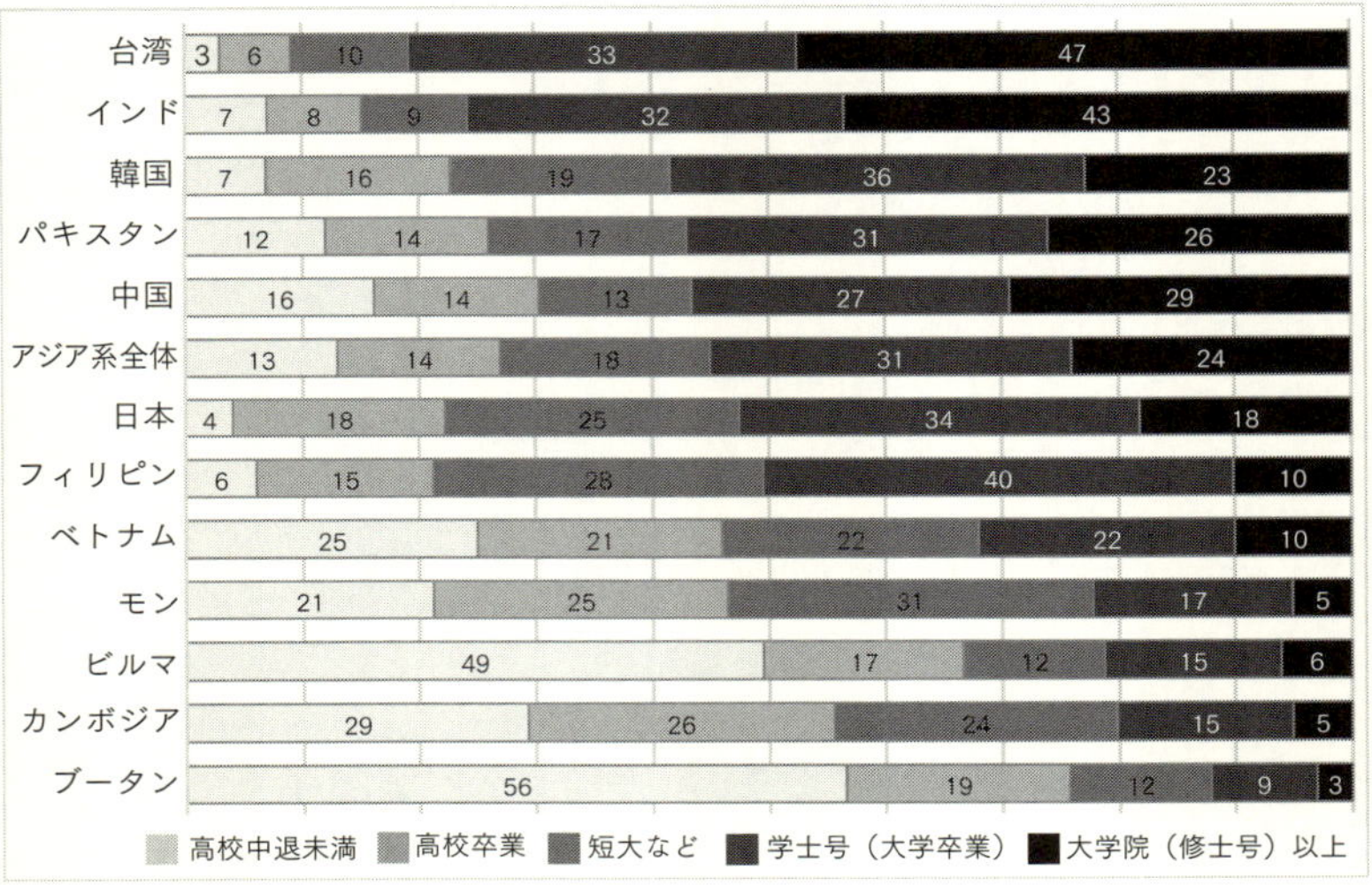

図１　アジア系主要エスニック集団別の教育における到達（25歳以上、2020年）
出典：AAPI Data, *State of Asian Americans, Native Hawaiians, and Pacific Islanders in the United States* (June 2022, p.49) より著者作成。

い一方で、ベトナム系（32％）、モン系（22％）、カンボジア系（20％）、ブータン系（12％）などは、アジア系の平均よりも20ポイント以上低い。また、アジア系最大の集団である中国系の場合、大学院卒が29％を占めてアジア系全体よりも高い比率である一方で、高校中退以下の割合も16％でアジア系全体（13％）よりも高く、集団内部での教育格差にも目を向ける必要がある。さらに、ハワイ先住民・太平洋諸島系のあいだでも大学卒業以上が19％と、アジア系全体と大きな差がある。

　このような格差には留意しつつも、アジア系の教育面での優位をいかに説明できるのだろうか。１９６０年代に日系や中国系の教育・所得での達成が「モデルマイノリティ」として注目されたときには、東アジア圏の文化的・宗教的価値観が、ハードワークや節制を重視し、子どもの教育を家族ぐるみで支援する態度の背景にあると考えられた。このような議論は、1965年移民法以降に、アジア諸国出身の高度な技能や専門性を有する移民が増加したことで、さらに加速した。1987年に雑誌『タイム』(8月31日号)は、「新たな天才キッズ」と題した特集を掲載し、高学歴の移民を親に持つアジア系の子どもたちが数学、科学、工学系分野を中心にめざましい活躍を見せていると報告している。ここでも、東アジアの儒教文化の影響が成功の要因として言及されている。

しかし、東アジアの文化的要因だけでは、南アジアや東南アジア出身者を含む今日のアジア系の成功を説明できない。加えて、各エスニック集団の内部の格差も説明できない。また、文化的説明は、アジア系へのステレオタイプや偏見を助長する。実際、1980年代にはアジア系が大学入試の選抜過程で、「学業成績は優れているが人物面で劣る」と見なされて低く評価されることが問題視された。子どもの成績を最優先する「タイガーマザー」のような、アジア系女性の異質性を強調するステレオタイプもその典型であろう。

近年では、文化的要因よりもアジア系移民の階級的出自が強調される傾向がある。1965年移民法で職業・技能による移民の受け入れが始まり、1990年にITや医療分野で専門的知識や技能にもとづくH－1Bビザが導入されたことで、アジア出身の専門職・高度技能移民がさらに拡大した。出身国でも大学や大学院以上の学歴を持つ移民は、「難関大学を卒業してよい仕事に就く」ことを重視する態度を持ち、子どもの教育への投資も惜しまない。社会学者のジェニファー・リーとミン・チョウは、アジア系の教育達成の背景として、出身国で高度な学歴を有するだけでなく、移住先であるアメリカでも平均以上の教育経験を持つという「超選別性」を挙げている。

しかし、リーとチョウは「超選別性」だけではアジア系の教育達成を説明するには不十分であるという。なぜなら、親世代の学歴が高くない人びとのあいだでも、アジア系の第二世代以降では高学歴者の割合が高くなる現象が見られるからだ。階級的出自を欠いていても一定の教育到達が見られるのはなぜか。リーとチョウは、これを成功フレームという概念を用いて説明している。アジア系の成功フレームとは、「学校でよい成績をおさめる」「難関大学に進学する」「大学院以上の学位を取る」ことを成功の条件と考える思考枠組みである。このような考え方は高学歴の移民世代から第二世代までの家族戦略として共有されるだけでなく、教師、同級生、そして同じエスニック・コミュニティのメンバーによるアジア系児童・生徒に対する先入観や期待を形づくる。そのため、多くのアジア系の子どもたちは、この成功フレームを内面化し、その価値基準のなかでいっそうの努力へと駆り立てられる。親が高学歴ではないアジア系の子どもらも、学校やエスニック・コミュニティのなかで同様の成功フレームを身につけ、自身の学校生活や将来を位置づけるようになる。成功フレームは階級的出自を超えて、同エスニック集団内で共有され、アジア系の子どもの態度や行動の準拠枠組みとして社会的に構築され、その例外的な教育達成を支えている。

しかしながら、成功フレームの目標達成は容易ではない。そして、その代償は深刻な問題に結びついている。高い目標と努力を要するフレームと周囲の期待ゆえに、アジア系学生の自己評価は高くない。「Aプラス」以外の成績やハーバードなど一部の超難関校以外の大学への進学は、アメリカ全体の基準ではきわめて優秀であったとしても、アジア系の生徒や家族にとっては「F（不合格）」や「ドロップアウト」と同然と見なされる。つねに他のアジア系学生と自分を比較し、成功への心理的重圧にさらされ、深刻なメンタルヘルス問題を抱えることも少なくない。疾病予防対策センターによれば、2018年に15歳から24歳までの年齢で死亡したアジア系に最も多かった死因は「自殺」で、死亡件数の37％を占めていた。アジア系は、メンタルヘルス・サポートの利用に消極的で、適切な支援を欠いたまま悲劇的な結果に陥ることがある。また、アジア系のなかの教育達成が低い集団も、周囲からの期待と教育資源を欠いた現実とのあいだのギャップに苦しんでいる。アジア系の成功フレームは、めざましい成功と心理的な困難の両方を導いているのである。

（南川文里）

◆参考文献

Alba, Richard and Victor Nee, *Remaking the American Mainstream: Assimilation and Contemporary Immigration*, Harvard University Press, 2001.
Lee, Jennifer and Min Zhou, *The Asian American Achievement Paradox*, Russell Sage, 2015.

32

アジア系と音楽

★エスニック伝統と多様性のなかでの創造・実践・消費★

アジア系アメリカ人は歴史を通じて、出身国・民族の伝統文化とアメリカの多様な文化のなかで、自らの音楽を創造・演奏・聴取・消費しつづけてきた。

19世紀半ばから20世紀初頭にかけてのアジア系移民の多くにとってもっとも身近な音楽は、労働歌であっただろう。鉄道建設に従事した中国移民の労働歌や、ハワイのサトウキビ農場で日系移民が歌った「ホレホレ節」は、出身地域の民謡のしらべに現地での暮らしや労働の様子を歌うことばをつけ、作業のリズムに合わせて口ずさむことで、お互いを励ましあったり、歌詞を理解しない白人の監督の揶揄や労働状況への憤懣を表現したりするものだった。

移民たちの郷愁を癒し祖国とのつながりを保つのには、出身国の芸能人の巡業演奏が重要な役割を果たした。また、移民向けの劇場やホールが建設されると、コミュニティのメンバーたち自身が楽器や声楽の演奏会を催すようになる。また特に都市部において、音楽空間はアジア系移民たちが自らの伝統文化を実践・継承するだけでなく、アメリカのほかの人種や民族と交わる場でもあった。例えば、１９２０年代から１９３０年代にかけて、カリフォルニアなどの都市部ではフィリピン系男性移民労働者たちが「タクシー・ダンス・ホール」と呼ばれた商業施設に足繁く通い、白人女性と踊った。

日系やコリア系の写真花嫁の流入などによってアジア系二世・三世が誕生すると、アメリカ生まれの若者たちは人種による排斥や差別を受けながらも学校や地域コミュニティ、映画やラジオなどのメディアや大衆文化を通じて、ジャズやティン・パン・アリー、ビッグバンドなどのジャンルも消費・演奏して、自らの文化の一部としていくようになった。戦前のハワイでは多くの日系人がハワイアン・バンドで活躍し日本でも人気を博し、1930年代のサンフランシスコのチャイナタウンでは、Forbidden City と名付けられたナイトクラブで、中国系アメリカ人の芸能人たちが主に白人の観客のために歌と踊りを披露した。

ハートマウンテン収容所で練習中のスウィングバンド
出典：カリフォルニア大学バンクロフト図書館所蔵

第二次世界大戦中の日系人強制収容所では、戦時転住局が収容者の士気向上のため余暇活動を奨励したことや、外界から隔離されて日系人が密集して生活したことなどから、音楽活動はさかんに行われた。キャンプ内の日系人教師が尺八や箏（こと）の指導にあたったほか、一部のキャンプでは歌舞伎の舞台が設置され、収容者たちによる公演もあった。また、収容所内外の教師によって西洋クラシック音楽のレッスンも行われ、さらに人気を集めたのが、ダンスパーティなどで演奏したジャズのビッグバンドであった。こうした音楽活動を通じて、日系の収容者たちは伝統文化を保存・継承しつつ、「アメリカ人」であることを自他に訴えてもいたのである。

第二次世界大戦後のアメリカによる軍事介入そして占領や軍事基地は、アジア太平洋地域に新しい音楽文化をもたらし、軍とエンタメ産業の協働によって新たな人や音楽の移動も生まれた。例えば、朝鮮戦争中に駐留米軍向けの舞台で歌や踊りを演じた韓国の3人姉妹「キム・シスターズ」は、テレビ番組「エド・サリヴァン・ショー」で注目を集めたのをきっかけにアメリカに拠点を移し、ラスベガスなど全米で人気を博し、現代アメリカにおける韓流ブームの先駆け的存在となった。

1971 年ニューヨークで演奏するチャーリー・チン、ノブコ・ミヤモト、クリス・イイジマ（Bob Hsiang ©2024）

１９６０年代後半から興隆したアジア系アメリカの社会運動においては、音楽も重要な役割を果たした。カリフォルニアで育ち強制収容所で戦時中の年月を過ごした日系三世のノブコ・ミヤモトは、クラシック音楽とバレエを学び、映画やブロードウェイ・ミュージカルに出演するが、ブラック・パンサー党やアクティビストのユリ・コチヤマの活動に触れることで、黒人闘争やベトナム反戦運動に身を投じるようになる。１９７０年シカゴで開催されたアジア系活動家の大会での出会いをきっかけに、彼女はハワイ出身のクリス・イイジマとニューヨーク出身のチャーリー・チンとバンドを組んで全米各地をまわり、音楽を通じて人種的マイノリティの連帯と互助、そして平和と民主主義への社会変革を訴えた。この３人によるフォーク、ソウル、ジャズ、ブルースの要素が融合した音楽は、１９７３年に『A Grain of Sand: Music for the Struggle of Asians in America』として発売され、史上初のアジア系アメリカのアルバムとして知られている。

エスニック・アイデンティティとコミュニティ運動の高まりのなかで、アジアの伝統楽器や民俗音楽を学び、継承する動きも生まれてきた。１９７０年代にカリフォルニアのサンノゼの日系コミュニティで始まり全米各地に広がった和太鼓の演奏や、大学キャンパスで重要な役割を果たす「フィリピノ・ナイト」で演奏される音楽などはその例である。

24K マジック・ワールド・ツアー中のブルーノ・マーズ（slgckgc, CC BY 4.0）

１９６０年代頃からは、西洋クラシック音楽におけるアジア系の存在が顕著である。チェリストのヨーヨー・マやピアニストのラン・ランなどの世界的スターの活躍、全米の音楽院やオーケストラ、主要コンクールなどに占めるアジア系音楽家の割合の高さから、クラシック音楽に従事することはアジア系アメリカ人のステレオタイプの一部とすらなり、「モデルマイノリティ」言説を強化してもきたが、ブラック・ライヴズ・マター運動の拡大以降、構造的人種主義や西洋白人文化至上主義に異議を申し立て、現代社会にレレバンスをもつ、多様で流動的な「クラシック音楽」を模索するアジア系音楽家も増えている。

現代アメリカにおいて様々なジャンルで国際的な活躍をしているアジア系ミュージシャンには、交響曲や映画音楽の作曲で知られる中国出身のタン・ドゥン、ヨーロッパなど世界的に活動する日系三世の指揮者ケント・ナガノ、シタール奏者のラヴィ・シャンカーを父にもつシンガーソングライターのノラ・ジョーンズ、ハワイ出身フィリピン系のポップ・アーティストであるブルーノ・マーズ、彼とデュオ「シルク・ソニック」を組むコリア系・アフリカ系ミックスルーツのラッパー、アンダーソン・パク、ニューヨーク育ちの中国系・コリア系の女優・コメディアンでもあるラッパーのオークワフィナなど、枚挙にいとまがない。また、昨今のKポップブームのなかで、韓国とアメリカをまたいで活動を続けるコリア系アーティストも多くなっている。

（吉原真里）

◆参考文献

Wang, Grace. *Soundtracks of Asian America: Navigating Race through Musical Performance* (Durham: Duke University Press, 2015)
Wong, Deborah. *Speak it Louder: Asian Americans Making Music* (New York: Routledge, 2004)
吉原真里『「アジア人」はいかにしてクラシック音楽家になったのか？――人種・ジェンダー・文化資本』アルテスパブリッシング、２０１３年。
早稲田みな子『アメリカ日系社会の音楽文化――越境者たちの百年史』共和国、２０２２年。

33

アジア系とラップ

「こえるこえ」

2021年1月27日、毎日新聞はキャンペーン報道「にほんでいきる　外国からきた子どもたち」の2020年度新聞協会賞受賞を記念したオンラインイベントを開いた。「外国からきた若者たちは、日本でどう生きるのか？」をテーマに語り合った。このイベントで筆者は「2hom de I kill」という身の周りの韓国系、フィリピン系の移民を題材にした曲を発表し、そのフックは「APLsong」をサンプリングしたタガログ語でラップした。

2010年頃、私は川崎南部のフィリピンコミュニティでフィリピンルーツの若者たちにラップやダンスを教えていた。その若者たちにとって「APLsong」は全員で歌えるアンセムになっていた。当時私は家庭の事情で日本に連れてこられたリチャードにラップを教えていた。リチャードは恵まれない環境に負けず、工場で働きながらAPLに憧れ、ラッパーになることを夢見ていた。私はフィリピン系アメリカ人のAPL、そして彼がどんなことを歌っているのかとても気になった。

APLは、フィリピン出身でありブラック・アイド・ピーズ（Black Eyed Peas）のメンバー。「APLsong」は2003年にリリースされ全米で320万枚、世界で800万枚以上売り上げた大ヒットアルバム『Elephunk』に収録されている。バースは英語で彼の故郷であるフィリピンの貧困、それによる弟の自殺について語っているがフックはタガログ語でこう歌われている。

Lapit mga kaibigan at makinig kayo
Ako'y may dala-dalang balita galing sa bayan ko
Nais kong ipamahagi ang mga kwento
At mga pangyayaring nagaganap sa lupang ipinangako」

友達よ、もっと近づいて聞いてくれ
故郷からの話を持ってきた
物語を共有したい
そして約束の地で起こっている出来事を

このフックは1970年代から1980年代にかけてフィリピンで活躍したフォークロックバンドであるASINの「balita（ニュース）」という曲のサビをそのままサンプリングしている。

この出来事は在日コリアン2・5世である私にある記憶を思い出させた。日本語ラップの第一人者であるZEEBRAの「俺は東京生まれ、ヒップホップ育ち、悪そうな奴は大体友達」は私にとってしっくりきてなかったこと。「川崎生まれ、韓国育ち、エスニックマイノリティは大体友達」だった私にとって韓国系アメリカ人のラッパー、Tiger JKの存在があったから日本社会でサヴァイバルできたことを思い出したのだ。

韓国のラッパーでレジェンドだと誰もが認めるTiger JKは1974年に韓国のソウルで生まれた。12歳の時にアメリカに移住した彼は1992年のロサンゼルス「暴動」でのコリア系アメリカ人とアフリカ系アメリカ人の衝突と暴力を目の当たりにする。この経験は彼に深い影響を与え、ヒップホップを使って両コミュニティ間の対話を生み出したいという願望を持つようになる。1995年、Tiger JKはソロアルバム『Enter The Tiger』を韓国のオアシスレコードからリリースした。韓国でリリースしたにもかかわらず、このアルバムの2曲目の「Kid from Korea」は韓国からきた子を意味し、また9曲目の「Afrodisia」はロサンゼルスのラジオ局でアフリカ系アメリカ人からインタビューを受けているスキットで、内容はアフリカ系アフリカ人の司会者から「アフリカンマーケットでメチャメチャフレッシュなライヴをしてたのがつい最近だった感じなのにもうこんなに成長したんだね。韓国で大成功して、神の祝福があるといいね」というやりとりを紹介している。当時、コリア系アメリカ人がアメリカでラッパーとしてデビューするロールモデルはなく、英語でしかラップができなかったとしても自分のルーツである韓国でデビューするのが当たり前だと思っていた時代だったと感じさせられる。

しかし、彼が韓国でデビューしたことで、私は英語でラップするコリア系アメリカ人のラッパーの存在を知ることができ、島国で日本語ラップやUSラップしかしらない人よりも優越感が湧いた。この時のフィーリングはリチャードと同じものではないが似たものだったのかもと想像してみる。

アメリカにおいてアジア系のラッパーが自身の文化的アイデンティティを前面に押し出すことで成功する可能性を感じるには２００２年まで待たなければならない。

２００２年、MC JinはＢＥＴ（Black Entertainment Television）のテレビ番組「106 & Park」のフリースタイルフライデーというラップバトルに参加し、アフリカ系アメリカンを相手に「メイドインチャイナ」、「フォーチューンクッキー」など自身のルーツを前面に押し出し、７週連続で勝利した。それによってＤＭＸ、Eve、Jadakissらが所属するハードコアヒップホップとストリートカルチャーを代表するレーベル、Ruff Ryders Entertainmentとの契約を掴んだ。

彼のデビューシングル「Learn Chinese」は、中国系アメリカ人としてのアイデンティティを前面に押し出した作品で、注目を集めた。曲は「Yeah, I'm Chinese and what?」から始まり、

We should ride the train for free, we built the railroads
I ain't ya 50Cent, I ain't ya Eminem
I ain't ya Jigga Man, I'm a Chinaman

俺たちが線路を作ったんだから電車賃は当然タダだ、
俺は50 CentでもEminemでもJay-Zでもなくチャイナマンだ

19世紀末に中国系移民の歴史をリリックにし、ラップすることで、アメリカ国内のみならず、抑圧的歴史に苦しむ世界中の人びとに響き、ラップの可能性を広げる作品となっていった。

また曲の最後ではハイチ出身のアメリカのラッパー Wyclef Jean が「First Chinese rapper」(最初の中国人ラッパー)、「First asian rapper」(最初のアジア人ラッパー)とシャウトしている。しかし彼の音楽は、一部で高く評価されたものの、商業的成功には至らなかった。

この状況が劇的に変化したのが２０１５年、Keith Ape - 잊지마 (It G Ma)(feat. JayAllDay, Loota, Okasian & Kohh) のリリースだ。この楽曲は、YouTube で再生回数８８２８万３０３８回(２０２４年2月23日現在)を超え、アジア系アーティストの作品としては異例の成功を収めた。

ニューヨークのタイムズスクエアに日本のラッパー（ＬＡＮＡ）の広告が載っている様子

今やニューヨークのタイムズスクエアにデカデカと19歳の日本のラッパーが広告に載るような時代になった。ラップは単なるマイノリティの叫びでなく、全世界の市民権を得たのである。

ラップはたった一人でも社会に対する違和感を発信できるメディアとして生まれ、そのスピリットは人種や国境を越えて、私の魂に触れた。この精神が規範を作ったり、保守的になるのではなく、今は声にならない声を反映するためにもっともっと転がっていってほしいと思う。その声が声にならない声を勇気づける声であるように。

（ＦＵＮＩ）

◆参考ＵＲＬ

Keith Ape - 잊지마 (It G Ma) (feat. JayAllDay, Loota, Okasian & Kohh) https://www.youtube.com/watch?v=DPC9erC5WqU

MC Jin - Learn Chinese https://www.youtube.com/watch?v=fB9ShKka_v4

The Black Eyed Peas - The APL Song https://www.youtube.com/watch?v=u3wUZw9S2PM

※Tiger JKやＡＳＩＮ、MC Jinの音源は音楽ストリーミングサービスや動画サイト等で確認可能なので、興味のある方はぜひ検索してみて下さい。

34

アジア系とアート

★戦略としてのカテゴリー★

一般的にアジア系アメリカ人アートとは、アメリカ国籍を有し、アメリカを主要な拠点として活動しているアジア系の作家の美術作品を指し示すが、より広義には、アジアにルーツを持ち、国籍の有無を問わず、アメリカを拠点とし、祖国やヨーロッパの国々を渡り歩く、いわば越境するアーティストたちの作品も含まれる。この拡大された枠組みには、日本でも知名度が高い、国吉康雄、イサム・ノグチ、ナム・ジュン・パイク、草間彌生、ス・ドホ、蔡國強といったアーティストたちの作品が含まれることもある。スミソニアン・アメリカ美術館はアジア系アメリカ人アートのコレクションをもつ数少ない美術館だが、そのホームページには、アジア系アメリカ人アートという分類について「安定したカテゴリーとしてではなく、包括的で可変的な領域」であり、アジア系アメリカ人の「多様なアイデンティティ、エスニシティ、そして芸術制作の方法に関わる」との説明がある。ではこのカテゴリーはなぜ、どのようにして誕生し、どのような意味をもつのだろうか。

アジア系アメリカ人とアートの関係は19世紀半ばにさかのぼる。アジア系移民の中には、移住してまもなく、写真スタジオを経営し、あるいは画家として美術展に参加する者がいた。また『タイム』や『ライフ』などの雑誌や新聞のイラストなど、幅広く商業美術の世界で活躍する者もいた。画家や陶芸家として西海岸で活躍したトシオ・アオキ（１８５４〜１９１２）はその一例である。歴史家のゴードン・チャンによれば、１８５０〜１９７０年までのカリフォルニアには、１０００人以上のアジア系のアーティストが存在していたと推測される。

しかしながら、これまでアジア系アメリカ人アーティストは、概して、主要な美術批評家からは評価されず、その作品の本格的なコレクションを行う美術館もほとんどなかった。ルース・アサワやナム・ジュン・パイクといった例外を除いては、美術市場でもその作品は相対的に廉価で取引されてきた。白人中心主義のアメリカの美術界から、「マイノリティのアート」として周縁化されてきたことがその大きな要因である。つまり、アジア系アメリカ人アートは、主流の「アメリカ美術の歴史」において、その存在を無視されてきたといっても過言ではない。スタンフォード大学キャンター・アーツ・センターのディレクターであるマーシー・クォンが指摘するように、アジア系アメリカ人アーティストは不可視の存在に等しく、いわば「ゴースト」として扱われてきたのである。またかろうじてその作品が言及されるとしても、第二次大戦前までは人種化と連動し、「オリエンタル」という形容詞とともに、「遅れた」、「劣るもの」として美術批評家や研究者からは分類されてきた。

批評家からの評価もなく、主要な美術館からの支援も受けられなかったため、アジア系アメリカ人アーティストはコミュニティを拠点として、細々と活動し続けていたが、その状況に変化が訪れたのは、第二次大戦後、とりわけ１９５０〜60年代だった。マイノリティの権利拡大運動が盛んになり、

「アジア系アメリカ人」という言葉が作られたとき、「アジア系アメリカ人アート」というカテゴリーも誕生したのだ。

アーティストたちは、他のマイノリティ集団との連帯を意識した活動を展開した。例えば、フィリピン系アメリカ人アーティストのカルロス・ヴィラは、1976年にサンフランシスコ美術大学にて「アザー・ソーシズ――アン・アメリカン・エッセイ」展をキュレーションし、アサワ、バーニス・ビング、ロバート・コールスコット、リンダ・ロマハフテワといった、アジア系のみならずアフリカ系アメリカ人などの多様なマイノリティの作品に焦点をあてた。アーティストでもあり美術史家でもあるマーゴ・マチダは、アメリカ美術界の白人中心主義に疑問を感じ、1990年、ニューヨークを拠点とするアーティスト・コレクティブ、「ゴジラ」を他のアジア系アーティストとともに創設した。

マチダはアジア系アメリカ人アートの展覧会を数多くキュレーションし、特に1994年の「アジア／アメリカ――現代アジア系アメリカ人アートのアイデンティティ」展や、2006年の「ワン・ウェイ・オア・アナザー――アジア系アメリカ人アートの現在」展によってアジア系アメリカ人アートの存在を全米レベルに周知させた。全米を巡回したこれらの展覧会においてマチダは、多文化主義とそれ以降のアジア系アメリカ人アーティストたちが、どのようにアイデンティティを形成し、祖国の文化や、「東洋／西洋」という文化の二項対立を、あるいは個々のアメリカ体験を捉えているのかを主要なテーマとした。

21世紀において「アジア系アメリカ人アート」という枠組みにはどのような意義があるのだろうか。確かに、「アジア系アメリカ」という枠組みは流動的で可変的である。またこの枠組み自体が一つの

《ニュー・ワールド・モール》Stephanie H. Shih, *New World Mall,* 2021 , photo by Robert Bredvad

《リンロン・ボウルと八個のオレンジ》Stephanie H. Shih, *Ling Long Bowl with Eight Oranges*, 2022, photo By Robert Bredvad

ステレオタイプとして機能し、主流の美術界から「別のもの」として排除され、本質主義を招く恐れもある。さらには、作家自身がそのルーツについて表現することを意図していない場合、作品分析の方向性を誤らせるかもしれない。

しかし一方で、依然として白人中心主義的な主流の美術界において、アジア系の作家がデビューし、注目を集めるのには困難を伴う。そういった中でこの枠組みは、一つの戦略として利用価値が十分にある。さらには、「ポスト・レイス」や「カラー・ブラインド」の状況において、アジア系アメリカ人アートは、多文化主義時代以前とは異なる形で、見えにくい存在になる恐れがあり、その存在や作品をあらためて可視化する枠組みになりうる。

注目すべき若手アジア系アメリカ人アーティストの一人として紹介されることが多い、ステファニー・H・シー（b. 1986～）のセラミック作品は、いわばポスト「ポスト・レイス」以降のアジア系アメリカ人アートの好例である。台湾系アメリカ人二世のシーは自らが体験してきた移民家庭の食文化を諧謔や皮肉をもって表現している。《ウィンドウ》（2020年）、《ニュー・ワールド・モール》（2021年）、《オープン・サンデイズ》（2022年）、《リンロン・ボウルと八個のオレンジ》（2022年）といった作品においては、中華料理店の店先に吊るされる鳥の丸焼きや青島ビールを模した彩色セラミックのオブジェが登場し、陶磁器という「オリエンタル」な表現形式とともに、中国や台湾からの移民に関する人種のステレオタイプが想起される。しかしそこには同時に、リアルマヨネーズやピーナッツ・バターといったアメリカのスーパーマーケットにある大量生産品もある。さらには、フィリピンや日本の食料品も混在している。ここでは、アメリカで暮らす移民の台所と、そこに押し寄せるグローバルな食文化の波が示唆されている。この作品には、台湾系アメリカ人のシーの目を通した21世紀のアメリカの食文化が表現され、多文化主義や「カラー・ブラインド」以降のアジア系アメリカ人のリアリティが垣間見られるのだ。

（江崎聡子）

◆参考文献

Chang, Gordon H., Mark Dean Johnson, Paul J. Karlstrom, and Sharon Spain eds. *Asian American Art: A History, 1850-1970*. Stanford, CA: Stanford University Press, 2008.

Kwon, Marci. "Asian American Art, Pasts and Futures," *Panorama: Journal of the Association of Historians of American Art*, 7-1 (Spring 2021).

竹沢泰子『アメリカの人種主義――カテゴリー／アイデンティティの形成と転換』名古屋大学出版会、2023年。

35

アジア系と演劇

★統合的アイデンティティ探求からトランスボーダー化へ★

アジア系として初めてニューヨークの商業劇場で上演された『鶏小屋のチャイナマン』（1972）の作者で中国系二世のフランク・チン（1940〜）をはじめとする、いわゆる「第一世代」の劇作家による創成期のアジア系演劇は、アフリカ系アメリカ人の公民権運動に触発された、1960年代後半の「アジア系アメリカ人運動」の中で生まれた。そして、「第一世代」の劇作家たちは、「アジア系アメリカ人としての独自の経験／感性」をもとに、人種差別と葛藤しながらも、「アジア人」でもなく、「（白人の）アメリカ人」でもない、アジア系アメリカ人独自のアイデンティティの探求する姿を描くことを「前提」に創作をしてきた。それゆえ、アジア系アメリカ演劇は、独自の「アジア系アメリカ人」としての統合的アイデンティティを探求し、またエンパワーメントのためにそのアイデンティティ・ポリティクスを表明していく場に他ならなかった。「第一世代」のアジア系劇作家の作品は、主としてアジア系劇団によって、全米各都市のコミュニティ・シアターにおいて、アジア系コミュニティの観客をターゲットとして上演された。そうしたアジア系劇団の中で最も長い歴史を持ち、そして現在でも

第35章
アジア系と演劇

最も活発な活動を続けているのは、ロサンゼルスのイースト・ウエスト・プレーヤーズ（1965年創設。以下、EWPと略記）である。1970年代のアジア系演劇は、EWPなどのアジア系劇団と、日系二世のワカコ・ヤマウチ（1924～2018）やモモコ・イコ（1940～2020）などの「第一世代」のアジア系劇作家との共同作業による地道な上演活動によって発展していった。

1980年代になってから、日系三世のフィリップ・カン・ゴタンダ（1951～）、中国系二世のデイヴィッド・ヘンリー・ホワン（1957～）、アフリカ系の元米兵の父と日本人の母を持つ「アメレイジアン」のヴェリナ・ハス・ヒューストン（1957～）などアジア系劇団で育った「第二世代」の劇作家たちは、アジア系コミュニティを超えて、より広い層の観客にアピールする作品を発表し始めた。特に1988年にブロードウェイ上演された『M・バタフライ』で、作者ホワンは、プッチーニのオペラ『蝶々夫人』（1904）によって西洋にあまねく流布した、西洋男性との愛を貫くために自らの命を絶つ、献身的で従順な東洋女性というオリエンタリスト的言説に、中国人スパイの元京劇女形俳優と20年あまり同棲していた元フランス人外交官の男が機密漏洩罪でフランスの法廷で有罪判決を受けたという「実話」を巧みに組み合わせた。作者自ら「脱構築主義者の『蝶々夫人』」と呼ぶ、この劇の結末において、獄中の囚人たちの前で東洋女性に扮し、女物の着物、日本髪のかつらを身にまとい、芸者風の白塗りの化粧をした元フランス人外交官ガリマールは自らが追い求めてきた「完璧な（東洋）女性」は自分の中の単なる幻想にすぎなかったということを告白しつつ、オペラ『蝶々夫人』結末の自害のシーン場面を再現して、そのオリエンタリスト的言説を見事に脱構築して見せた。本作品によって、ホワンは、幅広い観客・批評家の評価を勝ち得て、1988年にアジア系初のトニー賞を受賞した。

１９９０年半ば以降、多文化主義的潮流の中で、エスニシティだけでなく、ジェンダー、セクシュアリティなどの多様なバックグランドを持ち、ソロ・パフォーマンス、ミュージカルなど多様な演劇的形式・手法をとる「第三世代」の劇作家たちが活躍し始めた。例えば、ロサンゼルスを中心に活躍する日系・中国系三世のダン・クワン（１９５１〜）は『ドードー・ワクチン』（１９９６）などのマルチメディアを駆使した自伝的ソロ・パフォーマンスで、アジア系男性のマスキュリニティの不安を描いた。これまでアジア系コミュニティでタブー視されてきたエイズや同性愛を詩的言語で描いた、シンガポール生まれのゲイ劇作家チェイ・ユウ（１９６５〜）の『白磁』（１９９３）と『他者の言葉』（１９９５）は、アメリカだけでなく世界各地で上演された。また、オフ・ブロードウェイでも上演された、コリア系二世女性ダイアナ・ソン（１９６５〜）の『ストップ・キス』（１９９８）はホモフォビア（同性愛嫌悪）とヘイトクライムと闘う２人の女性の絆を描いた。

こうした「第三世代」の劇作家たちに交じって、前述のデイヴィッド・ヘンリー・ホワンも、『M・バタフライ』以降、現在に至るまで、人種、国家、言語等の境界を越えたトランスボーダーなテーマに取り組み、多様なジャンルで精力的に演劇活動を続けている。例えば、『イエロー・フェイス』（２００７）は、１９９０年の『ミス・サイゴン』のブロードウェイ初演時の白人優越主義的配役をめぐる論争、およびその論争をパロディ化した１９９２年の自作劇『フェイス・ヴァリュー』の失敗を逆手にとって、作者の分身と思しき、中国系の政治的スキャンダルに翻弄される主人公のアジア系劇作家ＤＨＨを描くメタシアター的演劇である。また、『チングリッシュ』（２０１１）は、作者が中国を訪問したさいの自らの経験をもとに、経済発展著しい中国に進出を試みるアメリカ人のビジネスマンが、中国の独特の言語・文化・風習、共産主義的官僚制度に阻まれて苦闘する姿を英語・中国語（台詞と舞台の中央上部のスクリーンに投影される字幕）の二言語併用で描いている。『ソフト・パワー』（２０１８）は、21世紀初頭にアメリカに迫るほどの経済力をつけた中国の視点からアメリカを後進的でエキゾチックな存在として逆照射した「『王様と私』の反転版」とも言うべきミュージカル劇で、２０２０年度ピューリッツアー賞（演劇部門）のファイナリストに選出されたが、惜しくも授賞を逃した。

アジア系劇団 EWP の本拠地、リトル・トーキョーのユニオン芸術センター（旧ユニオン教会を改修した建物）の中の D・H・ホワン劇場
提供：ダン・クワン氏 ©Dan Kwang

アジア系アメリカ演劇総合サイト「エイジアン・アメリカン・シアター・レビュー」によると、新型コロナウイルス・パンデミックにより、２０２０年3月末にブロードウェイの劇場の一時閉鎖（～２０２１年9月）をはじめ、全米各地の劇場が次々に一時閉鎖の事態に追い込まれる中、アジア系演劇にも深刻な影響を与えたことが見てとれる。例えば、アジア系劇団の代表格ＥＷＰは、２０１９～20年シーズンの最後の演目、スティーヴン・ソンドハイムのミュージカル『アサシンズ』を初回上演後、パンデミックを理由に上演中止した。「コロナ禍」の２０２０～21年シーズンは、「異なる世界の間で――時間、空間、歴史を貫く旅」というテーマの下、オンデマンドのストリーミングによる上演配信が行われた

（次年度まで継続）が、この「劇場」の時空的制約を超える取り組みは、図らずも演劇のトランスボーダー的可能性を示した。２０２３年４月以降、ＥＷＰが「コロナ禍」以前の上演形式に戻すなど、アジア系演劇界にコロナ前の「日常」が戻る中、２０２３年度のピューリッツアー賞（演劇部門）をイラン系女性サナズ・トゥーシ（１９９０〜）の『イングリッシュ』（２０２２）が受賞、中国系ロイド・スー（１９７５〜）の『ファー・カントリー』（２０２２）が同賞ファイナリストに選出されたというニュースは、ポスト・コロナ期のアジア系演劇にとって明るい未来を示す一筋の光明となった。

（山本秀行）

◆参考文献

Boles, William C. *Understanding David Henry Hwang*. U of South Carolina P, 2013.
Lee, Esther Kim. *A History of Asian American Theatre*. Cambridge UP, 2006.
——, *The Theatre of David Henry Hwang*. Bloomsbury, 2015.
Lee, Josephine. *Performing Asian America: Race and Ethnicity on the Contemporary Stage*. Temple UP, 1997.
原恵理子「アジア系アメリカ演劇・パフォーマンス――見えるもの／見えないものを表象する」山本秀行他編『アジア系アメリカ文学を学ぶ人のために』世界思想社、１６０－81頁、２０１１年。
古木圭子「ヴェリナ・ハス・ヒューストンの戯曲にみる多文化多人種の象徴としての「茶」の役割」山本秀行他編『アジア系トランスボーダー文学――アジア系アメリカ文学研究の新地平』小鳥遊書房、１９７－２１０頁、２０２１年。
山本秀行『アジア系アメリカ演劇――マスキュリニティの演劇表象』世界思想社、２００８年。

36

アジア系と文学

★その多義性とトランスナショナルな転向をめぐって★

ここではまず「アジア系と文学」というこの項目の多義性に注目し、アジア系文学とアジア系アメリカ文学の2つに分けて考えて概観していくことにしたい。初期のアジア系移民によって書かれた作品をアジア系文学とするなら、アジア系アメリカ文学は一般的にアメリカで育ち、英語で描かれ、アメリカにおける生活をテーマにしたものを示す。この二区分は交錯する部分もあるが、アジア系文学は19世紀から第二次世界大戦にかけてのアジア系移民を含み、様々な言語や政治的主張をもつ文学といえる。そうなると移民で英語ではない形の文学活動のアジア系文学は、残存する文献をたどれば随分前までさかのぼることになろう。一方、アジア系アメリカ文学とは、主に１９６０年代公民権運動後のイエローパワームーブメント以降に出てくる作家群の文筆活動を指す。このことに加え、現在では20世紀後半から21世紀初頭にかけて活動し、アメリカに定住しないアジア系の背景をもつ作家が外側からアメリカ社会を描くものも「アジア系アメリカ文学」と区分づけられている。またこうした歴史的区分に加え、アジア系という言葉が、東は日本、西はサウジアラビアといったように多種多様なエスニック集団を示唆するのもこのエリアの特徴であり、様々なアジア系諸国すべてを包括して均等に説明することは難しい。したがってここではアジア系移民の歴史的背景そして移民の人口的枠組みを鑑みて、主に中国、日本、韓国、フィリピンに焦点を絞って解説していくことにする。

初期のアジア系文学——19世紀

19世紀を発端とした初期のアジア系移民の文学的ナラティブとは自身の人種的、文化的背景を語る伝記が主であり、アメリカの読者に対して自身の文化を紹介するという親善大使的な内容が主であった。そしてこのような書物を著し、出版しうる集団とは特権階級であることが多かった。例えば中国系移民ではリン・ユイタンが『わが祖国、わが人々』などで中国の民族性をアメリカに紹介し、日系ではエツ・スギモトが『武士の娘』においてアメリカと日本に生きる架け橋としての自身の人生を描いた。またコリア系ではヨンヒル・カンが東洋系ヤンキーとしての視点からのアメリカ観を展開している。一方これら特権階級に対し、フィリピン系ではカルロス・ブロサンが、その貧しい農民としての立場から『わが心のアメリカ』を著しているが、このような労働者階級の文筆活動が注目をあびることはかなり例外的なことであったことは言うまでもないだろう。

アジア系アメリカ文学の発端

こうしたアジア系移民文学に対し、第二次世界大戦後に登場するアジア系アメリカ文学とは、１９６８年にカリフォルニア大学の歴史学者ユウジ・イチオカが「アジア系アメリカ人」という人種区分を叫び始めたイエローパワー・ムーブメントを発端としており20世紀を中心にしている。アジア系の背景をもつマイノリティ集団が、60年代の公民権運動に触発され、西洋が一方的にアジア系に対してもっていた「オリエンタル」というアジア系全般を表象する形容詞に対し反発し、「アジア系アメリカ人」という人種区分を提示することでステレオタイプ的人種表象に抗う言説を作り出していく。この運動はＷＡＳＰ（白人のアメリカ人プロテスタント、かつイギリス系の上流階級の）文化への同化する姿勢を問い直し、モデルマイノリティといったアジア系アメリカ人にまつわる神話的言説を根底から覆すものであった。

こうした明確な歴史的区分がある一方で、イエローパワームーブメントにおける「アジア系アメリカ」という人種区分が叫ばれる以前から「アジア系アメリカ人」というスタンスを貫いて執筆活動を行っていた作家が存在していたのも事実である。例えば日系アメリカ文学のパイオニア的存在であるジョン・オカダは１９５７年に『ノー・ノー・ボーイ』を著し、戦後直後のシアトルにおいて、収容所から開放されたものの人種差別的アメリカ社会で葛藤する日系アメリカ人の青年の苦悩を描いている。本作は公民権運動前のこともあり、出版当初は黙殺同然の扱いを受けたものの、オカダの死後の70年代、まさにイエローパワームーブメントのただ中において再評価された。したがって50年代の出版であってもオカダの作品は「アジア系アメリカ」の精神を体現したものであり、アジア系アメリカ文学、ひいては日系アメリカ文学の正典という認識でとらえられている。

１９６０年代～１９７０年代のアジア系アメリカ文学

60年代から70年代のアジア系アメリカ文学はアフリカ系、ラテン系、先住民系といったエスニック集団との連帯もあり、アメリカ国家の社会政策に対しプロテストする形式をとっていくこととなる。そしてこのイエローパワームーブメントはアジア系アメリカ文学初のアンソロジーの作成にも大いなる影響を与えることになる。中国系アメリカ作家、フランク・チンを中心として編集された『アイイー！』（１９７４）は、白人中心のアメリカ社会において「去勢」されたアジア系移民の歴史を再考し、ステレオタイプを覆す目的から、戦闘的なアジア系の男性表象を模索するスタイルを戦略とした。

チンのアンソロジー作成自体は、この分野において極めて重要な動きであることは否めない。しかしそれによりアジア系アメリカ作家間で女性作家と男性作家との間に確執が生まれたことは想像しうる事態である。チンのアジア系アメリカ人の戦闘的男性性の表象を前面に押し出す姿勢は、１９７６年に『チャイナタウンの女武者』を著した中国系アメリカ人の女性作家マキシーン・ホーン・キングストンのアジア系の女性作家の立ち位置とそのフェミニズム的発想と大きく対立することになっていった。

１９８０年代～90年代――成熟期としてのアジア系アメリカ文学

70年代における男性作家中心の動きに対する反動も相まって、１９８０年代は女性作家の活動が顕著になっていく。アジア系アメリカ文学が急激に女性作家の発言の場へと転じていくが、これはキングストンの功績によるものともいえる。この時期は中国系アメリカ作家のエイミ・タンの『ジョイ・ラック・クラブ』が1989年に出版され、後に映画化もされた。またカナダではジョイ・コガワが『失われた祖国』で日系カナダ人の強制収容を詩的フレームで描き、アメリカではない北米収容経験の実態を伝えている。これらの女性作家群は母と娘の強い絆や衝突をテーマにし、今までの男性的発想を軸としたアジア系アメリカ文学に新しい潮流を生み出していくことになった。また演劇部門では、デイビット・ヘンリー・ホアンの『M・バタフライ』が上演され、フランス人の外交官を誘惑し、その人生を翻弄する女装の中国人男性の姿を描くなど、ジェンダー的多様性を含んだ作品がアジア系アメリカ作家群によって手掛けられることになる。

1990年代以降――トランスナショナルな転向

70年代から80年代にかけてのアジア系アメリカ集団内におけるジェンダーを基軸とした分裂、また設定をアメリカに限らずに展開するプロットを目の当たりにした時に、アジア系アメリカとは一体何であったのかという問いが喚起されるのは当然のことである。この分野が様々な集団やテーマ、地理的設定を含蓄していく上で、1990年代以降は、ディアスポラやトランスナショナルという概念も導入されていくが、アジア系アメリカという語が機能不全になりつつも、それなしでは済まされない語の乱用となっていく状態が顕在化されていく。アジア系アメリカ研究者のデイビッド・パランボ・リュウはアジア系アメリカが、アジアとアメリカという2つの人種的区分を跨ぐ主体であり、どちらがどちらに従属するのではなく流動性を伴ったものであると主張し、ハイフンではなくスラッシュを

カレン・テイ・ヤマシタ

使用した。これもアジア系アメリカがどのような立場から発言するのかという主体的位置の多様性に焦点をあてた発想であるといえる。

１９９０年以降のアジア系アメリカ文学は、アメリカという国家的枠組みを超える作家群が続々登場することになる。コリア系アメリカ作家のノラ・オッジャ・ケラーやチャンネ・リーは、第二次世界大戦における慰安婦問題をテーマに作品を書き、国家的枠組みから逸脱し自身のエスニシティを多角的にとらえる姿勢を示している。一方フィリピン系アメリカ作家のジェシカ・ヘゲドンはマルコス政権下のマニラを舞台にした『ドックイーターズ』を１９９０年に出版している。またベトナム戦争の記憶をテーマに『モンキー・ブリッジ』（１９９７）を著した戦争経験のない第二世代のラン・カオといったベトナム系作家も多様なナラティブの可能性を展開していくことになる。

こうした作家群と平行してアジア系アメリカ文学という区分をダイナミックに攪乱し、70年代から活動を始めた中に日系アメリカ作家カレン・テイ・ヤマシタがいる。第二次世界大戦後に生まれたヤマシタは、日系収容を経験しておらず、迫害経験のない日系作家のナラティブはプロテストという手段をとらない。初期の作品『ぶらじる丸』（１９９２）は南米の日系植民地を舞台にしたものであるが、北米では迫害されし日系としてのイメージが強い中で、本作では南米における日系を植民者的フレームで大胆に描き切った。南北アメリカにおける日系性の多面的諸相を描いたという点においてアメリカにおけるアジア系アメリカ文学のはらむ問題に真摯に向き合ったものといえよう。

2000年代――これからのアジア系と文学

また2000年代以降に関しては、90年代以上に色とりどりなアジア系作家群が登場する。インド系ではジュンパ・ラヒリが『その名にちなんで』（2003）においてインド系アメリカ人二世の文化的葛藤を描いている。また韓国系アメリカ作家のミン・ジン・リーは2017年『パチンコ』において、コリア系移民家族を4代にわたって描いている。舞台は日本統治下の韓国、日本そしてアメリカといったトランスナショナルな設定となっており、アジア系アメリカ文学というエリアを再定義する上でも重要な位置にいる作品である。アメリカが地理的設定ではなく、資本主義的イデオロギーとして他の国に潜在していくという点で、2000年代はアジア系アメリカ文学の新境地を示した作品が続々と生まれていくことになる。

以上のように現代のアジア系アメリカ作家は、アメリカで生まれ育ち、英語でその国家内のことを描く作家が権威的であるという今までのアメリカ文学、およびエスニック文学研究のスタンスに疑問を呈し続けている。そしてグローバル化の中でこれらの作家群の中には世界文学の一派になりつつある集団も出現している。アメリカにおけるアジア系と文学というテーマを日本において学ぶ意義とは、アジア系というエスニシティの多様性とアメリカという国家を批判的に見る姿勢を学ぶ機会となっていることは言うまでもないだろう。

（牧野理英）

◆参考文献

An Interethnic Companion to Asian American Literature. Ed. King-Kok Cheung. Cambridge UP, 1997.
Palumbo-Liu, David. *Asian/American: Historical Crossings of a Racial Frontier.* Stanford UP, 1999.
Wong, Sau-ling. C. *Reading Asian American Literature: From Necessity to Extravagance.* Princeton UP, 1993.
アジア系アメリカ文学研究会編『アジア系アメリカ文学――記憶と創造』大阪教育図書、２００１年。
植木照代監修／山本秀行・村山瑞穂編『アジア系アメリカ文学を学ぶ人のために』世界思想社、２０１１年。
エレイン・キム『アジア系アメリカ文学［作品とその社会的枠組］』植木照代・山本秀行・甲幸月訳、世界思想社、２００２年。

37

アジア系とコメディアン

★ステレオタイプとの闘いとその逆利用★

ユーモアは人間社会の矛盾や個人の対立から生じる怒りや衝突のエネルギーを安全な形で放出し、社会的緊張を緩和して暴力のエスカレーションを避ける役割を担ってきた。特に政治風刺は、洋の東西を問わず、権力者をコケにしたり、社会の不公正を鋭く揶揄したりすることで、庶民にとって異議申し立ての武器となる。

移民の出身国による選別が廃止された1965年以前、アジア系は主流文化において明確に「文化的他者」という位置に置かれていた。映画やテレビドラマのなかで、「見目美しく信用できない脅威（早川雪洲、アナ・メイ・ウォンなど）」、または「背が低く弁髪、あるいは眼鏡をかけた出っ歯の道化（『ティファニーで朝食を』のミッキー・ルーニーなど）」という両極端の典型的イメージで描かれ、多くの場合、アジア系の役柄は浅黒く吊り目のメイク（イエローフェイス）を施された白人俳優が演じていた。70年代以降にアジア系俳優がアジア系の役を演じるようになった後も道化的なイメージは残り、初期のアジア系コメディアンの姿にはその影響を見ることができる。

例えば、ジャック・スーは、1975年から1982年まで放映されたニューヨーク市警察署を舞台としたテレビコメディ『バーニー・ミラー』のニック・ヤマナ役で知られる。スーは日系人で、本名はゴロウ・スズキである。トパーズ収容所に強制収容された彼は、キャンプのダンス・パーティでエンターテイナーとして活躍し、戦後に本格的なスタンダップ・コメディアンになった。映画界に進出する過程で中国風に芸名を変え、ニックネームだった「スー」を選んだ。道化的容姿で人気を博したが、アジア系を貶めるような役には出演を拒否し、そのような表象に反対を表明した。

韓国生まれのジョニー・ユーンは、韓国語訛りを巧みに使ってステレオタイプを揶揄するジョークで１９７０年代から80年代にかけて活躍した。自ら監督・主演した『ニュー・アメリカン・ヒーロー笑龍密使』はブルース・リーのパロディ映画である。ユーンが人気を得たのは、ブルース・リーによってエンタメ界でアジア系の存在感が上がったことと関係する。空手、カンフーなどのイメージをコミカルに使うアジア系の典型的なコメディの一つのスタイルが、ここに構築された。この系譜はジャッキー・チェンによって引き継がれた。チェンは香港で京劇や中国武術の訓練を受けており、映画スターの容姿も備えていたが、コミカルな要素を前面に出すことで、それまでどちらかと言えば周縁的娯楽であったカンフー映画を主流エンターテインメントへと押し上げた。

映画界でアジア出身の俳優が活躍する潮流は続いており、映画とスタンダップ・コメディにまたがって活躍するロニー・チャンは、この中で最も成功している一人である。彼はアジアやアジア系に対するステレオタイプをひねって茶化す芸風で知られ、「中国系は拝金主義」、「アジア系は数字に強い」といったジョークを連発し、「勤勉で知られるアジア系を大統領にしたら、アメリカの問題は一週間ですべて解決する」と豪語する。ステレオタイプをストレートにジョークにできるのは、シンガポールとアメリカで育った中国系マレーシア人というコスモポリタンな現代アジア人の持つ自信の表れかもしれない。外国人の視点からアメリカの矛盾をつく辛口の揶揄は、南アフリカ出身のトレバー・ノアなどとも共通する特徴だ。

一方、幼い時にアジアから連れてこられた移民の体験や2世の悩みをジョークにして笑いと共感を得る芸風もある。子どもに猛勉強や堅気の仕事を押し付けようとする親とアメリカ化され自由を求める自分との世代間ギャップ、親のアジア的風習や行動（ものを捨てない、食べることを強いる、などが典型的な例）に対して抱く2世の当惑などは、多くのアジア系コメディアンが取り上げるネタである。アジア系移民が１９７０年代から劇的に増えたことで、彼らの人口動態が世代や文化のギャップとちょうど交錯しているのだろう。香港生まれのジミー・Ｏ・ヤン、台湾生まれのアッコ・オカツカなどが代表的である。ハワイ出身のユーチューバー、ライアン・ヒガは、Ｋポップのパロディをネタとした「ボーイズ・ジェネラリー・エイジアン（Boys Generally Asian）」というグループを結成し、コミカルなビデオで人気がある。２０２０年4月、新型コロナウイルスの流行とともにアジア系アメリカ人へのヘイトクライムが増加した頃、ヒガはユーチューブで「ＣＯＶＩＤ-19に関する新研究でアジア系を殴ることで感染予防することはできないことが確認される（New COVID-19 Study Confirms: Beating Up Asians Does NOT Prevent Coronavirus）」というタイトルのパロディー・ニュース番組を公開し、再生回数は７００万回を超えている。

エスニックな要素に必ずしも頼らないアジア系コメディアンもいる。サンフランシスコ生まれの

オークワフィナ（Casi Moss, CC BY-SA 2.0）

アリ・ウォンは下ネタ系ジョークで有名である。セクシュアルなジョークを多用するコメディアンは多いが、ウォンは女性の性を赤裸々に暴くジョークのドギツさで一段抜けている。２０２３年には主要な登場人物のすべてをアジア系の俳優が演じるテレビドラマ『ビーフ（Beef）』で主演し、「ゴールデン・グローブ賞」の最優秀女優賞を受賞した。ニューヨーク出身のオークワフィナは13歳からラップを始め、ユーチューブビデオで名を馳せ、多くの映画でコミカルな役をこなしている。マーベルのアジア系スーパーヒーロー『シャン・チー／テン・リングスの伝説』でヒロイン役を演じたが、白人ヒーローには美女のヒロイン、黒人ヒーローには戦闘的ヒロインがつくのに対し、アジア系ヒーローにはなぜコミカルなヒロインが設定されたのか、分析が必要だろう。彼女はメディアでは当然アジア系としての登場が多いが、黒人文化を通じた自己表現を本人は好んでおり、それが「文化の盗用」などとして物議を醸すのもアイデンティティ・ポリティクスの国ならではである。ちなみに２０１８年にアメリカで大ヒットしたロマンティック・コメディ『クレイジー・リッチ！（Crazy Rich Asians）』では、オークワフィナ、ロニー・チャン、ジミー・O・ヤンがドタバタ喜劇を演じ、映画のヒットに大きく貢献した。

最後に、政治的風刺を専門とするコメディアンを紹介しよう。ネットフリックスで２０１８年から２０２０年までレギュラー番組「ハサン・ミナージの愛国法（Patriot Act of Hasan Minhaj）」をホストした南アジア系イスラム教徒のハサン・ミナージは、２０１９年タイム誌による「世界で最も影響力のある１００人」に選ばれた。彼はトランプが欠席したワシントン記者クラブのディナーでトランプ政権を厳しく揶揄して注目された。彼は、ジョン・スチュアート、スティーヴン・コルベール、トレバー・ノアといった大物政治風刺コメディアンに並ぶアジア系コメディアンであり、この業界への南アジア系アメリカ人の進出に扉を開いた。

アジア系アメリカ人はアメリカ社会のなかで、「永遠の外国人」と「模範的市民」という相矛盾するイメージを背負わされてきた歴史がある。彼らに付与されてきた文化・社会構造におけるこの独特の位置づけは、アジア系コメディアンのコメディの内容にも大きな影響を与えてきた。したがって、アジア系アメリカのなかのユーモアを観察・分析すること自体が、人種的ステレオタイプの脱構築につながることを期待したい。

（和泉真澄）

参考文献

Higa, Ryan, "New COVID-19 Study Confirms: Beating Up Asians Does NOT Prevent Coronavirus" (YouTube Video, Released April 25, 2020)<https://www.youtube.com/watch?v=FfMeHzVtnfs>

Soloway, Benjamin, "Hasan Minhaj: For Defining the Narrative of a 'New Brown America,' *by Foreign Policy*," *South Asia Journal*, February 11, 2018. <https://southasiajournal.net/hasan-minhaj-for-defining-the-narrative-of-a-new-brown-america/>

Saku Yanagawa『スタンダップコメディ入門――笑いで読み解くアメリカ文化史』フィルムアート社、２０２３年。

村山瑞穂「『ティファニーで朝食を』の映画化に見る冷戦期アメリカの文化イデオロギー――日系アメリカ人Ｉ・Ｙ・ユニオシの改変を中心に」『愛知県立大学外国語学部紀要 言語・文学編』39号、97－114頁、２００７年。

38

アジア系とフード

★アジアの祖国の食べ物がアメリカ料理になるまで★

旅の楽しみといえば食という人も多いだろう。食は社会的他者と自分の境界を知るきっかけにもなる。かつて日本人海外旅行客はどこへ行くにも必ず醤油と梅干しを携えていると揶揄されたものだが、グローバル化により、海外でも日本食へのアクセスが容易になった。しかし、最初の移民たちは新たな国へ祖国の食べ物と食習慣を持ち込んだ。食は日々の生活と健康を支える営みであるだけでなく、楽しみや娯楽であり、またコミュニティ内の結束を強め、個人の心の拠り所にもなるからだ。しだいに、食材を現地で栽培したり、現地で入手可能なもので代用したりするようになると、持ち込まれた食文化は風土に合わせて変容していく。一方で、新たな場所にいち早く溶け込もうとするあまり、祖国の食べ物が忌避の対象となることもある。アジア系アメリカ人の食文化も例外ではなく、それぞれの民族の移民の歴史や背景が異なるのと同様に、彼らがアメリカに持ち込んだ食文化もまた多様な変遷を辿ってきた。

中国からの移民は19世紀中期にゴールドラッシュによりサンフランシスコを中心に急増したが、１８８２年には中国人排斥法が成立し、社会的差別は一層強まることとなった。困難な状況のもと、中国系移民たちのなかには飲食店を切り盛りするものもいた。20世紀転換期になると彼らは現地で調達可能な食材を使い、非中国系のアメリカ人顧客たちの好みに合わせて料理を振る舞った。結果として誕生したのは、広東系（台山）の料理にルーツを持ちながらも、鶏や豚の臓物類と野菜を炒めたチャプスイ、肉や野菜を麺と一緒に炒めたチャーメンといったアメリカ料理である。第二次大戦後になると、香港からの移民が海鮮料理や点心料理を通じてアメリカの中華料理の質を底上げした。また、中国本土のシェフたちが台湾経由でニューヨークにやってくると、四川料理や湖南料理にルーツを持つ、酸辣湯、中華おこげや宮保鶏丁（クンパオチキン）などが一気に全米に広まっていった。21世紀には非広東圏からの移民が増加するにつれ、より多岐にわたる地方料理が提供されるようになった。

他方で日系人のように、食習慣がコミュニティ内に限定されていたケースもある。19世紀中頃にハワイに渡った日系人たちは、排斥された中国系に代わって増加し、19世紀末には西海岸のサンフランシスコ、シアトル、ポートランドといった主要都市に移り住むようになる。こうした場所では日用品も扱う日本食料店が増加した。日系移民たちは当初からタクアン貿易と呼ばれる、日本各地で製造・缶詰加工された食品、調味料や乾物などの輸入に頼っていた。新興都市ロサンゼルスでは、20世紀になると日系人の増加にともない、日系飲食店が出現し、リトル・トウキョウに集中するようになった。なお、１９０３年創業の和菓子店風月堂は現在も営業を続けている。当時の日本食レストランの利用客は日系人に限られており、彼らはアメリカ人が食べるものはほとんど食べていなかった。日露戦争後に日系移民が排斥の対象になると、しばしば「生の魚を食う野蛮人」として差別された。さらに第二次世界大戦中は、二世たちの戦場での活躍の一方、西部に住んでいた多くの日系人が強制収容を経験した。その間日本との貿易が途絶えたため、同胞への支援としてキッコーマンから醤油が送られたのは当時の時代を映す象徴的出来事だったといえる。

スキヤキの人気がきっかけとなり、日本食レストランがアメリカ人たちに受け入れられるようになったのは戦後のことだった。進駐軍関係者や戦争花嫁により全米各地で日系コミュニティ外に醤油が広まったことも一因である。家庭での調理が簡単なテリヤキソースが考案され、店頭試食戦略を通じて販売されるようになり、徐々に日本食レストランにも客が訪れるようになった。天ぷらやしゃぶしゃぶも知られるようになった。１９６４年、ニューヨークにロッキー青木がベニハナというレストランを開店した。ベニハナはもともとアメリカ人たちが慣れ親しんでいた牛肉、鶏肉、エビを日本風に味付けし、顧客の目前の鉄板上でパフォーマンスを披露するかのように調理し、提供した。店内はサムライの鎧兜を設置するといったわかりやすい日本風装飾が施された。青木氏はまさに食のエンターテインメント性を重んじていたといえる。１９７７年には日本食人気をさらに高める追い風が吹いた。アメリカ政府機関による上院栄養問題特別委員会報告書、いわゆるマクガバン報告書の公表である。健康維持のためには魚と野菜、穀物を中心とした食生活が良いとして、その理想形として日本食が名指しされたのである。日本の経済成長にともない、日本国や文化のイメージも向上していた。１９８０年頃から都市部では、かつて野蛮とされた生食の寿司が注目を集めるようになる。そして１９８７年ロサンゼルスに店を開店したのが松久信幸シェフである。松久シェフはアメリカ人顧客の好みを理解しながら、就業経験のあるラテンアメリカの食材や調理法を日本食に巧妙に取り入れ、ハリウッド近くという場所柄もあって映画産業関係のセレブリティたちを魅了した。その後、ニューヨーク、ロンドン、東京と世界主要大都市を中心に拡大を続け、現在ではホテルも含め店舗数を50以上に伸ばしている（2024年5月現在）。21世紀に入るとニューヨークには一風堂（2008年）や一蘭（2016年）、ロサンゼルスにはつじ田（2011年）といった有名店の出店が続き、都市部の若者層を中心にラーメンブームが到来した。全米のスーパーマーケットや大学の食堂などにも手頃な価格の寿司の詰め合わせが並ぶようになり、日本食はお洒落でクールな食べ物に昇華したのである。

S. Yamashita 氏提供、南カリフォルニア発ブラジル×日本の手巻きレストラン

アメリカが世界で介入した戦争の後、やってきたコリア系やベトナム系が与えたアメリカ食文化への影響も大きい。ベトナム戦争を逃れボートピープルとしてアメリカにやってきたデイヴィット・トランは1980年より「シラチャー・ソース」という辛い調味料を製造し、アメリカ国内最大手となった。アメリカ生まれのスパイシーツナ寿司にも使われるなどアメリカの食卓に浸透し、世界中で人気が高い。都市部ではベトナム料理店やフォー専門店も増加した。

また、コリア系移民の増加により、ニューヨーク、ロサンゼルスなどには飲食店等が密集するコリア・タウンが出現した。アメリカで最も有名な韓国系フードの一つといえばコリアンタコスである。ロサンゼルスを拠点としたフードトラックとして2008年に登場したコーギーコリアンBBQは、メキシコのタコスに韓国のプルコギやキムチをのせて販売し、SNSを通じて移動経路を事前に宣伝する巧みな戦略で大人気となった。その創始者の一人であるロイ・チョイはその後料理番組等で活躍している。

以上のように、一言でアジア系フードといってもその展開は多様である。また各地で、コリア系やベトナム系の経営する日本食レストランといったようにエスニック集団間での交錯がみられる。ミシュランの星を獲得するアジア系高級レストランが登場し、モモフクを経営するデイヴィッド・チャンに続いて、各国の有名店で修行をしたアメリカ生まれのアジア系シェフが活躍するようになった。フィリピン系やインド系、東南アジア系のレストランの人気の高まりも顕著である。また、寿司、ラーメンと続いた日本食ブームは、近年では手軽にカスタマイズが可能な手巻き、さらに現地化したおにぎりへと広がっている。日本から高級寿司店が進出する一方、非日系人が所有する寿司屋も珍しくなくなった。アメリカ発のアジア系食文化は各々のエスニック集団の歴史のなかで育まれてきた。コロナ禍を経て、今後のアジア系フードのトレンドはなにかと想像をめぐらすこともまた楽しい。

（今井祥子）

◆参考文献

Chandavkl. "How After 150 Years Los Angeles Came to be the Chinese Food Capital of the United States (But Really a History of Chinese Food in the United States and My Personal Journey)." Chandavkl's Menuism Blog. April 14, 2023 (Accessed December 19, 2023) https://chandavkl2.blogspot.com/2023/04/how-after-150-years-los-angeles-came-to.html
小嶋茂「日本の食をアメリカに伝えた日本人移民（北米編）」キッコーマン国際食文化センター誌『ＦＯＯＤ ＣＵＬＴＵＲＥ』№６、２０１２年。

39

日系と博物館

★過去の不正義を語り継ぐ民主主義の守り手★

歴史的な日系コミュニティの一つ、ロサンゼルスのリトル東京にある全米日系人博物館（Japanese American National Museum 通称ＪＡＮＭ）は、日系アメリカ人の博物館として代表的なものである。アメリカにはアジアの芸術品を展示・所蔵する美術館は多数あっても、アジア系アメリカ人の歴史や文化を扱う博物館はあまり多くない。その中で日系アメリカ人に特化した全米日系人博物館は、第二次大戦中の日系人強制退去・強制収容の歴史を広くアメリカ社会に伝え、二度と同じ過ちを繰り返してはならないというメッセージを強く発信し続けることを最大の使命の一つとしている。

全米日系人博物館設立の萌芽は、戦中の強制退去・収容に対して補償を求める運動が高まっていた１９８０年代はじめ、日系退役軍人とビジネスマンのグループが、リトルトウキョウの再開発計画として日系アメリカ人の歴史を後世に語り継ぐための博物館建設を目指したことにある。ともに第二次大戦に従軍した日系のバディ・マミヤとコリア系のヤンオク・キムは、１９８２年にロサンゼルスの博物館で日系兵士の展示企画を主導した。２人はリトルトウキョウの再開発計画組織を代表する

全米日系人博物館パビリオン（Justefrain, CC BY 3.0）

ブルース・カジと会い、博物館設立にむけてスタッフや協力者を集めていった。その中の一人が初代館長となるアイリーン・ヒラノである。カジも語学兵としての従軍経験があり、除隊後は復員軍人用の奨学金で大学に行って会計士となり、その顧客には当時アメリカに進出したばかりのトヨタも含まれていた。後にガーデナ市の財務官に選出されたカジは、ロサンゼルス市議会との結びつきを深めるようになった。

州から財政支援を得て、再開発局から歴史的建造物である西本願寺を借り受けたカジたち創立メンバーは、全米の日系人や関連組織、ソニーをはじめとする日本企業からの援助を募って改築を行い、後にヒストリック・ビルディングと呼ばれる最初の博物館が１９９２年に開館した。１９９９年には展示や収蔵のスペース拡張などのため、隣接する約８０００平方メートルの広大な土地にガラス張りの近代的な新館、パビリオンが加わった。２００５年には民主主義についての教育プログラムなどを行う、「民主主義を守るための全国センター」が増設され、周辺のパブリックアートとともに、全米日系人博物館はリトルトウキョウの新たなシンボルとなっている。

最初の博物館が開館した頃の展示企画は、「一世パイオニア――ハワイと本土、１８８５-１９２４」をはじめ、「アメリカの強制収容所――日系アメリカ人の経験を思い出す」、「弁当からミックスプレートへ――多文化社会ハワイの日系アメリカ人」など、アメリカ本土とハワイの日系人の歴史や文化に関するものであった。アメリカ各地の博物館だけでなく日本やブラジルでも巡回展示が行われた。また、新館の常設展示になっている「コモン・グラウンド――コミュニティの心」では、ワイオミング州ハートマウンテン収容所跡地から、戦中に日系人が収容されていた実際のバラックの一部を移設した。加えて、個人から寄せられた数々の文書、写真、日常的な生活用品や芸術作品などの貴重な資料がデジタル技術を駆使して展示され、明治期の移民初期から戦時体験、補償運動を経て現在に至るまでの日系アメリカ人の歩みが描かれている。開館から間もない頃は、強制収容の経験者や日系の退役軍人がボランティアとして来館者に博物館のツアーガイドをしていた。日系コミュニティの人びとは博物館建設のための寄付だけでなく、貴重なコレクションとなる資料を提供し、ボランティアをするなど積極的に博物館を支えた。その背景には、１９８８年の市民自由法により補償運動が実を結び、日系人としてのアイデンティティが強化されたこともあるだろう。

近年では、全米日系人博物館の展示は日系人の歴史や文化に関するものだけでなく、多様化する日系コミュニティの変化や、アメリカ社会全体における日本文化の受容も反映している。写真展「キップ・フルベック――一部アジア系、１００％ハパ」はミックスルーツの日系人に焦点をあてたもので、「忍耐――現代社会における日本の刺青の伝統」、「ハロー！　ハローキティのスーパーキュートな世界を探検」など、日本の伝統文化やポップカルチャーといったユニークな展示も、日系ルーツのあるなしにかかわらず多くの人びとをひきつけた。

博物館に実際に足を運ぶことができなくても、オンラインのプラットフォームであるディスカバー・ニッケイでは、日系アメリカ人だけでなくブラジル、ペルーなどの中南米や日本に住むすべての日系ディアスポラにつながる人びと同士が交流できる。ディスカバー・ニッケイの始まりは、博物館が1998年から2001年にかけて行った国際日系研究プロジェクトである。その後、日本財団の助成によって立ち上げられたウェブサイトでは英語のほかに、日本語、ポルトガル語、スペイン語が用いられ、世界の様々な国や地域に住む誰もが「ニッケイ」についてのバラエティに富んだ物語や、これまであまり知られていなかったエピソードを投稿することができる。そこでの「ニッケイ」は血や国籍、肌の色などの外見、使用言語などに縛られることなく、オンラインで時空を超えて豊かに表現されている。

当事者の貴重な証言をデジタル技術によって保存し、インターネットを通して世界中の人びとに広く伝えようという試みは、ワシントン州シアトルを拠点とする非営利団体デンショー（Densho）によっても行われている。マイクロソフト社のエンジニアだったトム・イケダを中心に1996年に発足したデンショーは、戦中の強制退去・収容の歴史のまさに「伝承」を目的とし、当事者数百人へのインタビューをオンラインで公開している。そのほかにも、日系人に関するオンライン百科事典や、デジタル化された貴重な資料の公開、教育用のリソースなどのプログラムがある。

ここで紹介した以外にも、日系アメリカ人の博物館はヴァーチャルなものも含めて多数あるが、これら博物館が展示する過去の物語はアメリカおよびグローバル世界が向き合う現在の問題と常につながっている。9・11後のアラブ系アメリカ人への迫害や、コロナ禍におけるアジア系へのヘイトクライム急増に際し、日系の博物館は過去の不正義を忘れてはならないと常に声を上げてきた。リアルでもヴァーチャルでも日系の博物館を訪れて、現代の社会が過去から何を学べるのか、ぜひ考えてみてほしい。

（佃陽子）

◆参考文献

矢口祐人「日系人が「アメリカ人」になるとき――全米日系アメリカ人ミュージアム（カリフォルニア州ロサンゼルス）」『奇妙なアメリカ　神と正義のミュージアム』新潮社、111－134頁、2014年。

40

中国系と歴史博物館

★コミュニティ史の発信★

北米の大都市のなかには、中心部に19世紀後半から形成されたチャイナタウン歴史地区を擁するものがある。そこには中国移民と中国系住民の歴史を専門とし、充実した展示を観られる中国系の博物館や歴史協会がある。大都市のチャイナタウンはアクセスが容易なので、アメリカ観光中に偶然こうした博物館や歴史協会の前に立つこともあるだろう。その常設展示は、その都市や地域の中国系コミュニティで集められた収集品や寄贈品が主である。たいてい19世紀後半の中国移民から現在の中国系アメリカ人の活躍までが時系列になっているので、移民の歴史と現在のエスニックな中国系とを結びつけて理解することができる。

公立の博物館の一角に中国系の歴史展示が設けられるケースとは根本的に性質が異なり、これらは地域の中国系が自らの手で企画・運営する民間施設である。現在、歴史研究ではパブリック・ヒストリーが注目領域となっている。パブリック・ヒストリーとは、菅豊（２０１９年）によれば、大学の歴史学専門家の外側へと歴史研究の「場」、「担い手」、そして「史料」を開き、歴史学への関わりをより多く、広く、人びとに開放するアプローチや実践である。具体的には、専門家と非専門家が協働して進める歴史事実の掘り起こし、文献実証にとどまらずオーラル・ヒストリー手法の重視、多様なメディアを用いた調査研究や保存・公開——要するに正統とされてきた大学の中で完結する従来の歴史研究を超えて、歴史学者や調査対象とする当事者、コミュニティ、さらに社会が知を共有しながら明らかにしていく歴史研究こそ、パブリック・ヒストリーの特徴である。実際、当事者の手による中国系の歴史博物館は、以下のように設立背景とこれまでの展開を見ていくと、まさにパブリック・ヒストリーの実践と言えるのである。

次のページの表が示すように、アメリカの中国系の歴史博物館は１９９０年代までに、西海岸、ハワイ、東海岸といった、中国移民の歴史が古く、中国系人口も多い、歴史保存に自覚的な中国系の個人あるいは知識人が一定数いる地域に建っていった。こうした博物館の設立目的では、いずれも一様に、これまで軽視され顧みられなかった中国系の歴史を掘り起こして、一般社会や次世代に伝えていくことの意義が謳われている。アメリカの中国系の歴史はなぜ関連文物の収集・公開の必要があって、こうした博物館の設立に至ったのだろうか。

中国系の歴史博物館のパイオニアは、サンフランシスコのアメリカ華人歴史協会（Chinese Historical Society of America、以後、ＣＨＳＡ）とニューヨークのアメリカ華人博物館（Museum of Chinese in America、以後、ＭｏＣＡ）であるから、この2館の例から、設立背景と意義を明らかにしていこう。

ＣＨＳＡやＭｏＣＡの場合、初めから博物館そのものの設立を目指したわけではない。１９６０年代に芽吹き、１９８０年代まで多様な展開を見せたアジア系アメリカ人運動（Asian American Movement）において、中国系もまた多様な文化運動を進め、この過程でこうした博物館が生まれてきたの

表１　アメリカ各地における中国系の歴史博物館や展示スペースの設置年
（グレー部分は現存しない、あるいは展示の一般公開なし）

設立時期	設置年	都市名（州名）	博物館名（略称）／中国語での表記
1960年代	1966	サンフランシスコ（カリフォルニア州）	Chinese Historical Society of America（CHSA）／美国華人歴史協会
1970年代	1970	ホノルル（ハワイ州）	Hawaii Chinese History Center (HCHC)／夏威夷華人歴史研究中心
	1975	ロサンジェルス（カリフォルニア州）	Chinese Historical Society of Southern California (CHSSC)／南加州華人歴史学会
	1976	ジョン・デイ（オレゴン州）	Kam Wah Chung State Heritage Site (KWC)／金華昌博物館
1980年代	1980	ニューヨーク	New York Chinatown History Project／紐約華埠歴史研究社（MoCA前身）
	1983	ラハイナ（ハワイ州）	Wo Hing Museum and Cookhouse（2023年焼失）
1990年代	1991	ニューヨーク	Museum of Chinese in America（MoCA）／美国華人博物館
	1991	サンノゼ（カリフォルニア州）	Chinese American Historical Museum (CAHMあるいはNg Shing Gung Museum)
	1992	ボストン（マサチューセッツ州）	Chinese Historical Society of New England／紐英崙華人歴史協会
	1993	シアトル（ワシントン州）	Wing Luke Museum of the Asian Pacific American Experience／陸栄昌亜洲博物館
	1996	サンディエゴ（カリフォルニア州）	San Diego Chinese Historical Society and Museum (SDCHM)／聖地牙哥中華歴史博物館
2000年代	2003	ロサンジェルス（カリフォルニア州）	Chinese American Museum (CAM)／華美博物館
	2005	メアリーズベル（カリフォルニア州）	Chinese American Museum of Northern California
	2005	シカゴ（イリノイ州）	Chinese American Museum of Chicago (CAMOC)／芝加哥美洲華裔博物館
	2009	クリーブランド（ミシシッピ州）	Mississippi Delta Chinese Heritage Museum (MDCHM)
2010年代	2016	メンフィス（テネシー州）	Chinese Historical Society of Memphis and the Mid-South／美中孟菲斯華人歴史協会
	2017	フィラデルフィア（ペンシルベニア州）	The Chinese American Museum／美国華人華僑博物館
	2018	ポートランド（オレゴン州）	Portland Chinatown Museum (PCM)／波特蘭唐人街博物館
	2019	ワシントンDC	Chinese American Museum in Washington DC (CAMDC)／華裔美国人博物館
2020年代			

である。運動の担い手になった中国系は大学院生や若い社会・文化運動家——多くは先の公民権運動と社会主義に刺激を受けた、高学歴で郊外育ちの二世や中華圏から移民した中流階層であり、これにエスニック・コミュニティで生まれ育って内部の歴史事情に通じた「コミュニティ・スカラー」と呼ばれる、ある種の郷土史家も加わった。

１９６０年代に至るまでに、アメリカのアジア系のコミュニティは中国系に限らずそれぞれ過酷な人種差別を歴史的に経験しており、差別に起因する問題を抱えていた。この負の遺産を克服するにあたり、歴史研究はアイデンティティ形成の重要な活動と見なされたのである。さらにアメリカ社会がアジア系に抱くステレオタイプや差別意識を正すには、正確な歴史事実をコミュニティから掘り起こし、研究・公開する必要があった。中国系の場合、「中国人排斥法（Chinese Exclusion Act, 1882-1943）」の影響が事実上１９６５年の移民法改正まで続いたため、問題が累積したチャイナタウンこそが文化運動の場であった。１９６３年に結成されたＣＨＳＡも１９８０年に前身団体が発足したＭｏＣＡもチャイナタウンに拠点を置き、下層社会の烙印を押された住民の自尊心を回復し、アイデンティティの形成と高揚を図るために、廃棄や消失のおそれがある中国系の歴史を伝える文物・文化をチャイナタウンで救出、収集、記録、保存し、そして公開した。こうしてＣＨＳＡは１９６６年、ＭｏＣＡは１９９１年に博物館を開設したのである。

文化運動が根底にあるため、両団体の活動はいまも収集・展示、チャイナタウン学習ツアー、児童から学生まで対象別の教育企画、研究セミナー、講演、書評会、研究雑誌の発行やニューズレターの配信、ドキュメンタリーの作成など幅広い。「学」とも密に協働しており、大学の研究プロジェクトと連動する企画展や出版を行った博物館もある。特にサンフランシスコとニューヨークの公立大学は、アジア系アメリカ人運動の一環で1968〜73年の間に学生の要求を受けてアジア系アメリカ人研究課程を設置しており、以来CHSAやMoCAと協力してきた。この課程の教員や院生が博物館展示や企画、運営に関わり、卒業生が博物館学芸員や理事、ボランティアなどのかたちで支えていくパターンも生まれている。北米に中国移民や中国系の人口が多いことは文化運動の上での利点であり、こうしたコミュニティ活動の活力の源になる。博物館の運営資金も、市や州からの補助金のほぼ10倍以上の寄付を中国系の個人や団体、基金が出してきた。国に収集資料の提供協力もしており、アメリカ郵政公社とスミソニアン協会が共同で設立した国立郵便博物館（National Postal Museum）が2014年に開催した米中郵便史特別展示は、CHSAとMoCAの所蔵資料で成立した。

博物館活動にはそれぞれの中国系コミュニティの地域性が反映されている。例えばCHSAは1990年代末から広東省政府機関と協働して系譜学プロジェクトを始め、参加した中国系の若者は広東省でルーツ捜しと縁者訪問をし、次世代アイデンティティを形成している。しかし、地域性を博物館活動に反映することは簡単ではない。中南米移民が多いニューヨークには中南米で生まれ再移民してきた中国系も多いため、MoCAは1995年に「南北アメリカ華人博物館 Museum of Chinese in the Americas」に改称して、資料収集と企画、展示の対象をスペイン語を話す中国系再移民にまで広げた。しかし組織の規模に見合わず、2007年に対象をアメリカのみに戻し、現在の名称にしている。

2000年代から中国系の歴史博物館は中西部や中南部、南部にも開館した。かつチャイナタウン

MoCA の特別展「収集と記録――アメリカ華人の歴史」の様子（2020 年 2 月 29 日）

の人口減や高齢化によって従来のコミュニティや歴史文化が消滅していく危機感から、地域の中国系が博物館を作るケースも現れた。中国移民が建てた廟などの歴史的建築物を保存するため、内部に展示を設けて博物館にするケースも多い。

一方、近年アメリカに移民する中国人は高学歴で経済的に豊かな階層であり、首都ゆえに中国系の社会的成功者が集まるワシントンＤＣの歴史博物館はその傾向を反映している。博物館企画はいま現在の中国系アメリカ人の社会的活躍が主で、展示に地域性がなく、中国系の歴史研究者の関わりが薄い。しかし中国移民史の研究動向に敏感で、書評会やセミナーのオンライン企画が巧みである。

２０２０年代は新型コロナの影響で博物館活動が鈍く、中国系を標的にした深刻な事件が多発したこともあって、新設はまだない。しかしパンデミック直前、２０１９年10月から２０２０年３月までＭｏＣＡが開いた特別展「収集と記録——アメリカ華人の歴史」の試みは新しい。この企画は、全米で中国系が運営する歴史博物館、歴史協会、遺構保存団体、廟、基金のうち、周縁化された中国系の歴史の救出、保存、公開をするという目的が共通する団体を把握し、結果、28カ所をマッピングした。さらに各団体からアメリカの中国人史を端的に表わす所蔵品を1点借り受け、展示した。この試みは、これまで各地で別個に行われてきた活動を俯瞰的に捉え、かつ横にネットワークをつないだ点で画期的であった。

居場所を自ら勝ち取る中国系が自身の歴史を発信する場、それが彼らの歴史博物館である。パブリック・ヒストリーには、歴史資料の救出と保全を通して地域の人びとがコミュニティ史に関わる、その行動や貢献が歴史実践になるとの議論がある。中国系の歴史博物館こそ、エスニック・マイノリティがコミュニティ規模でそれを実現してきた、まさに好例と言えるだろう。

（園田節子）

◆参考文献

Chinese Historical Society of America (1999) *CHSA in the Community*, San Francisco: America Printing Company.
Lai, Him Mark (1988) Chinese American Studies: A Historical Survey, *Chinese America: History and Perspective*, pp. 11–29.
Wei, William (1993) *The Asian American Movement*, Philadelphia: Temple Univ Press.
園田節子「アジア系アメリカ人運動と博物館——ニューヨークの南北アメリカ華人博物館」『季刊民族学』105（3）、100－105頁、2003年。

41

アジア系と宗教

★多宗教化の進展するアメリカ社会★

アメリカという国家の歴史には、世界各地からの移住者に加えて宗教も深く関わってきた。イギリスから新大陸へ渡った人びとのなかには、「ピルグリム・ファーザーズ」に代表されるように、本国における宗教的抑圧により信仰の自由を求めて移住したピューリタン（清教徒）も多かった。そして、彼らの子孫たちがイギリスから独立を果たし、アメリカを建国した。その後も現在に至るまで、アメリカの国家や社会をめぐる思想や理念、そして人びとの価値観や日常生活において宗教は大きな影響力をもってきた。

ただし、アメリカ社会において一般的に語られてきた「宗教」とは、キリスト教、特にプロテスタントが中心であった点には注意が必要である。アメリカ建国の背景に加えて、建国後に移住してきた移民のおもな出身地も、キリスト教の宗教伝統が色濃いヨーロッパ諸国であった。

そのため、仏教やイスラームなどの諸宗教は、アメリカにおいては今なお少数派である。例えば、アメリカのピュー・リサーチ・センターが実施したアメリカ全体の世論調査（NPORS、成人対象）の結果によれば、2020年における宗教ごとの信仰者の割合は、プロテスタント41％、カトリック21％、モルモン教1％、正教会1％未満、ユダヤ教2％、イスラーム1％、仏教1％、ヒンドゥー教1％、その他の宗教3％、無神論者4％、不可知論者5％、特定の信仰なし19％となっている。

とはいえ、1965年の移民法の改正以降、アジアをはじめとする世界各地からの移民が増加してきたことは、着実にアメリカの宗教状況を多様化させてきた。本章では、アジアを起源とし、アジア系移民と深く関わってきた仏教とイスラームのアメリカにおける展開の概要を紹介したい。

アメリカ社会においては、1840年代頃から仏教をはじめとする東洋の諸宗教についての関心が高まるようになった。ただし、それは学者などの知識人を中心とする動きであった。その一方で、19世紀後半以降、中国や日本からの移民が到来するようになり、民衆が信仰・実践する仏教がアメリカにもたらされた。特に日本人移民が増加していくにつれて、彼ら／彼女らが集住していたハワイやアメリカ西海岸の各地に仏教寺院が数多く建設されていった。そうした寺院は、エスニック・チャーチとして移民コミュニティのなかで大きな役割を果たした。しかしながら、増加する中国人移民や日本人移民に対する排斥が広がっていったアメリカ社会では、仏教に対する一般的な関心は広がらなかった。特に1941年12月の日米開戦は、アメリカにおける仏教に大きな打撃を与えることとなった。だが、第二次世界大戦後になると、日本発祥の禅仏教がアメリカの若者文化のなかで人気を博し、今では仏教にルーツをもつ瞑想（メディテーション）も人びとのあいだで広まっている（近年、日本でも流行しているマインドフルネスもこの流れにある）。

また、1965年に移民法が改正されると、韓国、台湾、香港などからの移民が増加し、各地に仏

ハワイの日系仏教寺院（2012年）

教寺院が創設されるようになった。また、タイからの移民によるタイ仏教（上座部仏教）の寺院も全米各地に建立されてきた。さらに、1975年のサイゴン陥落によるベトナム戦争の終結以降、ベトナム、ラオス、カンボジアのインドシナ3国から、故国での迫害を逃れて流出した多くの難民がアメリカへ移住するようになり、そうした人びとの集住地域に次々と寺院が創建されていった。こうした移住者たちのアイデンティティや言語文化等の維持・継承において、仏教は重要な役割を果たしている。

さて、ユダヤ教・キリスト教の一神教の宗教伝統のもと、7世紀初めにアラビア半島で開かれたイスラームは、その後、世界各地に伝播していった。ムスリム（イスラーム教徒）のアメリカ大陸への到来の歴史は古く、アメリカ建国以前から様々なかたちでの移住があったとされる。そのなかで重要なのが、奴隷貿易によってアフリカからアメリカへと強制移住させられたムスリムの存在である。彼ら／彼女らの大半はキリスト教へと改宗したものの、イスラームの信仰を堅持し続けた人びともいたという。19世紀後半になると当時のオスマン帝国の領土やインド亜大陸からの移民がアメリカに移住するようになった。経済的な事情等により、そうした時期のムスリム移民はモスクを建設しなかったものの、20世紀に入ると各地にモスクが創設されるようになっていった。この時期の重要な動きとしては、アフリカ系アメリカ人のあいだでイスラーム運動が広がったことが挙げられる。さらに第二次世界大戦の勃発後、中東以外の諸地域からのムスリム移民も増えていく。１９６５年に移民法が改正されると、中東だけでなく南アジア、東南アジア、アフリカなどの世界各地からのムスリム移民が増加していった。また、１９６０年代には、黒人解放運動と結びついた「ブラック・ムスリム」の運動も高揚した。

20世紀末以降、湾岸戦争、９・11同時多発テロ事件、イラク戦争などにより、アメリカ社会では、イスラームという宗教やそれを信仰するムスリムたちが批判や偏見にさらされるという問題が起こってきた。そうしたなかにあっても、ムスリムたちは、同じ信仰をもつ人びとが連帯・交流するイスラーム団体を組織したり、各種の社会活動を展開したりするなど、アメリカ社会を構成する市民として多様な取り組みを進めてきた（特にイスラームは普遍性や平等性を重視することから、エスニシティを超えた取り組みがなされる点が特徴的である）。

アメリカ社会における「アジア系と宗教」というテーマに関しては、仏教とイスラームのほかにも、例えばヒンドゥー教をはじめとするインド系の諸宗教、中国の道教、日本の神社神道や新宗教などもある。また、アジア系アメリカ人にはキリスト教徒も多く、華人教会、コリアン教会、日系人教会など、エスニックなキリスト教会も各地にある。いずれにせよ、アメリカ社会に生きる人びとにとって、宗教は狭い意味での信仰のみならず、社会的・文化的アイデンティティの構築や市民活動などの面でも大きな役割を果たしていることは共通していると言えるだろう。

（高橋典史）

◆参考文献

Min, Pyong Gap and Jung Ha Kim, *Religions in Asian America: Building Faith Communities*, CA: AltaMira Press, 2002.

Pew Research Center (2021) "Measuring Religion in Pew Research Center's American Trends Panel" https://www.pewresearch.org/religion/2021/01/14/measuring-religion-in-pew-research-centers-american-trends-panel/ (2023年8月29日取得)

The Pluralism Project, Harvard University (2020a) "Buddhism in America" https://pluralism.org/buddhism-in-america (2023年8月29日取得)

The Pluralism Project, Harvard University (2020b) "Islam in America" https://pluralism.org/islam-in-america (2023年8月29日取得)

42

アジア系と墓

★墓が語る移民のヒストリー★

アジア系アメリカ人の墓はその居住地においてどのような特徴を持つのだろうか。それを知ろうとするとき、その対象とする代表的なアジア系アメリカ人は、アメリカに渡った移民の順序でいえば、中国人、日本人、朝鮮人、フィリピン人がまず挙げられよう。

彼らはその移民地、および居住地の地域性によって労働の種類が規定され、また労働の種別によっても彼らの移民地、居住地が規定される。そして、その結果として移民の居住のまとまりの違いが生まれる。例えば、多くのアジア人が集団で移民したハワイでは、その主な目的である農業労働の就業地としてまずサトウキビ・プランテーションがあり、そこでは民族ごとに集住し、時代的に早くその数も多かった中国人や日本人は、客死した同胞を埋葬することからその民族専用の墓地を形成させていった。特に圧倒的なシェアを占めていた日本人は、ハワイに定住・定着していくとともにその居住地において必ずと言っていいほど日本人墓地を形成していった（一方、ホノルルやヒロなどのハワイの都市部では大規模な墓地のなかで民族別にセクションが分かれていることが多い）。

移民の墓は、故国の慣習として出身地の民族性、地域性、宗教性が大きく影響を及ぼし、また移民地の地域性、宗教性にも影響を受け、それらからは墓の形態やそこに刻まれた文字の種類という文化の保持や変容という移民の持つ特徴も知ることができる。例えば、ホノルルのマノア地区の丘の上にあるマノア・チャイニーズ墓地は、広大な敷地に風水思想による中国風の立派な墓が作られており、初期の中国人移民の中でも経済的に成功した者たちが死後もその成功の恩恵を享受しているさまがうかがえる（しかしプランテーション地域には、小さな杭状の貧相な中国人の墓のまとまりもあり、このことは一部の移民の社会的な階梯の大きな上昇を示唆している）。

ここでは主に日本人の例をとってアジア系アメリカ人の墓、およびそれらのまとまりである墓地の特徴について述べてみたい。

ハワイのサトウキビ・プランテーション地帯には、キャンプと呼ばれる日本人移民の集合的居住地が数多くあり、そこに小さな街も形成された。それらの集落や街のはずれに次第に日本人墓地が作られていった。その形成に至る理由には、宗教的な問題と人種的な問題の2つが挙げられよう。

1820年にアメリカからの宣教師団が到来したハワイでは、以後キリスト教が主たる宗教となったため、仏教や神道を信仰していた日本人移民とはまず宗教的な問題で墓地が別にならざるをえない。キリスト教会は街の中心地区にあり、その墓地も教会の敷地内かその近くに立地することが多い。しかし、日本人移民の信仰する日系宗教、特に葬祭を担う日系仏教の寺院は集落や街の中心にあったとしても、多くの場合、当初の日本人墓地はそこからやや離れた、土地として利用しにくい場所に作られ、日本のように寺院に属する墓地は現在も少ない。そこには、プランテーションで半奴隷的な労働を強いられた者への人種差別的な扱いの一面もうかがえる。

戦前のハワイにおいて建てられた日本人移民の墓の多くには、まず石塔の正面に、日系仏教の方法で葬送されたことを表す戒名が刻まれている。その左右の側面には、被葬者の俗名（本名）、死亡年月日、行年（享年）、そして故国日本の出身地（原籍）の県・郡・町村名が刻まれている。また、被葬者が女性や子どもの場合は、その夫や父親の名がある。墓標のあるところは被葬者が労働に従事し、定住・定着したところであると考えることができ、日本人移民が日本のどこから来て、どこで働き、どこに住んだのかを知ることができる。また、日系仏教の戒名はその宗派ごとに特徴があり、戒名についての知識があれば被葬者がどの日系仏教宗派に属していたか、さらに宗派によっては戒名の上につく院号や、戒名の下につく位号（信士・信女、居士・大姉など）により、被葬者のその宗派教団内での位置や、社会的な位置も推しはかることができる。このように石塔に刻まれた文字情報を読み取ることで、日本人移民の一人ひとりのコンサイスなライフヒストリーを知ることができるのである。

それでは、日本人移民の墓の形態の変遷について、現在でもよく墓地の状態が維持されているハワイ島コナ地域にある日本人墓地を事例にその実際を見ていこう。

まず、一番古い形態として、自然石のものがある。河原や河口で見かけるような縦長の丸石で、気泡の多い溶岩やなめらかな表面の玄武岩や安山岩などの火山岩でできている。また、ハワイの硬い溶岩を墓にふさわしい大きさに剝ぎ取ったような荒々しい形状のものもあり、いずれも素人風のたどたどしい文字が刻まれている。

つぎに、火山岩を使用した日本の墓標の形式である櫛形や角柱に準じたものが多くなるが、櫛形が圧倒的に優勢である。加工も職人が行うようになったと思われ、刻まれる文字の書体も整い、読み取りがしやすくなる。櫛形と西洋式との折衷タイプと思われる、板型で頭部が丸みを帯びた形の墓石も見られるようになる。また、加工しやすくコストも安価なセメントコンクリートによる櫛形や角柱の墓標も作られていく。

日系社会が成熟してきた1930年代の中頃になると、花崗岩や黒御影といった、故国日本の影響を受けたと思われる石材が見受けられるようになる。また、成功した移民の存在をうかがわせるような、傘付の角柱や蓮座をともなった立派な墓があらわれる。他方、大理石を主に使用したキリスト教式の墓石と思われるものの転用も見られるが、これらを含めて墓石の表記は、戦前はほとんどが漢字表記のみである。数は限られるが戦前にアルファベット文字が使われている例としては、キリスト教徒の墓が挙げられる。その被葬者が一世の場合には漢字での併記が見られる。数例しかなく、また2世に限定されるが、10代後半で亡くなった者にも漢字とアルファベット文字の併記が見られた。これはおそらくハイ・スクール進学との関連があると思われ、通学範囲の拡大が他の民族の学生との共学を強め、彼らの間で英語が標準言語として使用されていたことを表すものではないだろうか。

この他に、コナで一番古いホルアロア日本人墓地（1896年設立）には、石塔の代わりに「南無阿弥陀仏」の6文字が刻まれたセメントコンクリート製の小さな碑が溶岩で築かれた塚の上に置かれている墓標が数多くあり、その墓地にある約300の墓標の2割を占めている。この小さな碑は戦後に有志によって置かれたものと思われ、これらの埋葬者は婚姻をすることがまだ困難だった時期に、単身の者が亡くなり木標が建てられたものの、その後に石塔が建立されなかったものと思われる。

ハワイの日本人墓地がメディアで紹介されるとき、そこにある石塔が西向きであることを強調するきらいがあるが、その理由として、故郷の日本がハワイから西の方向にあるからとされることが多い。コナの日本人墓地も、ほとんどの石塔の表面が西を向いている。それはコナが西にある海に向かって下がるスロープ上にあるため、地形的には西向きが自然であるが、墓地にある神道式の石塔は反対の東を向いている。コナでは地理的条件だけではなく、西方浄土を思う仏教的な信仰心から石塔が西向きになったと考えられる。

日本人移民のこれらの墓は、当初は単独の被葬者の個人墓であるが、それは一番数の多かった成人男性だけではなく、成人女性や子どもの墓もあった。成人男性の個人墓には若くして死亡した者が散見され、居住者調査によっても同定が困難であり、移民の流動性の高さを物語るものであろう。成人女性も若くして亡くなった者が散見されたが、数としては幼い子どもの墓が多く見られた。これらの墓の被葬者は移民の家族としてコナへの定住の最中に死亡した者であろう。その主な死因の一つとして、出産時の疾病が考えられ、母子ともに亡くなったことを示す墓もあった。また子どもの死亡年齢の平均は数え年で3歳未満であり、当時の日本人移民の衛生状態や医療環境がじゅうぶんではなかったことがうかがえる。

さらに日本人移民の移民地ハワイでの家族形成が進み、日本人移民が定住・定着した結果、夫婦墓が見られるようになる。その前のプロセスとして、複数の被葬者が同一の墓域、もしくは同一の墓標で埋葬される例としては、前述のように母親とその子どもの例があり、また父親と子どもや幼いきょうだい同士の墓も見られる。

ホルアロア日本人墓地（ハワイ島コナ、2014年8月）

１９３０年代後半頃からは夫婦墓を基本として、そこに二世を加えた家族墓が見られるようになる。その形態としては、夫婦に早逝した子どもを加え（もしくは母・子どもの墓に夫を加え）石塔を作りなおしたものや、それぞれの個人墓、もしくは夫婦墓を改葬して、二世夫婦を加えての家族墓を建立したものもある。

最後に、コナにある他の民族の墓地について簡単に述べておきたい。日本人移民よりも早い時期からコナに在住していた中国人移民は、北コナのカハルーにトン・ウォ・トン（Tong Wo Tong）墓地を設立している。その墓地の門を日本人移民の大工が作ったことは知られているが、設立年代や埋葬者などの詳細については筆者は把握できていない。日本人移民と関係が近く、また緊張もあった朝鮮人（コリア系）移民は、ハワイ島コナ地域においては１９３４年の資料によると、およそ50名の朝鮮人（日本人は１０８１世帯、およそ５００

0人）が在住していた。日本人墓地に数名の朝鮮人の埋葬者があったが、それらは1934年以前に亡くなった者であった。筆者はコナの墓地調査のなかで北コナのワイアハに朝鮮人墓地があることを知った。それは往時の幹線道路からかなり奥まった竹やぶの中にひっそりと隠れるようにあった。この墓地については現在、ハワイ大学ヒロ校のコリア系研究者による調査が進められており、当時に存在したホルアロア・コリアン協会によって設立されたことがわかっている。

このような日本人墓地などの調査からわかるように、移民の墓からは歴史上で語られることのない一人ひとりの移民の、移動や定住・定着、そして家族形成や社会形成をも読み取ることができるのである。しかし、残念ながらこれまでその研究はほとんど行われず、今やっと限られた状況のなかで行われ始めたのである。

（平川亨）

III

ナショナル／トランスナショナル

43

アメリカと故郷を往来する言葉の文化

★中国系移民の「家族の夢」を支えて★

燕や鵲が喜びさえずる　めでたい新年　父さん金山へ稼ぎに行く　幾万両の金銀貯めて　帰ったら家を建て田んぼを買う

――中国広東省四邑（新寧［1914年より台山に変更］、新会、恩平、開平を含む地域）の故郷に家族を残して単身金山（アメリカ）へ渡った男性たちが唄った民謡は、中国系移民の元来の目的をよく表わしている。1848年カリフォルニアのゴールドラッシュに惹きつけられて以来20世紀前半にかけて、彼らの渡米にかける夢は郷里で家族と経済的に不自由ない生活を送り、田畑を所有して故郷に錦を飾ることであった。この夢を実現すべく移民とその家族の間で様々な言葉の文化が往来した。この章では特に代表的なものを4つ――手紙、僑刊、木魚書、そして民謡――紹介したい。

中でも移民が故郷の家族へ外貨とともに送った手紙は最も早くに始まった言葉の文化であった。送金は1850年代以来、香港を拠点に在米貿易商人に代わってチャイナタウンと郷里の双方の市場へ物資の輸出入を行っていた金山荘と呼ばれる仲介業者が請け負っていた。そのプロセスは、移民が送金額を記した小切手と手紙を同郷者が経営する金山荘へ書留郵便で送り、金山荘はこれを銀または香港ドルに換金し、送金額の2%を手数料として差し引いて移民の郷里の支店や得意先へ送り、送金の知らせを受けた移民の妻が店まで受け取りに行く、というものであった。また妻がアメリカにいる夫に手紙を送る場合は逆の手続きが取られた。この方法で夫婦は簡便かつ確実に手紙を交換し、互いの近況を知らせることが可能であった。

父さん金山へ行く　はやく銀貨を送っとくれ　一家の頼りは父さんだけ　稼いだらすぐに送っとくれ——わかっちゃいるがそう易々と言ってくれるな——。19世紀後半、鉱山採掘や鉄道建設に従事した移民の多くは前借りした渡航費や入国書類作成の代行料の返済に4、5年を要した。また、移民の中には渡米を機に基礎的な読み書きを学んだ者も少なくなく、筆を取るのもたまの送金の時くらいであった。さらには労災やアメリカ人住民から排斥を受け、行方不明になる者や死亡する者も多かった。結果として、郷里の妻たちは数年、場合によっては数十年、あるいは一生の間、便りのない夫の帰りを待ち続けることになった。

20世紀に入り、移民がチャイナタウンに集住してレストランやクリーニング店など主に同胞相手に商売をするようになると収入が安定し、定期的に送金することが可能となった。やがて数年おきに帰省しては、実家を洋館に新築し、また土地を購入し、さらに故郷の中上流層に参入して地域経済を牽引する移民が続々と現れた。郷里には移民の資金援助によって学校が建設され、鉄道網や道路などの社会インフラが整備された。また市場には移民の家族を相手に輸入品が溢れ消費文化が栄えた。家族や親戚は益々移民の送金に依存するようになり、高価な消費財を買い求め、賭博やアヘンに溺れた。そんな家族の醜聞は村中に広まり、知人からの手紙を通して移民の知るところとなった。

郷里の様子を伝えたのは手紙だけではない。広東省四邑では僑刊と呼ばれる雑誌が盛んに刊行され、海外の華僑コミュニティに郷里の情報を配信した。とりわけ広東省四邑の中で最も多くの渡米移民を送出した台山県では、1909年の『新寧雑誌』の創刊以来1949年までに115件もの僑刊が創刊された。これら僑刊は主に地域、氏族、学校を刊行母体に、移民が支払う購読料や寄付金を財源に出版された。また香港に本部を構え、そこから雑誌を海外へ送る団体もあった。

僑刊は、移民の資金援助による地域社会の発展や、故郷の妻の浪費に不貞、息子の放蕩や娘の駆け落ち、親戚同士の土地争いなどの悲喜こもごものニュースを、当事者の氏名や住所などの情報とともに詳細にアメリカの移民に伝えた。さらにこれら移民送出地に特有の問題を伝えるニュースは僑刊の広告欄にまで掲載された。そこには汽船会社や銀行、貿易商会による移民の渡航や外貨送金、移民向けの商品に関する広告に交じって、移民による息子の借金の肩代わりを放棄する宣言や、長年放置したままの土地の所有権の主張などが散見された。

燈籠は銀のあかり　月は銀のひかり　姉妹たちが祭壇の前に座る　どうか良き夫のご縁がありますように　洋館、豪華な内装の私室、かしましい下女――民謡は四邑の娘たちが在米移民と結婚し、裕福な暮らしを夢見る様子を伝える。しかし移民にとっては郷里の妻が虚栄心に溺れずに家族と財産を管理しているかどうかが懸案であった。そのような移民の不安を反映してか、20世紀初頭には郷里の妻を主人公とする大衆小説が広東省とサンフランシスコのチャイナタウンで出版され、双方の市場に出回った。

これらの小説は木魚書と呼ばれる広東省の大衆文芸で、もともとは中国の神話や古典、広東地方の詩歌を定型詩に著した広東語の劇詩であり、物語を通して儒教の道徳規範が説かれた。清朝初期には木版印刷を使って量産され、安価で売られるようになった。19世紀中葉以降、木魚書は男女の運命的な結婚を題材に、節婦、烈女、夫婦の責任、孝徳などを説くものが主流となり、また20世紀には時代の世相を描く作品が登場した。木魚書は時折集落にやってくる盲目の旅芸人が主に女性たちを聴衆として詠い聞かせるか、または文字が読める男性が読み聞かせるかであった。就学の機会のない女性たちにとって木魚書の物語を聞くことは数少ない娯楽の一つであり、民俗文化や道徳規範を学ぶ機会でもあった。

このような潮流の中で、1912年には裕福な移民に嫁いだ女性が舅姑を気遣い、農地を管理しながら恋しい夫の帰りを待つ日々を描いた『金山婆自嘆』が広州で出版された。また、虚栄心の強い妻がある事件をきっかけに自身の態度を反省し、アメリカで働く夫を労い、姑に尽くし、家を守る賢妻になることを誓う『金山婆拝張王』が1925年にサンフランシスコで、さらに1929年には第3版が広州で出版された。これらの木魚書は移民の妻たちに立ち返るべき婦徳を教示する意図があったと考えられる。

木魚書『金山婆自嘆』の表紙絵

渡米した移民が長年にわたり故郷を不在にしている間、祖国では政治や生産システムが激変し、郷里では学校教育と消費文化の普及が進んだ。それらに伴って夫婦や家族の間に生じたひずみは、移民の渡米にかけた夢を台無しにしかねないものであった。刻々と移り変わる故郷と家族に思いを巡らせる移民にとって、様々なかたちの言葉の文化は、アメリカと故郷の間を往来しながら彼らの変わらぬ夢を支えた。

（田中景）

◆参考文献

Hsu, Madeleine Y., Dreaming of Gold, Dreaming of Home: Transnationalism and Migration Between the United States and South China, 1882-1943 (Stanford University Press, 2000).
田中景「渡米移民と四邑の妻の間の大衆文芸――民謡と木魚書の中の『金山婆』」『人文自然科学論集』東京経済大学人文自然科学研究会、１５１号、２０２２年。
吉原和男「僑刊・郷訊を利用した僑郷研究の可能性――広東省開平県の場合」『僑郷華南――華僑・華人研究の現在』行路社、１９９６年。

44

アジア系の反帝国主義

★アメリカとアジアをつなぐ革命の思想★

もともと「アジア系アメリカ」という概念は、1960年代末に社会構造の根本的変革を求める運動の文脈で初めて打ち出された。当時アメリカでは、ブラック・パワー運動、チカーノ運動などのマイノリティ解放運動が、ベトナム反戦やフェミニズム、新左翼などの運動と折り重なりつつ拡大していた。この流れの中で1968年に、アジアの様々な地域や民族にルーツをもつ学生運動家たちが、カリフォルニア大学バークレー校において「アジア系アメリカ政治同盟」（AAPA）を組織した。指導者には、のちにアジア系アメリカ研究のパイオニアとなるユウジ・イチオカや、そのパートナーでありアメラジア・ジャーナル誌の編集にも携わったエマ・ジーがいた。イチオカやジーらが表現したのが、アジア系の多様な民族を包摂する"Asian American"という形容詞であり、概念だった。

その後、ニューヨークなどのアジア系も、AAPAと同様に「アジア系アメリカ」を標榜する組織を結成した。そして、ベトナム戦争をアメリカ帝国主義によるアジア侵略として捉え、「第三世界」、すなわちベトナムやカンボジア、中国、朝鮮半島などのアジア、ラテンアメリカやアフリカの人びととの連帯を志向した。こうしてアジア系の若者たちは、自らのルーツであるアジアを帝国アメリカの抑圧の対象として、かつ多様な連帯を想像／創造する源泉として認識していった。

1970年代半ばにかけて、アジア系の反帝国主義において影響力をもったのが中国の毛沢東の思想だった。毛は大躍進で甚大な犠牲を出すなど、政治家としてきわめて問題が大きかったが、思想家としては優れた点があった。アジア系の活動家の中には、毛を美化した者がいたと同時に、彼の思想の中から自らの状況やグローバルな社会変動を理解するのに役立つ部分を吸収し、フランツ・ファノンやマルコムX、パウロ・フレイレなどの思想とも合わせながら、独自の思想や運動へと昇華させる動きが見られた。

例えば、10代で渡米したのちバークレーやサンフランシスコで活動していた香港出身のドリー・ヴィールは、毛の思想に加えて、黒人のマルクス主義団体ブラック・パンサー党も、「アメリカ帝国主義に対する海外での闘争とアメリカ国内での闘争との間を、とりわけベトナム解放と黒人解放とをつなげる助け」になったと証言している。当時アジア系や黒人の活動家の間で『毛主席語録』の英訳が広く読まれていたが、その中に、「アジア・アフリカ・ラテンアメリカ諸国の民族独立・解放運動、および世界のあらゆる国々の平和運動と正義の闘争」と連帯すべきだという思想があった。アジア系の活動家たちは、このようなグローバルな連帯の思想を、黒人運動家の実践にも学びながら、制度的レイシズムの打破と第三世界の解放とを結びつける構想の材料の一つにしていった。

また、思想的のみならず物理的にもアメリカからアジアへ越境した人びとがいた。1970年の夏、ブラック・パンサー党のエルドリッジ・クリーヴァーを筆頭とするアメリカ人民反帝国主義代表

アメリカ人民反帝国主義代表団の北京訪問（1970年、カリフォルニア大学バークレー校バンクロフト図書館所蔵）

団（以下、代表団）の11名が3カ月かけて、北朝鮮、北ベトナム、中国を歴訪した。代表団には、黒人やユダヤ人に混じり、パット・スミとアレックス・ヒンという2人のアジア系が含まれていた。ジュディ・ウーの研究によれば、代表団内部には人種やジェンダーなどの葛藤があり、その人間関係は「連帯」という言葉のみで片付けられるものではなかった。だが（あるいはそれゆえに）代表団の旅は、彼女たちの思想や行動に大きな影響を与えた。日系三世のスミは、帝国日本がかつて侵略や植民地化の対象とした朝鮮、中国、ベトナムの人びととの交流を通じて、自らの立場性との向き合いを深めることになる。彼女にとってアメリカ帝国主義批判やアジア（系）連帯を考えることは同時に、自らのルーツがある日本の帝国主義の加害性に対して自覚を深めることでもあった。

スミはアメリカ帝国主義批判の中から日本の帝国主義を意識するようになったわけだが、さらに時代をさかのぼってみると、より上の世代のアジア系は、日本帝国主義がアジアで広範かつ甚大な被害をもたらすのを目の当たりにしていた。特に戦前のアジア系には、日本による植民地化や侵略によって国を追われたり、出身地に戻れなくなったりした者も少なからずおり、反帝国主義や民族解放は喫緊の課題だった。

例えばコリア系（第10章参照）の知識人は、日本の植民地支配によって朝鮮での政治的権利が奪われ言論の自由も制限されていた状況で、サンフランシスコ、ロサンゼルス、ホノルルなどのアメリカの都市を朝鮮独立運動の拠点とした。のちの大韓民国初代大統領・李承晩がアメリカで独立運動や外交活動を行ったことはよく知られているが、知識人のみならず様々な背景をもった移民一世の中にも、資金を募ったり、教会での集会に参加したりして運動を支援する者がたくさんいた。シカゴには留学生の社会主義的なグループもあり、のちにアメリカに帰化したメンバーもいた。ニューヨークに移住していた作家ヨンヒル・カンは、1930年代に英語で出版した小説に反帝国主義的な表現を込めた。当地のコリア系には、満州事変以降、中国系との連帯の動きもあり、日中戦争開始後には中国後援会という組織も結成された。

中国系の人びと（第12章参照）も、国共内戦と関連して様々な政治的立場をもったが、ニューヨークやサンフランシスコなどで日本の中国侵略への反対運動を展開し、とりわけ1930年代にアジア系以外の著名人からの支援も受けながらそれを拡大させた。労働者層を中心に組織され中国語新聞も発行したニューヨーク華僑洗濯業者連合は、中国「救国」と、アメリカでの中国系地位向上とを不可分なものとして捉えつつ、募金や宣伝などで中国の抗日戦争を支援した。レンチウ・ユーによれば、1940年代初めに同連合には2000名以上のメンバーが団体に参加していたと見られる。もともと日本の帝国主義を支持した一世の多かった日系人には、反帝国主義の立場から中国との連帯を唱え、米軍の対日戦争に従軍した二世の共産主義者カール・ヨネダのような人物も一部にいた。

アジア系アメリカの歴史は、アジアと北アメリカ、太平洋の島々という広範囲に関連がある。この地域の人びとがアメリカや日本という帝国の暴力の痛みを経験してきた現実がある以上、帝国というものを批判的に分析し、それに抵抗するアジア系がいたことはうなずける。

現代のアジア系アメリカ研究も、かつての社会運動に見られることもあった教条主義や党派性とは一線を画しつつ、権力や社会的不正義への批判的な姿勢を受け継ぎながら、帝国を一大研究テーマとしている。また、「慰安婦」関連の運動（第45章）のトランスナショナルな展開や、ハワイや北海道、台湾の先住民運動、そして香港の民主化運動などの例において明らかなように、帝国や植民地主義という問題は、アジア系の人びとと、アジア系について東アジアで学ぶ私たちとがともに直面している重要な課題だ。アジア系が志向した根源的（ラディカル）な社会変革の思想・運動のアーカイヴは、この課題に向き合う上で欠かすことのできない道標である。

（松坂裕晃）

◆参考文献

Ho, Fred with Carolyn Antonio, Diane Fujino, Steve Yip, eds. *Legacy to Liberation: Politics and Culture of Revolutionary Asian Pacific America* (Edinburgh and San Fransisco: AK Press, 2000).

Maeda, Daryl Joji. *Rethinking the Asian American Movement* (New York: Routledge, 2012).

Wu, Judy Tzu-Chun. *Radicals on the Road: Internationalism, Orientalism, and Feminism during the Vietnam Era* (Ithaca: Cornell University Press, 2013).

Yu, Renqiu. *To Save China, To Save Ourselves: The Chinese Hand Laundry Alliance of New York* (Philadelphia: Temple University Press, 1992).

45

「慰安婦」メモリアルでつながるアメリカとアジア

★日本軍性暴力問題を考え、行動するアメリカ市民たち★

２０１５年12月28日、日本の外務大臣・岸田文雄と韓国の外交部長官・尹炳世（ユンビョンセ）による共同記者発表で「日韓間の慰安婦問題が最終的かつ不可逆的に解決されることを確認する」（外務省HP）と表明。韓国政府が日本軍「慰安婦」被害者を支援するために設立する財団に日本政府が10億円を拠出し、両国が協力していくことを確認した。この「日韓合意」を真っ先に「歓迎」したのが、アメリカの国家安全保障担当補佐官、スーザン・ライスであった。日韓両国との同盟関係を強化したいアメリカの立場としては、両国が歴史的な問題でぎくしゃくすることが不都合だったからだ。

ちょうど「日韓合意」の前年、２０１４年3月ハーグで行われた日米韓の三カ国首脳会談においても、中国や朝鮮民主主義人民共和国の「軍事的脅威」に備えるために3カ国間の同盟関係を強化すること、またその前段階として領土問題や性暴力を含む日本軍による残虐行為などの日韓関係に関わる問題をクリアすることが確認されていた。

日本軍による性暴力問題に幕引きを図りたい日米韓政府の思惑に反して、ドイツ、オーストラリア、フィリピン（後に撤

サンフランシスコ市のダウンタウンにほど近い公園に建つ「力の柱」（2018 年 9 月）

去）など世界各地では、日本軍の加害の事実を記憶し、数十年の沈黙を破り被害を訴えたサバイバーへの敬意を込めたメモリアルが建てられている。人類学者の山口智美によれば、２０２０年３月現在北米にはトロント、ニューヨーク、サンフランシスコなどの都市に計16基、様々なデザインのメモリアルがある。本章では、２０１７年に完成した「力の柱」（原題“Women's Column of Strength”）と名付けられたサンフランシスコのメモリアルについて取り上げる。「力の柱」は30を超える公募の中から選ばれた彫刻家・スティーヴン・ホワイト氏による作品だ。手を固くつないだ３人の少女は、それぞれ朝鮮半島、中国、フィリピンのサバイバーたちの少女時代を表している。沈黙を破り、力強く立ち上がる３人の傍には、１９９１年に日本軍「慰安婦」制度の被害者として名乗り出た金学順（キムハクスン）さんの像が少女たちを見守るように立っている。

「慰安婦」問題が主に日韓の政治・外交問題として認識されている日本において、なぜ海外、特にアメリカで次々とメモリアルが建つのか、理解できない人は多い。日本の右派メディアは、「力の柱」が中国系やコリア系の市民たちの反日感情によって建てられた、との報道を繰り返しているが、実際はもっと別の理由がある。「慰安婦」問題をはじめとする日本軍による戦争犯罪、そして植民地支配の記憶やトラウマが、海を越え、世代を超えてアメリカのアジア系市民に受け継がれており、こうした思いに突き動かされたサンフランシスコ市民たちが、「慰安婦」正義連盟（“Comfort Women” Justice Coalition 以下、ＣＷＪＣ）を結成し、２

015年からメモリアル建設を進めてきたのだ。CWJC設立時の共同代表は2人とも中国系アメリカ人女性だが、ユダヤ系、反戦団体、女性団体、日系、オランダ系、退役軍人の会など、30を超える団体がCWJCに加盟し活動を共にしてきた。サンフランシスコ市は、1998年に世界で初めて「女性差別撤廃条約」を市の条例として採択し、女性や少女に対するあらゆる暴力を根絶するために、様々な取り組みを行ってきた自治体だったことから、CWJCメンバー団体は当初メモリアル建設がスムーズに進むと思っていた。しかし、蓋を開けてみると、「慰安婦は売春婦だった」などの発言を繰り返す差別主義者の反対の声だけでなく、日本人・日系人コミュニティの孤立や分断につながるのではないかという懸念の声が、長年人権活動に取り組んできた人びとからも上がってきた。

アメリカの日系コミュニティにもまたトラウマがあった。1941年12月8日未明（ハワイ時間12月7日）、日本海軍が、ハワイ・オアフ島真珠湾にあったアメリカ海軍の基地に対して奇襲攻撃を行い、日米太平洋戦争が開戦したことを受け、「敵性外国人」に指定された日本人と日系人12万人が強制収容所に送られた。その後日本との戦争が激化する中で、アメリカへの忠誠心を示すために軍に志願した者や、逆にアメリカ市民権を放棄した者など、アメリカと日本との間で引き裂かれたコミュニティ。そのような日系アメリカ人（の一部）にとって、日本を名指しした「慰安婦」メモリアルは再び国家間の諍いのターゲットとなるのではないか、と戦時中のトラウマを彷彿させるものであった。このような不安を払拭するため、CWJCは、日本国内で日本軍による性暴力の問題に取り組んできた団体や個人、特にサンフランシスコの姉妹都市である大阪市に拠点を置く「日本軍『慰安婦』問題・関西ネットワーク」（以下、関西ネットワーク）と協力し、メモリアル建設の運動を進めた。

「力の柱」建設を支持する日本市民の連帯の思いを手紙に託し、サンフランシスコ市長や市議会議員一人一人に届けることを皮切りに、CWJCは継続的に関西ネットワークやその他の日本の団体とともに活動。そして、ついに2015年9月サンフランシスコ市議会は全会一致で「力の柱」の建設を決定した。その後、建設に向けて具体的に動き出したのだが、完成を阻止したい吉村洋文大阪市長は、故・エドウィン・リーサンフランシスコ市長へ計5通の公開書簡を送付し、「日本のみを批判の対象」としたメモリアルは地元コミュニティの分断、両市の関係悪化、さらには日米関係にも悪影響を及ぼすと批判し、「姉妹都市関係を根本から見直さざるを得ない」と脅迫とも取れる強い口調で抗議した。こうした吉村市長の動きに対し、CWJCと関西ネットワークは、数百の日本市民の、平和と女性の人権を象徴するメモリアルの公有化を望む思いを込めた手紙をサンフランシスコに届け、2017年9月に完成した「力の柱」は正式にサンフランシスコ市の所有物となった。

建立から7周年を迎える「力の柱」は、日本軍による性暴力の被害者が正義を求め名乗り出た勇気、日本政府へ法的な謝罪と補償を求めるために立ち上がった世界中の人びと、そして国を越えて共に立ち上がり、闘ってきたアジア系市民を中心としたアメリカの団体と日本の団体の連帯を象徴する平和の像であり、日本軍による戦時性暴力問題をなかったことに、あるいは矮小化したい日本政府やアメリカ政府・そして右派団体による強力な圧力に抗い続けている。そして、サンフランシスコの地から性暴力や性搾取を根絶するために何ができるのか、訪れる人びとに対話と行動を始めるきっかけを与えている。

（河庚希）

◆参考文献

"Comfort Women" Justice Coalition ウェブサイト　https://remembercomfortwomen.org/.
Smith, Sheila A. "The President as Facilitator in Chief," March 26, 2014, Council on Foreign Relations, https://www.cfr.org/blog/president-facilitator-chief.
"Statement by National Security Advisor Susan E. Rice on the Republic of Korea-Japan Agreement on 'Comfort Women'" (December 28, 2015) The White House, https://obamawhitehouse.archives.gov/the-press-office/2015/12/28/statement-national-security-advisor-susan-e-rice-republic-korea-japan.
Yamaguchi, Tomomi. "The 'History Wars' and the 'Comfort Woman' Issue: Revisionism and the Right-Wing in Contemporary Japan and the U.S.," Japan Focus: The Asia Pacific Journal 18, no. 6 (March 15, 2020), https://apjjf.org/2020/6/Yamaguchi.html.
「日韓両外相共同記者発表」（２０１５年12月28日）外務省ウェブサイト　https://www.mofa.go.jp/mofaj/a_o/na/kr/page4_001664.html.
日本軍「慰安婦」問題・関西ネットワーク ウェブサイト　https://www.ianfu-kansai-net.org/.

46

アジア系セトラーコロニアリズム

★その系譜と論点★

アメリカという国家の建設および領土の拡張の過程で土地を奪われた先住民の人びとにとって、アジア系移民やその子孫たちの存在はどのように映るのだろうか。かれらは労働力を補うために移入され搾取された被害者なのか、土地を略取した共犯者なのか、それとも帝国主義や資本主義に対して連帯して抗う同志なのか。あるいはまた別の姿なのか。アジア系アメリカ研究者は、近年こうした問いに対してセトラーコロニアリズムという概念を軸に議論を重ねてきており、アジア系アメリカ研究は方法論的転換期にあるといっても過言ではない。そこで本章では、まずセトラーコロニアリズムという概念を簡単に整理し、続いてハワイを出発点としてアジア系アメリカ研究におけるセトラーコロニアリズムの議論の系譜を辿り、その上で重要な論点を指摘したい。

オーストラリアの歴史学者パトリック・ウルフによれば、セトラーコロニアリズムとは、宗主国から派遣された植民者がその土地の資源と先住民の労働力を搾取して運営するような植民地とは異なり、植民者が先住民の土地を奪い入れ替わって居住することを求めるイデオロギーとそれに基づく政策ならびに実践である。セトラーコロニアリズムは、この植民者による先住民の土地の奪取のプロセスを阻む存在として先住民を捉え、先住民の消滅を目指すという極めて暴力的な論理に基づいているという。旧イギリス帝国の植民地であったアメリカ、オーストラリア、ニュージーランドそしてカナダなど、植民者の手により独立し建国した国家がその例である。セトラーコロニアリズムという理論が生まれた背景には、オーストラリア大陸や北米大陸そして太平洋諸島など植民者によって建国された国々に住む先住民たちにとっては、脱植民地化後の社会やその植民地主義の遺産を分析する理論であるポストコロニアリズムはかれらの状況を説明するのには不十分であったからだ。先住民の視点からすれば、かれらは未だ独立しておらず、ポスト（後の）という接頭辞は当てはまらない。

アジア系アメリカ研究の系譜においては、ハワイの研究者がアジア系セトラーコロニアリズムの議論の端緒を開くことになった。２０００年にカリフォルニア大学ロサンゼルス校のアジア系アメリカ研究センターが発行する学術誌 *Amerasia Journal* にハワイ大学の先住民研究者ハウナニ＝ケイ・トラスクの論文「Settlers of Color and "Immigrant" Hegemony」が掲載された。ハワイ先住民の主権運動に取り組んだ活動家で *From a Native Daughter*（１９９３）などの著作でも知られるトラスクは、この論文で、ハワイにおいては白人（haole）の支配に対抗して主としてアジア系の人びとを総称する「ローカル」が広く知られているが、このアイデンティティはネイティブ・ハワイアンの主権運動とは相容れず、むしろセトラーコロニアリズムに加担していることを指摘。ローカルの代わりに有色の植民者（settlers of color）という呼称を使用し、アジア系住民の植民者としての行為や立場の取り方を批判している。この議論を引き受ける形で、同じくハワイ大学の英文学者であるキャンディス・フジカネおよびエスニック・スタディーズ研究者のジョナサン・オカムラが、主としてトラスクを含むネイティブ・ハワイアンとアジア系の研究者の寄稿による編著 *Asian Settler Colonialism*（２００８）を編む。このように、アジア系と先住民系の研究者たちは対話を重ね、アジア系セトラーコロニアリズムの議論は発展してきた。しかし、トラスクの「あなたはどちら側につくのか？」という問いは、シンプルなようでそう簡単には答えられず、アジア系アメリカ研究者は方法論的転換期を迎えたとも言えるだろう。

アジア系セトラーコロニアリズムの議論で難しいのは、アジア系の経験はヨーロッパ系の植民者とは異なるからである。ハワイの場合、アメリカの資本家たちが大規模サトウキビプランテーションを経営、ヨーロッパ系の特にポルトガル系の移民たちはプランテーションの監督役につき、アジア系移民は労働者として働いていた。土地を奪われ、植民者からもたらされた疫病により壊滅的な人口減を経験した先住のネイティブ・ハワイアンの苦難とはレベルが全く異なるが、アジア系の移民たちはプランテーションの底辺で労働力を搾取されてきたことも確かである。この記憶が、植民者と被植民者との間に存在するかのような第三の場（third place）を正当化するような、フジカネが言うところの「幻想」を抱かせる。

とはいえ、日本人や日系移民の意図や欲望も矢口祐人の『憧れのハワイ』（２０１１）、東栄一郎の *In Search of Our Frontier*（２０１９）、シドニー・シュー・ルーの *The Making of Japanese Settler Colonialism*（２０１９）などによって明らかにされつつある。これらの論考によれば、日本人は日本帝国の拡張という植民地主義の言説に便乗してハワイに移住したり、日米の太平洋の覇権争いの産物として「保護」や「憧れ」の対象としてハワイをまなざし、様々な目的でハワイの先住民の土地や文化を消費したりしてきた。さらにトラスクが前述の論文で指摘するように、特に戦後のハワイにおいては日系人が政治経済の中枢で権力を握り、ネイティブ・ハワイアンの活動家たちの主権運動を阻止していたことを考えると、日系人が植民者と被植民者の中間に位置するという議論を持ち出すことすら憚られるだろう。では、アジア系アメリカ研究者はどのようにこの問題に取り組んでいるのだろうか。

フジカネとオカムラの編著以降、ハワイという地域を越え、アジア系と先住民系研究者の対話はもちろんのことアフリカ系アメリカ研究などからも知見を得て議論が発展してきた。また、ニューヨーク大学の先住民研究者のイブ・タックとカリフォルニア大学サンディエゴ校エスニック・スタディーズ学部教授のウェイン・ヤングらが、セトラーコロニアリズムを批判するつもりで加担してしまわぬよう警鐘を鳴らしているが、こうした反省を踏まえた優れた論考が生み出されてきた。数例をあげると、アイコ・デイの *Alien Capital*（２０１６）、ディーン・イツジ・サラニリオの *Unsustainable Empire*（２０１８）、キャンディス・フジカネの *Mapping Abundance for a Planetary Future*（２０２１）などである。これらの研究成果の一つとしては、セトラーコロニアリズムにおける関係性（relationality）を明らかにするという方法論の有用性が示されたことがある。また、フジカネは自らをジャパニーズ・セトラー・アライ（Japanese settler ally）と位置付けている。あえて先住民の土地を奪った歴史に根ざした特権を得てきた事実を受け止める表明としてジャパニーズ・セトラーを前半に、同時に、先住民の認識論に学びながらハワイ諸島を端緒に広く地球の環境を守る人間として自らの政治的立ち位置（ally）を後半に接続するアイデンティティである。このようにハワイの研究者による論考から学ぶことは非常に多いが、デイが指摘するようにハワイという場の歴史的特殊性ゆえに、他の地域にそのまま応用することが難しい面もあろう。セトラーコロニアリズムが、どのような関係性の論理と過程で正当化されてきたのか、個別の事例をもとに詳らかにされていくことが期待される。いずれにしても、先住民の人びとや先住民系研究者の知識から学ぶことは不可欠であり脱植民地化を目指した真摯な取り組みが必要である。

（新田万里江）

参考文献

Carey, Jane and Ben Silverstein. "Thinking with and beyond Settler Colonial Studies: New Histories after the Postcolonial." *Postcolonial Studies* 23, no. 1 (2020): 1–20. https://doi.org/10.1080/13688790.2020.1719569.

Saranillio, Dean Itsuji. "Haunani-Kay Trask and Settler Colonial and Relational Critique: Alternatives to Binary Analyses of Power." *Verge: Studies in Global Asias* 4, no. 2 (2018): 36–44. https://doi.org/10.5749/vergstudglobasia.4.2.0036.

Tuck, Eve and K. Wayne Yang. "Decolonization Is Not a Metaphor." *Decolonization: Indigeneity, Education & Society* 1, no. 1 (2012). https://jps.library.utoronto.ca/index.php/des/article/view/18630.

Wolfe, Patrick. "Land, Labor, and Difference: Elementary Structures of Race." *The American Historical Review* 106, no. 3 (2001): 866–905. https://doi.org/10.2307/2692330.

47

アジア系アメリカ人の民族的な帰還

★祖先の地で揺れ動く帰属意識★

アジア系アメリカ人にとって、国境を越えた多国間移住の方法のうち、最も多く、特徴的なものの一つが、アジアにある祖先の故郷に戻るという「民族的な帰還移民（ethnic return migration）」である。「帰還移民」が、アメリカにいる1世、1・5世のアジア系移民が自分の生まれた国に行くことを指すのとは対照的に、『民族的な』帰還移民」とは、アジア系アメリカ人2世かそれ以降の世代の人が、自身の両親や祖父母の民族的ルーツである国に移住することを言う。

アジア系アメリカ人は経済的に豊かな国に暮らしているので、その多くは旅行でアジアの故郷に行った経験を持つ上、中には民族的ルーツをめぐる観光事業に従事する者もいる。中国系・コリア系アメリカ人は、各々の国の文化的伝統に触れるプログラムに参加して、祖先が昔住んでいた町や村を実際に訪ねられる場合もある。だが、アジア系アメリカ人の中には、留学プログラムや、アジアの大学に進学するなどの教育上の理由、英語の先生、高度な技術者、ビジネスマンなどの職業上の理由で移住し、祖先の土地で長い年月を過ごす者もいる。最近の故郷への帰還は、経済や職業キャリアに起因するものがほとんどで、自分の民族や祖先のルーツの探求を第一の目的としたものではない。東南アジアをルーツに持つ一部のアジア系アメリカ人の家系では、自身の故郷の経済発展に貢献したいという思いもまた、理由の一つとなっている。複数のアジアの政府（特に中国、韓国、フィリピン、ベトナム）は、海外の先進国にいるディアスポラの子孫に対し、技術者・専門職の身分で祖先の国に「還（かえ）る」ことを促す政策をとっている。アジア系アメリカ人の帰還移民のほとんどが、最終的には数年でアメリカに戻る一時滞在者で、長期滞在者や永住者となる者はほぼいない。

アジア系アメリカ人の民族的な帰還移民の人口について、明確な統計はないのだが、東南アジア系よりも、中国系・コリア系・日系アメリカ人による帰還移住の方が多いという可能性は大いにある。なぜなら、東アジア諸国のほうが、教育、職業、ビジネスなどにおける機会が豊富だからだ。一方で、フィリピン系・ベトナム系アメリカ人の間でも、祖先のいた国がこの数十年でより経済的に発展し、先進国に住む海外のディアスポラが歓迎されているために、各々の祖先の故郷への帰還移民も増えてきている。アメリカ生まれのアジア系アメリカ人のほとんどがまだ2世なので、民族的な帰還移民も主にこの世代である。だが、日系アメリカ人のような、もっと年上世代のアジア系アメリカ人からすると、3世や4世にあたる人が、祖先の起源となる国に帰還移住しているケースもある。

アメリカにいるラティーノ（また別の、移住からなるマイノリティ）と比較して、アジア系アメリカ人は、より文化的に同化し、アメリカナイズされている、と知られている。2世でさえ、ほとんどがアジア系の母語をあまり話せないし、その国の文化的伝統に強い結びつきを持っていない（戦後世代の、バイリンガルで複数の国の文化に精通している、いわゆる日系新二世は例外だが）。アジア系アメリカ人3世・4

世や、白人のアメリカ家庭で育てられたアジア系孤児（ほとんどがコリア系）は、その文化的ルーツやアジア系の母語との関わりを失ってしまうことが、しばしばある。

それゆえに、多くのアジア系アメリカ人の帰還移民は、祖先の故郷において、文化的には外国人と見なされてしまうし、あまりにアメリカナイズされ、自分たちと同じ文化的伝統を持っていないせいで、社会的にも同じ国の人間としては受け入れてもらえない。日本や韓国などでは、日系・コリア系アメリカ人は、祖国が豊かでない時期に国を離れた、もしくは捨てた人間の子孫、と見なされることもある。アジア系アメリカ人はまた、祖先の故郷で慣習や生活様式の違いに出くわしたり、女性だと家父長制や男尊女卑によって個性を失ったりもする。東南アジア系アメリカ人の家系では（時には中国系でさえも）、田舎では特に、故郷の生活水準の低さに辟易してしまう場合もある。なので、一部の民族的帰還移民には、移住した国では社会的にも文化的にも距離を取り、隔離されたコミュニティで生きていく者さえいる。

祖先のルーツである国で、民族的な周縁化や社会的な疎外を経験したアジア系アメリカ人は、自らの民族的帰属意識を再評価するようになる。彼らは、アメリカでは人種的には外国人に分類され、人種差別や不当な待遇を経験することもよくあるので、自分たちが必ずしも本物のアメリカ人として完全に受け入れられるとは考えていない。結果として、その多くが民族的な部分に親近感を持つほか、民族の故郷を切望してノスタルジーを感じる者さえいる。しかしながら、自身の民族的「ホーム」に帰属意識を求めるというのは、アジア系アメリカ人の帰還移民にとってはほぼ叶わない願望なので、彼らは大いに落胆し、自分たちが本当に属する「ホーム」はアメリカなのだと気づく。そういう意味で、彼らはアメリカ人という国家的アイデンティティ、もしくは文化的に異なるアジア系アメリカ人という民族的アイデンティティを強めていき、アジアの故郷や祖先との結びつきをあまり感じなくなっていってしまう。それでもなお、中には、自分たちは民族的にはアメリカと民族的ルーツのちょうど間に位置し、どちらの国にも本当には属していない、と感じてしまう者もいる。

しかしながら、アジア系アメリカ人は祖先のルーツの国において、裕福で豊かな国からきた、尊敬すべき上流階級のアメリカ人として美化され特別扱いされる。もしくは、社会的・言語的・文化的資本という意味合いで、グローバルで現代的なアジア人だ、との見方をされることもある（この見方は特に東南アジアで強いと思われる）。彼らの多くは故郷にいる親戚を訪ね、一般的には好意的に受け入れられる。文化的・専門的な能力が高く評価されるおかげで、アメリカでは手の届かないような昇進の機会やアドバンテージを、故郷で得るアジア系アメリカ人もいる。したがって、好ましくない、もしくはネガティブな経験をしたアジア系アメリカ人の民族的帰還移民もいる一方で、よりポジティブな経験をし、祖先の故郷について、好意的な印象や、アジアの祖先や民族的伝統へのより深い理解、より国際的な民族的アイデンティティなどを有してアメリカに戻る者もいるのである。

（津田岳雪／吉田のえる訳）

◆参考文献

Nguyen-Akbar, Mytoan. 2014. “The Tensions of Diasporic ‘Return’ Migration: How Class and Money Create

Distance in the Vietnamese Transnational Family." *Journal of Contemporary Ethnography* 43(2): 176–201.

Suh, Stephen Cho. 2020. "Racing 'Return': The Diasporic Return of U.S.-Raised Korean Americans in Racial and Ethnic Perspective." *Ethnic and Racial Studies* 43(6): 1072–1090.

Tsuda, Takeyuki. 2009. *Diasporic Homecomings: Ethnic Return Migration in Comparative Perspective.* Stanford: Stanford University Press. (has chapters on Japanese American, Korean American, and other ethnic return migrants)

Wang, Leslie. 2016. "The Benefits of In-Betweenness: Return Migration of Second-Generation Chinese American Professionals to China." *Journal of Ethnic and Migration Studies* 42(12): 1941–1958.

48

アジア系のルーツを探す旅と観光

――★遺伝子検査とIT/DXが紡ぎ出すルーツ・ツーリズムの世界★――

２０１２年からアメリカの公共放送サービスＰＢＳで放映されているFinding Your Rootsは、有名人のファミリー・ルーツ調査がテーマとなっている人気ドキュメンタリー番組で、現在シリーズ９まで放映されている。制作側がその有名人の祖先に関する情報について名字などを手掛かりに、家族や親戚、知人、近隣住民からの聞き取り、新聞や古文書検索、お墓に彫られている情報、軍歴資料、渡航記録など、あらゆる手段を使って調べ、ゆかりの地を訪問するのである。日本のＮＨＫの「ファミリー・ヒストリー」という番組にも似ているが、異なる点はアメリカの場合、それに人種・民族的なルーツを確認できる祖先遺伝子検査が加わることである。

実際、市場には、Ancestry.com、23andMe、Family Tree DNAをはじめとする唾液から採取した遺伝子を用いる祖先遺伝子検査解析サービスが主にインターネットを介して出回っており、ルーツ探しのために個人や家族単位で旅するアジア系は、こうしたサービスの利用者であることが珍しくない。唾液サンプルを専用の小箱に入れて送り返すと、１カ月もしないうちに、その解析結果が専用会員サイトで見られるようになっている。

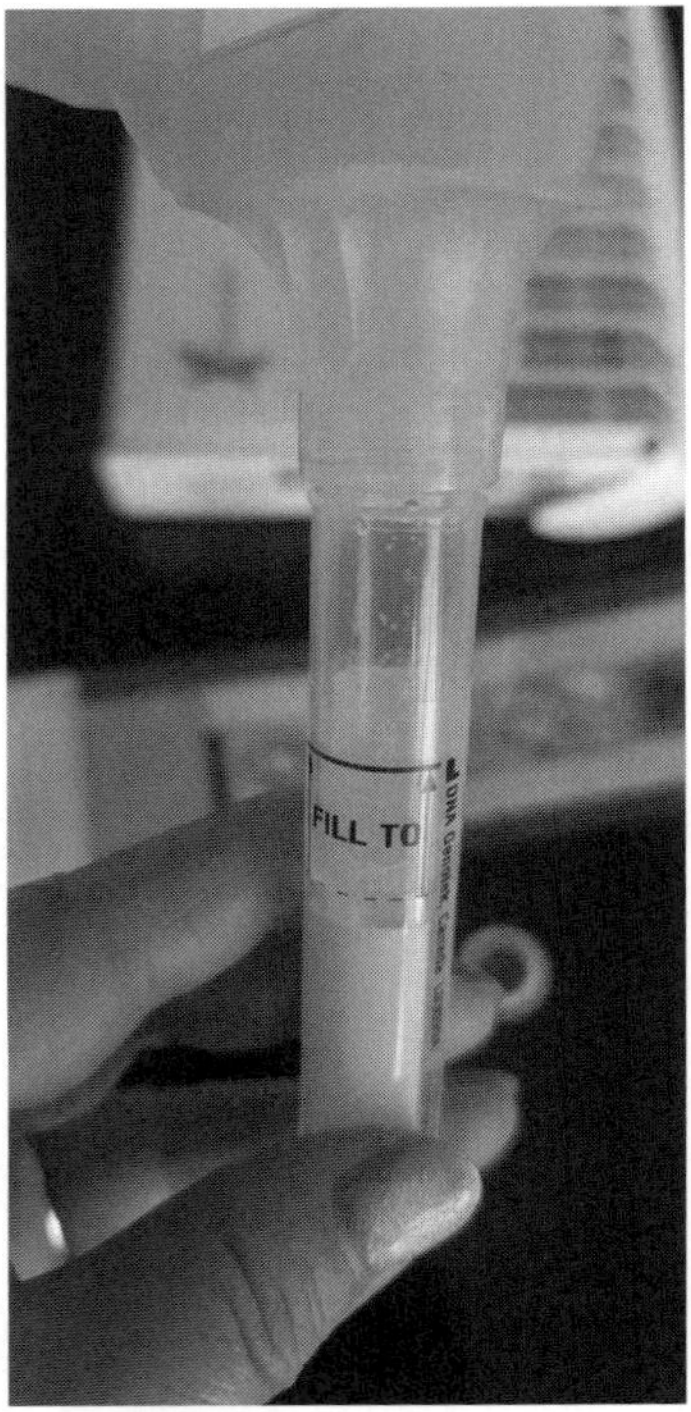

ルーツ遺伝子検査の唾液検体

遺伝子解析から予想されるエスニシティが、出自につながる世界の地域名とパーセント割合で示されているため、そこに表示された自分のＤＮＡにつながる地域に旅をしてみたいという欲求が喚起されるという仕組みである。

こうした祖先遺伝子検査解析サービスは、単独ではなく、デジタル化された家系図作成システムや、類似した遺伝子構成をもつ会員とつながれる機能、新聞記事や裁判や渡航記録などを検索できるシステムなどと連動しており、特定のエスニック組織との関係性がなかったとしても、ルーツ探し調査を個人の次元ではじめられる仕組みを提供しており、継続的な会員となり情報を得ているアジア系も多い。会費はAncestry.comの場合であれば、月単位でサービスに応じて、24・99ドルから99・99ドルとなっている（２０２３年9月時点）。

移民子弟による祖先の故郷や出身地を訪ねる営みは、「親族訪問」というビザカテゴリーがあるように従来から行われてきたことではあるが、2000年代以降のルーツ探しを目的とした旅に特徴的なことは、言語の問題などから祖先の出身地とすでに物理的な関係性が途絶えてしまっている世代が、デジタル化された検索システムやGoogle Map、インターネット上の翻訳サービス、エスニシティごとに特化したルーツ探しのノウハウをレクチャーするYouTubeチャンネルやfacebookコミュニティなどを駆使しながら、自らの出自を家系図や家族、出身地の歴史と関連づけて精力的に調べるという情報収集行為が介在し旅の方向性を決めていることにある。そのため、アジア系のルーツを探す旅の目的地は、必ずしもアメリカからアジア諸国への旅に集約されるわけではなく、アメリカ国内の図書館、博物館、公文書館、また同じようにルーツ探しをしている人たちが集まり情報交換を行うカンファレンス、地域のアジア系コミュニティセンターでのルーツ探し講座など多岐にわたる。

アイルランドやスコットランドなど、国家レベルでルーツ・ツーリズムを促進するマーケティング・キャンペーンが行われてきたヨーロッパ諸国を祖先の出身地とするヨーロッパ系に比べて、ルーツ探しの旅に出るアジア系は、情報収集の面でも、アジア諸国への旅においても、言葉や文化的な壁で苦労することが多い。その背景には、まず移民国家としての国づくりや市場形成を行ってきた欧米諸国に比べて、韓国や日本などのように、単一民族神話が根強く、海外にルーツを探しに行くという発想が主流層に共有されにくい国々もあることが関連しているだろう。2つ目の要因としては、一つ目の要因により、調査や市場開発が充分に行われておらず、産業化が進んでいないことが挙げられる。例えば、日系のルーツをもつ場合は、日本で生まれた祖先の出自をたどるうえでは戸籍が重要な資料となるが、日本の役場で管理されている戸籍は、基本的にルーツ探しに来るアジア系訪問客からの請求が想定されておらず、多言語対応はほとんどなされていない。観光業界におけるルーツ・ツーリズムに対する認知や対応も欧米に比べると進んでいないため、個人情報がデジタル化された検索システム上でオープンに閲覧でき、戸籍という仕組み自体がそもそも存在しないアメリカからやってきた日系にとっては、戸籍の取得そしてその解読はハードルが高いものとなっている。

こうしたアジア系ならではの難しさをはらんだルーツ探しの旅を支えるのが、YoutubeやFacebookなどで展開するセミナーやオンラインコミュニティである。例えば、YouTubeでは、コリア系に族譜の読み方を英語で講義する動画が、2022年3月の時点で8万回以上、視聴されている。また、ルーツ・ツーリズムと関係が深い宗教としては、2002年から検索可能なデータベースを無料公開しているFamilySearch.orgや世界最大級のルーツ・ツーリズム関連のカンファレンスRootsTechを運営するモルモン教が挙げられるが、かつてモルモン教の宣教師として日本に滞在した経歴をもつヨーロッパ系のマルティナス・E・ウルフは、ルーツ探しを行う日系によく知られた人物である。彼が運営しているmykoseki.comは、日本にルーツをもつ妻や知人のルーツ探しにおいて戸籍請求を手伝った経験から得られたノウハウが詰め込まれており、彼が主催するオンライン・オフライン双方の戸籍セミナーは、モルモン教信者に限らず幅広い日系から人気を博している。

（河上幸子）

49

辿れないルーツ

★「国際養子縁組」のアジア系★

アメリカ合衆国には国際養子縁組の制度の下で「アメリカ人」家族の「養子」となったアジアの子どもたちがいる。韓国や中国、ベトナムやフィリピン、インドで生まれ、乳幼児期や学童期に単身、あるいは兄弟でアメリカに渡った「孤児」である。

これまで国際養子の子どもたちは、アジアの貧困や政治的動乱から救い出された子どもたちとして描き出されることが多かった。朝鮮戦争やベトナム戦争といった冷戦対立の戦禍に巻き添えになった孤児もいれば、アジアに駐留する米軍基地の米軍男性とアジア人女性との間に生まれ落ちて孤児になった人もいる。こうしたことから欧米のメディアはアジア人養子を「人道」や「慈善」の観点から「救い出さなければならない子ども」として描くことが多かった。

しかし「白人家庭」に引き取られることが多かったアジア系の国際養子は、家族の中で人種の壁に直面した。家族と人種的に異なることで周囲から「かわいそうなアジア人孤児」としてステレオタイプ化された偏見にさらされることも少なくなかった。さらに、大人になってから自分の出生を辿ることが難しいことも多く、出身地や実母の存在、養子に出された経緯などを知ることができない現実にも直面している。

本章は、韓国で生まれ落ち、孤児としてアメリカに国際養子に出されたキー・ビョングン氏が書いたエッセーである。コリア系の国際養子（Korean adoptee）は朝鮮戦争を契機に始まったことから、１９５０年代に養子としてアメリカの家族に引き取られていったイメージがある。しかし実際には１９６０年代以降に本格化し、孤児になった子どもたちはアメリカのみならずヨーロッパ諸国にも引き取られ、その数は１９８０年代になっても数千人規模で行われた（現在は世界に20万人以上のコリア系の国際養子がいると言われる）。キー・ビョングン氏は、そんなコリア系国際養子となった自分の生い立ちを辿りながら、「知る権利すらない」と悟った心のうちを語っている。そしてアメリカにおいても、韓国においても自分の存在を見出すことができなかったキー・ビョングン氏が、「日本」の地で暮らすようになった想いを語っている。

（紹介文　李里花）

誰も知らない

「自分が何者か」を理解するための情報すべてが、私にはない。故郷はわからないし、見たこともない。誕生日は推測にすぎず、特別嬉しい日ではない。両親の顔や声も記憶にない。たとえ両親とすれ違ったとしても、私にはそもそも気づく術がない。私には、歴史も家族もない。故郷を想起する歌や、においや、味もない。誰かに名前を呼ばれても、私は自分に話しかけられていると気づけない。それは生まれて一番初めにもらったもので、かつ、私から奪われたものでもあるから。私は虚空の子、

第49章

辿れないルーツ

すべてがわかり得る世界の中で、正体不明の身である。

私が存在した記録は１９８４年８月４日から始まっているが、これは出生日ではなく、書類で辿れる最初の日にすぎない。私に与えられた出生に関する断片的な話は、下手なフィクションさえ及ばないほど酷かった。おむつの鞄一つで駅に放置された赤ん坊。それを連れ帰る誰か。警察署。養子縁組の仲介業者。登場人物たちには、名前も顔もない。これが真実だと証明する書類は一つもない。昨晩見た夢をなんとか思い出すように、事実に基づいて書き留められただけの内容である。それは私にとっては、決して目覚めることのできない悪夢でもあった。

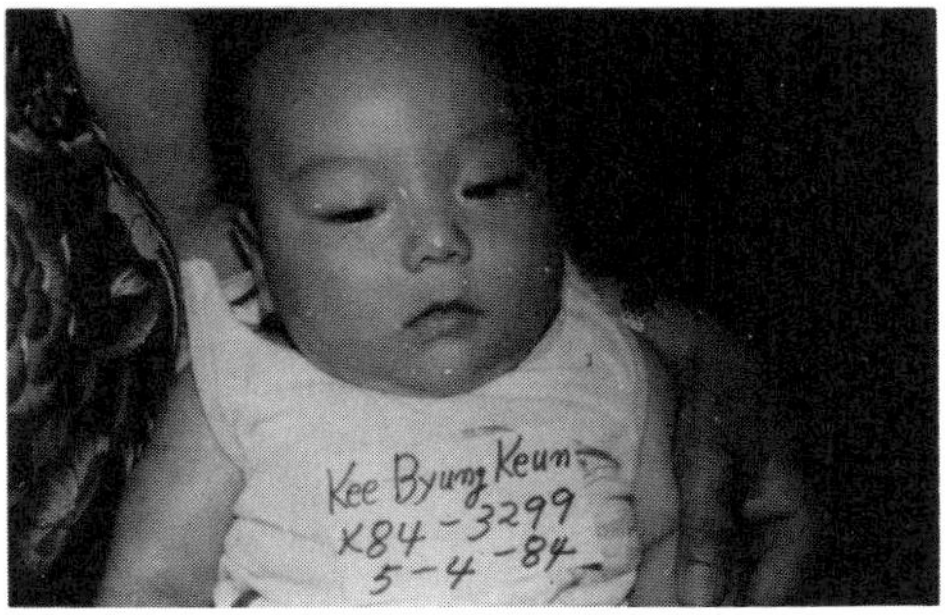

国際養子用に撮影された写真（本人）

３カ月後、私は米国で、新たな名前と両親を手に入れた。私のアイデンティティまでもが白人と化したが、体に変化はなさそうだった。そして、米国では残酷なことに、白人でないということが影響をもたらした。個人情報を白人として登録し直されても、白人らしくしつけられていても、関係ない。パスポートの名前は限りなく米国人だったが、それも幻想でしかない。なぜならそれらはすべて、アジア系の体に付属しているからだ。私が埋め込まれた家族が、いくら白人として振る舞っても、意味をなさなかった。

私は隔離された現実にとらわれた。自分は今どこにいて、なぜそこにいるのか、わからなかった。涙も出ないような苦しみが、

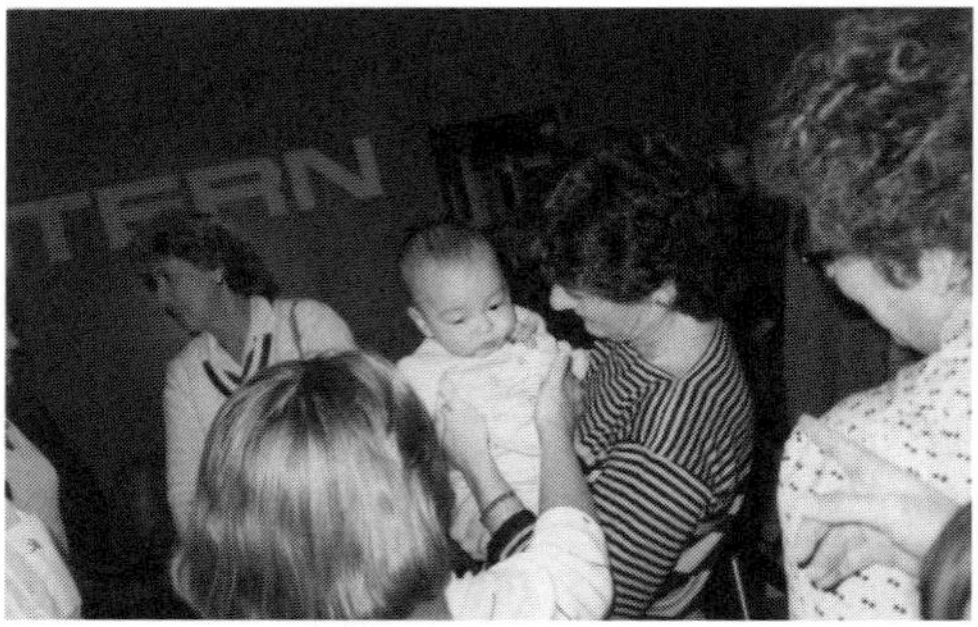
アメリカ人家族と初めて遭った日（本人）

半年続いた。その果てに、幼いながらも「自分は別の世界に閉じ込められた」という事実を受け入れた。それでもなお、「自分のものではない人生を生きる」という不確実性が、心の奥底にずっと付きまとった。それは、自分ではない誰かのふりをするということを意味した。もしそのごまかしの糸が切れてしまえば、私は本来そこに存在するに相応しくないことが、白日のもとにさらされてしまうのであった。

彼らと同じ屋根の下で暮らそうと、私は彼らと同じではなかった。今後も同じようにはなれないし、ならないだろうし、なりたくもなかった。

私は数十年アメリカで暮らしたが、同じ境遇の人には一度も会ったことがない。さらに言えば、郊外の白人だらけの地域にいたせいで、そもそもアジア人とさえ知り合っていない。家や外の世界で人種差別にあっても、見た目のせいで帰属意識に悩んでも、一緒に考えてくれる人などいなかった。私の感情はないも同然だった。今すぐ逃げ出して、どこかもっと安心できる場所を見つけたいと望んでも、おとなしくしていろ、恩知らずな振る舞いはやめろと言われ続けた。最終的には、夢を見ることを完全にやめた。

私たちを売った韓国人も、買った人も、私たちが自身の境遇について疑問を持つことすら、想定していなかった。だから私たちはある時立ち上がり、突然反抗する。私たちの反抗は、本、ドキュメンタリー、政治的アクションなど、様々な形で表れるが、私の場合は、薄暗い米国時代に訪れた。長く苦しんだのち、始まりの地点に行くしかないと悟った。米国から韓国までの14時間におよぶフライトは、物理的にだけではなく、時間的にも超越した移動となった。そして韓国に到着した瞬間、まるでそれまでの日々が剝がれ落ちるように、自分自身の中にずっと存在していた、他の誰かがいたことに気がついた。これまで拒絶され、誰にも知られず、私が最初に他所にやられてからずっと、分離されてきた自身。悲劇と時間という痛酷な壁によって、分離され、封印されてきた自身の存在があった。

束の間の感情にすぎないのかもしれないが、私は奪われたもう一つの自身を取り戻すという考えに釘付けだった。もしこの地に留まり、ただ存在して、米国での生活というトラウマから遠ざかれるのなら、何とかして自分の完全体をもう一度作り上げたいと思った。私は人生で初めて、本物の夢を描いた。可能性という名の扉は、私の目の前に開いており、その先で私はついに、自分の運命の所業をなかったことにできると思った。少なくとも私は、そう思った。これらの夢の原動力は、いつか故郷に帰って家族を探し出すという、私の人生における最大の願望だった。幼い頃から、もしかしたら私の家族も私を探しているかもしれない、すべては恐ろしい間違いだったかもしれない、と想像してきた。これらは何一つ起こるはずではなかったかもしれない、と。私も普通の韓国人になれないだろうか。他のみんなと同じような、人間にさえなれないのだろうか、と。

すべきことは全部やった。待ち、祈った。書類を集め、すべきところには電話をかけた。新たな形の絶望を千個は味わった。そして美しい春の日に、ソウルで、これ以上は無意味だと悟った。彼らを見つける道はないと。可能性の扉は目の前で閉められ、夢も、生きる意味も、その蒼白な翼で私のもとから飛び去っていった。私の反抗も、人生も、終わりを告げた。

もしかしたら、図々しかったのかもしれない。つまり、これが物語のあるべき姿なのかもしれない。周りと違うという理由で子どもの頃に受けた、あらゆるいじめや暴力は、成長の代価にすぎなかったのかもしれない。自分の過去をしきりに掘り起こしたせいで、望んでいた未来を一つ失ったのかもしれない。私はいたずらに闘っていたのかもしれない。

そして今

疎外。孤独。追放。不自由。悲しみ。絶望。疲労。これらは、国際養子の首にかけられた錘のほんのいくつかにすぎない。生まれた場所も育った場所も、どちらも故郷ではない。今いる場所が、故郷だとも違うとも言い切れず、いつも逃げ回っている。傷を過去に追いやるために、常に痛みを凌ごうと努めている。だが、トラウマという触手は、国際養子たちの人生のあらゆる側面に向かって伸び、彼らの人生のほぼすべてを蝕む。ただ生き延びること自体が難しい。そこに感情すら持たなくなる者もいる。命を落とす者もいる。原因は、失意、自殺、殺人だともされている。しかし実際、これらは凶器にすぎない。手を下すのは、国際養子縁組そのものである。

私にとっては、逃げることが最善だった。韓国と米国からできる限り遠く、このようなことが起こらない場所へと。およそ10年がたち、私は日本で静かに暮らし、普通に仕事をして、普通の生活を装っている。完全な韓国人でも米国人でもない私は、東京という人の海に消え入るよう、最善を尽く

第49章

辿れないルーツ

してきた。私は全くもって日本人ではないが、うまく溶け込んでいる。これが回復方法の一つなのか、私にはわからない。だが居場所がある、ということ自体に十分な意味がある。私は自分の身に起こったことを、決して忘れることはできない。だが一歩街に出れば、そんなことは誰も知らない。私がどこにいて、どれほどのものを抱えていて、どんなに大変かなど、誰にとっても問題ではない。誰も知らない。きっと誰も知ることはない。

（キー・ビョングン／吉田のえる訳）

50

越境する教育

★「新移民」の教育★

　近年、世界規模でデジタル化による情報社会の発展が加速度的に進展し、情報の入手・伝達は過去と比べると極めて容易になった。地理的に大きな隔たりがある日本と米国の間も、やはりこのような傾向が顕著に見られる。国境を越えて移動する日本人や米国に在住する日本人の背景も変化している。時代とともに人の移動の目的、背景も多様化し、日本から米国に渡った人びとの越境に伴う価値観、移住と定住への概念、そして新たな移住先での子育てと教育も大きく変化する。本稿では近年の環境の変化のなかで、日本から米国に渡った人びとの越境する教育に着目する。

　第二次大戦後、新たにアメリカに移り住む日本人が増加し、現在もアメリカに多く居住している。戦前、主に労働力として、新天地を求めアメリカに渡った日系人やその末裔と区別し、戦後に新規に移り住んだ日本人とその子孫は「新日本人」または「新一世」と呼ばれているが、多種多様な背景から一概に一括りにすることができない。戦前から移住し、現在では四世ないし五世までアメリカ社会に根を下ろした日系人と峻別して、比較的近い頃に移住した人びとは、「新日本人」または「新一世」とも呼ばれる。本章では、「新一世」という用語で統一をし、また「新一世」の子どもは「新二世」と呼ぶ。いつ頃、渡米してきたのか、いかなる背景と目的を持って渡米したのか、どのような職種に就いたのか、またいかなる環境の暮らしかを検証すると千差万別である。教育面においても、旧来の日系人の子孫、「新一世」本人の教育観および子どもたちに対する文化や言語の継承、教育方針等も多様である。

旧世代（20世紀初頭）と異なり、現代は祖国と移住先をより頻繁に往復することが容易であり、物理的な移動だけではなく情報の行き来も瞬時にできる。「新一世」が生きる現代社会では、越境的な社会ネットワークを形成し維持することが可能であり、移民は母国あるいは移住国の社会のみに固定されない重層的なアイデンティティを保持する場合も多く、彼・彼女等の活動は、社会的領域を隔てる境界線を越えることもある。越境するトランスナショナリズムが加速度的に当事者の中で育まれ、旧世代でよく見られる単線的かつ同質的な同化が強いられる環境でもない。たとえ日本を離れ、米国に居住していても、日本語力を維持させる教育の選択も可能である。あるいは、日本で行われる国民教育の一環として米国で日本語による教育を選択するのではなく、子どもの興味関心、モチベーション、住む環境と経済力などの要素に影響を受けているため、「新一世」の越境する教育にも多様な戦略がある。多様なケースに応用できる膨大な情報の入手、取捨選択が可能な情報の多様性、そして教育のグローバル化が多様な教育戦略を可能にしたのである。それゆえ、かつてのような移住か帰国という二者択一の選択ではなく、より柔軟に様々な要素を教育方針に組み入れることが可能になった。日本への帰国に際して、日本社会に適応するための教育に重点を置くのか、米国の高等教育を目指すのか、あるいは日本でも米国でもない第三国の高等教育機関の進学を選択するのかが具体例である。「新一世」の両親と子どもにとって、日米間のいずれかにのみ応用できる教育戦略だけではなく、より地球規模の教育の選択さえも、豊富な情報とその活用により、可能となる。このことが、環境の変化の中で、浮上している多様な越境教育という新たな現象でもある。実際に、現代の「新一世」は、越境教育を「新二世」の成長過程に合わせつつ、文化、社会、情報等の資本、各家庭、個々人の状況に合わせて様々な選択をして取り入れている。旧一世が移民後のアメリカで生まれ育つ二世の子どもたちに対しての教育戦略すなわち、団体的な仕組みや組織に依拠した統一的、同一的志向の戦略とは異なり、個々の家庭レベルや、ケースバイケースといった越境教育戦略に変化していると言えるだろう。

具体的に、筆者がフィールドワークの調査地として選んだロサンゼルスを越境教育の場として考察してみる。日本街には、かつての日本と現在の日本、そして多岐にわたって日本と縁がある人びとが訪れており、象徴的な存在としての日本を多角的な視点から見ることができた。ロサンゼルスの日本街は、旧日系人の象徴でもあるリトルトウキョウとリトルオーサカと呼ばれる新日本人街がある。リトルオーサカは、ソーテルに位置し、米国人やアジア系アメリカ人、そして日本人や「新一世」といった多様な人びとが集う街でもあるが、ロサンゼルスに住む「新一世」は、越境とグローバル化がもたらしたあらゆる直接的つながり、つまり日本食を提供するレストラン、スーパーマーケット、日本製品を扱う店、教育機関、習い事を提供する私塾に容易にアクセスができる。

「新一世」が渡米した目的、理由、背景、そして社会的な階層や経済力も多岐にわたるため、彼らの移動の経験、そして米国で育つ「新二世」の経験と教育環境も多様化する。「新一世」と「新二世」にとって日本または米国のどちらか、または両方が「ホーム」になるのか、そしてその「ホーム」で生活を営むためにどのような教育を選択するのかが鍵となる。

教育に目を向ければ、「新一世」が多く居住しているロサンゼルスには日本に関連する多くの教育組織が存在する。リトルオーサカと呼ばれるソーテルにおいても同様である。具体的な例として週末だけの補習校、日本語を継承語として学ばせる継承語学校、帰国後に日本の学校の学習への適応を視野に入れて日本的な教育法を導入している塾や家庭教師など、多様な教育ニーズの需要と供給が存在していることから越境教育も様々である。本章での越境教育とは、米国と日本を交差する、もしくは国境を自由に何度も越えて教育移動することと定義できるが、その目的や形態も多様である。

「リトル・オーサカ」と呼ばれるロサンゼルスのソーテル地区にて。モール内にテナントを出している日系スーパーマーケットや不動産会社や旅行代理店が映っている

それでは、米国への移住や渡米後にいつ日本に戻るかが定かではない長期的あるいは永住となる事例においては、どのように価値観、自身のアイデンティティや子どもをめぐる教育の意識は変化するのだろうか。親である「新一世」とは異なる環境で育つ「新二世」が持つ日本に対する認識は、親である「新一世」世代とはおのずと異なるであろう。「新一世」とは異なる環

境で育つ「新二世」が持つ日本の認識や教育への意識は親世代とは異なると考えられる。しかし、旧日系二世とは、以下の点で大きく異なることを失念してはならないだろう。すなわち、物理的・地理的に日米間の距離が遠く離れていても、情報技術の発展により、日本文化に触れる手段が大きく変わっているという事実である。また、定住者子女向けの教育の場、駐在員や研究者など一時的な滞在者子女を対象とする学校がある一方で、異なる教育アプローチを採用するインターナショナルな教育機関も同時に存在することで、米国在住という共通点があったとしても、「新一世」や「新二世」に合わせた多様化した教育サービスも増加している。言い換えれば、越境教育を容易にできる環境が、日本人街である「リトルオーサカ」を含むロサンゼルスには散見される。しかし、こうした動きは新しい動向でもあるため、米国に居住する多様化した「新一世」やその子どもである「新二世」の将来のキャリア形成に向けて、どのようなネットワークを持ち、教育戦略を立てるのかを見据えるためには、事例研究を蓄積することが重要である。

（山田亜紀）

◆参考文献
石戸谷滋『日本を棄てた日本人――カリフォルニアの新一世』草思社、1991年。

森本豊富・根川幸男『トランスナショナルな「日系人」の教育・言語・文化――過去から未来に向って』明石書店、2012年。

山田亜紀『ロサンゼルスの新日系移民の文化・生活のエスノグラフィ――新一世の教育ストラテジーとその多様性』東信堂、2019年。

51

ハワイ文化の越境と変容

★福島県いわき市におけるフラの再構築★

19世紀末から20世紀初頭にかけて20万人以上の日本人が移民として渡ったハワイでは、現在州の人口の約12%を占める日系人がハワイの政治・経済において大きな影響力を持っている。この人びとは、先住民族や他の国々から来た人びとと交流するなかで独自のコミュニティを築く一方で、ハワイ独自の文化を享受してきた。このため、ハワイの日系人の間では、「日本」という出自を強調するよりも、多文化が交錯するハワイ特有の「ローカル」性を重視する傾向が強まっている。しかしながら、日系人の見た目が日本人であることや苗字が日本名である、といった理由から日本人の多くは、ハワイの日系人に対して同胞意識を抱く傾向にある。日本人がハワイ日系人に対して抱くこうした親近感は、日本でのハワイ人気の心理的要因となっている。

日本人が強い関心を寄せてきたハワイの文化のなかでも、フラはとりわけ人気が高い。フラ教室、スポーツジムのスタジオレッスン、地域のサークル活動など、フラを学ぶ場は日本中の至るところに存在し、フラに親しむ日本人の数はいまや本場ハワイをしのぐまでになった。本章ではフラを取り上げ、この文化が日本の地でたどる変容の過程を見てみたい。

フラは元来ハワイ先住民の民族意識と強く結びつく文化で、ハワイ王国の歴代国王は、王権の象徴であるフラの存続に腐心した。ハワイ王国が転覆しアメリカに併合される19世紀末以降になると、アメリカ本土出身の白人を対象としたショー的要素の強いフラが、観光地としてのハワイの魅力を喧伝する役割を果たすようになった。しかし、マイノリティによる権利回復運動が世界規模で活発化する１９６０年代以降になると、ハワイ先住民を中心に、伝統的なフラを含むハワイの先住民文化を復活させる試みが展開されるようになった。この影響を受け、日本においても伝統的で真正なフラに接近したいという思いからフラを実践する人びとが増加した。

その一方で、日本人とフラをめぐる現象として見逃せないのが、日本国内でのフラを通じた町おこしの取り組みである。フラのイベントは沿岸地域を中心に日本各地で開催されていて、こうしたイベントを通じた地域活性化の試みはいまや珍しいことではない。しかし、市民が渾然一体となってフラを自文化化する福島県いわき市のケースは他に類をみない。

いわき市は、２０１８年からシティセールスのキャッチフレーズとして「フラシティいわき」を掲げてきた。フラガールが描かれたロゴマークは町中にあふれ、２０１１年からは高校生がフラの技術を競う「フラガールズ甲子園」が毎年開催されている。いわき市職員の多くは夏場になるとアロハシャツを着て業務を行っていて、5月から9月の週2回に設定された「アロハデー」には、市職員のアロハシャツ着用が公式に推奨されている。２０２３年10月には、フラガールの図柄の入ったいわきナンバーの自動車プレートの公布が開始した。いわき市内の小売店もフラやハワイの要素を積極的に取り入れ、「フラガールまんじゅう」や「フラしき」（フラガールの図柄の風呂敷）といったユニークな商品を続々と開発している。

こうした産学官をあげての「フラ推し」の取り組みが実現しているのは、いわき市こそが「日本におけるフラ文化発祥の地」という共通認識が市民の間にあるからだ。しかしここで興味深いのは、いわきとフラおよびハワイをつなぐ直接的な結びつきは存在しないということである。いわき市からハワイに渡った移民の数は、福島県内のほかの市町村と比してむしろ少ないほうで、姉妹都市協定を締結するカウアイ郡との交流をのぞいて、いわき市とハワイとの関係性は薄いといえる。実は「フラシティ」としての市民意識を決定づけているのは、きわめてローカルな文脈での歴史的記憶である。

明治期に開発が始まって以降約100年にわたって地域の経済を支えてきた常磐炭鉱は、1960年代のエネルギー転換政策のもと、閉山を余儀なくされた。閉山を進める際に問題となったのは、労働者の再雇用と炭鉱から湧出する大量の温泉水の処理問題だった。この時、常磐炭鉱を所有する常磐興産の当時の社長、中村豊が提案したのが温泉娯楽施設への業務転換だった。中村はハワイで、1963年に開業したばかりの「ポリネシアン文化センター」を訪れ、これをモデルとした娯楽施設を構想した。この施設を中村に紹介したのは、日系二世の人物だった。日本ではこの頃ちょうど成長著しいレジャー産業に注目が集まっていたこと、ハワイをテーマとした娯楽施設が当時はまだ日本国内にはなかったこと、温泉水を活用してドーム状の建物にすれば一年中南国の気候を味わえること、などが誘客の期待につながった。さらに中村は、地元の女性をダンサーとして積極的に雇用・教育しフラのショーを施設の目玉に据えることにこだわった。こうして、1966年にオープンした「常磐ハワ

オープンした頃の常磐ハワイアンセンター

「フラシティいわき」ロゴ

イアンセンター」は大成功をおさめ、ピークの１９７０年には年間入場者数１５５万３０００人を記録した。

以上の炭鉱から娯楽施設への華麗なる転身は、２００６年公開の映画『フラガール』によってひろく知られることになった。この映画公開後は、「常磐ハワイアンセンター」から名称が変更された「スパリゾートハワイアンズ」と、その聖地いわきに全国の注目が集まった。この「フラガール」ブームに乗じていわき市もフラを通じたシティセールスを試みるようになった。この過程で、炭鉱閉鎖によるまちの危機を救った象徴としてフラガールが地域に定着したのである。

２０１１年の東日本大震災以来、いわき市では観光客と定住人口の減少が深刻化している。戦後２

度目の危機的状況に陥ったまちは、またしてもフラガールによって救われることとなった。震災後、福島県の「安全・安心・元気」を示そうと、「スパリゾートハワイアンズ」のフラガールが全国巡業ツアーを開始したのである。さらに、このキャラバン活動は観光庁長官表彰を受け、これによってフラガールは名実ともに「東北復興のシンボル」となった。

以上では、いわき市の危機を救ってきた存在として「フラガール」がなかば神格化されつつ地域に定着してきた過程を見てきた。いわき市におけるフラは、元来の民族文化から切り離されローカルな歴史的記憶を通じて再構築されている。移民の存在によって日本人が愛着を抱いてきたハワイ文化の、新たな姿をここに見ることができよう。

（目黒志帆美）

◆参考文献

清水一利『「東北のハワイ」は、なぜV字回復したのか スパリゾートハワイアンズの奇跡』集英社、２０１８年。
「日々の新聞」第１９３号、２０１１年３月15日。
目黒志帆美『フラのハワイ王国史――王権と先住民文化の比較検証を通じた一九世紀ハワイ史像』御茶の水書房、２０２０年。

52

越境する映像世界

★南半球と北半球をつなぐアジア系ディアスポラ★

アメリカで制作されるアジア系アメリカ映画は、ここ数十年、商業の場でよく目にされるようになり、それを主流に押し上げるような映画、監督、俳優の数も増えつつある。「クレイジー・リッチ！」（ジョン・M・チュウ、２０１８）、「search/サーチ」（アニーシュ・チャガンティ、２０１８）、「フェアウェル」（ルル・ワン、２０１９）、「ミナリ」（リー・アイザック・チョン、２０２０）、「エブリシング・エブリウェア・オール・アット・ワンス」（ダニエル・クワン、ダニエル・シャイナート、２０２２）のような多様な映画は、最近まで業界でもその存在を知られていなかった、アジア系アメリカ人の映画制作者やスターにスポットライトを当てることになった。このような成功は、表現のためにアジア系アメリカ人が何十年も闘った結果である一方、ＳＮＳの拡大と、マイノリティの消費者も重要だという認識によって大きく後押しされた反人種主義というアジェンダと、巨大メディアという帝国とを結びつける文化的潮流の一部でもある。しかしながら、アジア系アメリカ映画は現代のハリウッドに限ったものではないし、アジア系アメリカ人の存在自体も、北アメリカに限ったものではない。そう、長きにわたって重要

第52章

越境する映像世界

な存在となってきたアジア系アメリカ人は、アメリカ大陸全体にいて、南アメリカの隅々にまで広がるアジア系アメリカ人の経験を、文化的、人種的、経済的に形作ることに寄与している。この章では、アジア系アメリカ人によって制作された映画に焦点を当てて、アジア系ディアスポラ映画における特徴を、南北アメリカ全体を含む半球的なアプローチの中で位置付けていく。

そもそも、「アジア系ディアスポラ映画」とは何だろうか？　共通の集団的・歴史的な経験や、現在進行形の苦しみと結びつけてイメージされる黒人系ディアスポラのように、「アジア系ディアスポラ」という統合された認識は存在するのか？　簡単に言えば、答えは否だ。アジア系ディアスポラは、国内および民族の区分によって分裂させられ、それとは別の歴史的文脈で南北アメリカに訪れた、移住という潮流によって形成された。しかしながら映画は、アジア系ディアスポラに関する話し合いが明確に議論される重要な場の一つであった。アジア系ディアスポラ映画は、民族的に異なるコミュニティごとに歴史的経験の差は多少あれども、差別主義者の固定概念への反対暗示という政略に従事してきたという共通の道程と、白人社会のヘゲモニーによって、時には政治的に全く異なる方針や義務のために強制された不可視化という経験を、共有してきた。これはまた、数十年にわたる彼らの歴史において、アジア系ディアスポラ映画が、世代や国家の違いが生む不平等に寄与してしまうような、巨大産業の外部に位置する独立的実践であったということも意味する。ここでは特に、南北アメリカ最大のアジア系コミュニティの故郷でもある、アメリカ合衆国とブラジルに焦点を当て、形式的、物語的、政治的側面を簡単に紹介したい。

アメリカ合衆国のアジア系アメリカ映画をめぐる政治

南北アメリカにおけるアジア系ディアスポラたちのコミュニティの中で、アメリカ合衆国は、「アジア系アメリカ映画」のようなアイデンティティを確立するものを作り出すための、もっとも組織的な努力を行ってきており、それは１９６０年代後半にまでさかのぼる。合衆国におけるアジア系アメリカ映画として知られているものは、人種差別と合衆国の帝国主義との闘いであった、１９６０年代の社会運動と深く結びついている。当時の公民権運動、黒人解放運動、反戦運動、および第三世界解放戦線によって引き起こされたエスニック・スタディーズのための闘争は、西側諸国の大学にまで広がった。この意味合いにおいて、アジア系アメリカ映画のはじまりは、ラテンアメリカで起こったサードシネマ運動に触発された、反帝国主義者によるゲリラ映画制作とほぼ同一視される。これは汎エスニックな政治連合としての「アジア系アメリカ」という概念の、初期段階の形を反映している。レニー・タジマ・ペーニャは、初期のアジア系アメリカ映画の主な特徴を次のように挙げている。すなわちそれは、人種的な背景、文化的・歴史的な関係性、西洋諸国による支配という経験などからくる社会的義務や、国家の起源や移住という歴史における多様性である。

このような多様性を目指す活動家たちの傾向の中で、合衆国におけるアジア系アメリカ映画は、当初はコミュニティをベースとした集団を中心に組織された。中でも最も影響のあったものは、ベトコン（Viet Congs）と同じ頭文字をとり、ＵＣＬＡに新設されたエスノコミュニケーション・プログラム出身者らによる視覚コミュニケーション集団（Visual Communication groups）や、アフリカ、アジア、ラテンアメリカの三大陸にまたがる、今日まで続く反植民地主義的な闘争に触発された、非白人労働者による非白人労働者のための映画制作を行う、ニュース映画団体（のちの第三世界ニュース映画）などである。彼らの作品はほとんどがドキュメンタリーで、歴史的リドレス、グローカルな政治活動、支配的な白人パラダイムへの闘争などを強調し、アジア系・ラテン系・アフリカ系アメリカのアジェンダの架け橋となっている。

この合衆国におけるアジア系アメリカ映画の土台からは、2つの主要な成果が生まれた。一つは、メディアの主流であった差別主義者のステレオタイプの下では明るみになっていなかった、多数の個人的な物語やコミュニティの経験を可視化したことである。例えば「To be me: Tony Quon」（パット・ロー、ドン・ミラー、1973）や「Pieces of a Dream」（エディー・ウォン、1974）では、合衆国におけるアジア系ディアスポラの個人的なストーリーが描かれている。もう一つは、それまで公的な歴史では伏せられていた、集団的に抑圧されてきた歴史と、アジア系アメリカ人コミュニティの闘いという国際的な影響を気づかせたことである。例を挙げると、サンフランシスコ中心地にあるフィリピン系ホテルの強制退去を描いた「The Fall of the I Hotel」（カーチス・チョイ、デュアン・クノ、1977～1983）、カリフォルニアにある戦時中の日系アメリカ人収容所を再訪し、現在の様子を写真で記録するドキュメンタリー映画「マンザナー」（ロバート・ナカムラ、1972）などがある。ナカムラの収容所での経験を描いた作品については、本人による短編映画「Wataridori: Birds of Passage」（1975）、自身が主演し、初のアジア系アメリカ人主演映画となった「Hito Hata（一旗）: Raise the Banner」（1980）がある。低予算で荒削りのドキュメンタリーからスタートしたアジア系アメリカ映画は、サードシネマ運動に触発された反ブルジョア思想を通じて、公的メディアの主流に抵抗していく道を探求していくのである。

１９８０年代、合衆国におけるアジア系アメリカ映画は、極めて重要な瞬間を迎える。政治的関与という運動の当初からの精神は継続しつつも、アジア系アメリカ・メディアセンター（ＣＡＡＭ）などのメディアの支持を発端に、公共のテレビや映画祭へ進出したのである。ノワールシネマなどのハリウッド映画の文化を参考として制作しつつも、サンフランシスコに暮らす多民族的なアジア系アメリカ人コミュニティの日常を映した、ウェイン・ワン監督の代表作「チャン・イズ・ミッシング」（１９８１）もこの頃に誕生した。ワンはのちに、他にも複数のアジア系アメリカをテーマにした映画を監督し、合衆国の自主映画業界において重要な映画制作者となる。劇映画における例は他にもある。ニューヨークにある、排斥された様々な人種的マイノリティのコミュニティ（黒人系、ラテン系、アジア系）が自然と一つにまとまっていく様を描いた短編映画「Community Plot」（Ｊ・Ｔ・タカギ、１９８４）。リア・タジリによる、自身の母が収容所にいた頃の記憶を再構築していく作品「History and Memory」（１９９１）も含む、コラージュ、インタビュー、写真、ハリウッドにおけるイメージの矯正といった、現在では伝統的な手法を用いた実験映画。注目すべきドキュメンタリー映画「誰がビンセント・チンを殺したか」（レニー・タジマ・ペーニャ、クリスティン・チョイ、１９９１）は、中国系アメリカ人のビンセント・チンを殺した犯人を追及するストーリーで、レーガン期の反アジア的差別主義が横行する中で発表された。アカデミー賞にノミネートされ、のちにＰＢＳで放送もされた作品だ。他には、アジア系アメリカ人女性が強制されてきた暴力的な美の固定概念を、黒人と白人の物語の中で白日の下にさらした「Two Lies」（パメラ・トム、１９９１）がある。

アジア系アメリカ映画の主な原動力は、白人メディアの主流における、数十年にわたる暴力的な不可視性と差別主義的固定概念に反する、表現のための闘いである。表現という政略の領域では、極めて重要な作品の一つが、南アジアの女性と合衆国南部の黒人男性との人種間の関係性をテーマにした「ミシシッピー・マサラ」（ミーラー・ナーイル、1991）で、南アジア系や異なる人種間の関係性におけるタブーを打ち破った。また、「Better Luck Tomorrow」（ジャスティン・リン、2002）は、アジア系アメリカ人の10代が、白人社会の南カリフォルニアで薬物や犯罪に手を染めていくという話を通して、従順でしつけの行き届いたアジア人という典型的なマイノリティへの固定概念に対抗した。一方でグレッグ・アラキは、アジア系アメリカ人の経験に焦点を当ててはいないが、ニュー・クィア・シネマ運動の中で中心的な人物となった。彼曰く、自身の「10代黙示録三部作」である「トータリー・ファックト・アップ」（1993）、「ドゥーム・ジェネレーション」（1995）、「ノーウェア」（1997）において、1990年代のクィアの若者を、公的なきちんとした表現で、かつユーモラスに描写しているという。同様に、クロエ・ジャオは「ノマドランド」（2020）において、単にアジア系アメリカ人の人生を描くのではなく、合衆国の新自由主義のもとで働く女性たちの不安定な生活を描いた点で、稀有であると言える。

「クレイジー・リッチ！」（2019）、「Joy Ride」（アデル・リム、2023）などの最近の映画は、ブルジョワの「ポジティブな」表現に焦点を当てていて、ここでのアジア系は、アジア系アメリカ映画の批判的な気風からは、あまりにもかけ離れたところにいる。これは新自由主義的な利益追求に表現を利用することをボバ・リベラリズムと呼んだ、学者のメリッサ・プルクサチャートの意見と合致する。また、学者のシルビア・チョンによれば、近頃のアジア系アメリカ人の表現における、大産業からの興味関心の中で、アジア系アメリカ映画という関連性のあるカテゴリーは、反差別主義者の政略からはかけ離れたところにいて、より大人数の興味を生み出す、もっと大きな経済に参画しているという。しかしながら、コロナ禍における反アジア的ヘイトの高揚でも、アジア系移民の経験に焦点を当てた「エブリシング・エブリウェア・オール・アット・ワンス」（２０２２）のような、商業的に成功を収めた映画は、合衆国のアジア系アメリカ映画の当初の義務である政治的課題を乗り越えている。

ブラジルと差別意識の漸進的な高揚

長い間、アジアは、地理的、文化的、人種的に、ラテンアメリカとは正反対のものと見なされてきた。ラテンアメリカの映画文化は、アジア系は「その他」すべてを体現したもの、というような虚空を幾度も反映してきた。例えば、アルゼンチン映画「Un Cuento Chino(Chinese Take-Away)」（セバスティアン・ボレンズテイン、２０１１）からは、何の説明もなしにブエノスアイレスに現れた中国人のジュンは完全なよそ者で、白人のアルゼンチン人であるロベルトの悩みの種になっていく、という一般的な固定概念が見て取れる。ブラジルでもまた、「永遠の外国人」というアジア系への表現は、例外というよりむしろ標準的だ。例えば、最近の映画だと「O Som ao Redor（Neighbouring Sounds)」（クレーベル・メンドンサ、２０１２）では、中国人女性が白人中流階級の子ども2人に北京語を教えるシーンがある。１９７０年代のポルノ作品で、暗示的なエロティックコメディの「Bem Dotado: O Homem de Itu（The Well Endowed, the Man from Itu)」（ジョゼ・ミツィアラ、１９７９）においては、アジア系の登場人物は、筋骨隆々の男性と艶めかしい女性という漫画でよく見るキャラクターのように描かれている。何世紀にもわたるラテンアメリカのアジア系の歴史と、完全な外国人というイメージの間の矛盾は、ラテンアメリカにおけるアジア系ディアスポラ映画が直面し続けてきた問題の最たるものである。ここからは、アジア系ブラジル人監督の状況や映画制作における貢献を簡単に紹介したい。

ブラジルは、ラテンアメリカの映画産業の中では生産が最も活発である。同時に最大のアジア系ディアスポラ・コミュニティを持つ地域でもあり、中国系・コリア系と同様に、日本国外で日本をルーツに持つ人の人口も最大である。そう聞くと、繁華なアジア系ブラジル映画作品を期待するかもしれないが、実際は全くそうではない。アメリカ合衆国とブラジルのアジア系ディアスポラ映画の、生産における大きな差異は2つの重要な側面からもたらされた。一つは合衆国と異なり、ブラジルの地方の独立した財源下部組織は脆弱で、資金調達は国に頼るほかないことである。これは、目立たないようなマイノリティのコミュニティが、強力な組織の動きに頼らず財源を確保する際、大きな障害になることを意味する。二つ目は合衆国と違って、ブラジルで（程度は違えどもほとんどのラテンアメリカで）、人種差別は異人種間混淆という観念の下で歴史的に隠されていて、人種差別を否定しつつも、その社会構造には差別がいまだに根強く残っているという点である。自身の人種を抑圧されながら、地域のアジア系ディアスポラのコミュニティは、長きにわたって（白人の）国家的アイデンティティと融合するよう努めており、強大な白人支配下社会における人種的な他者化は、最近になってやっと取り扱われるようになってきたのである。

それにもかかわらず、映画はブラジルのアジア系ディアスポラにとって中心的な役割を担ってきた。

戦前には、映画は、地方の巡回上映によって催された展示会ツアーを通じて、日系ブラジル人コミュニティにおける文化的アイデンティティの構成のための主要な媒体となった。戦後になると、日本の映画スタジオが、サン・パウロの一地区であるリベルダーデのアジア人同胞のために劇場を作り、都市部は日本の映画でいっぱいになった。忘れられたパイオニアの中には、アジア系ブラジル人で初めて、一貫した内容で、１９２０年代から１９５０年代にかけて85もの短編映画を作り続けたヒコマ・ウヂハラがいる。ウヂハラの短編映画は、日系ブラジル人コミュニティの活動記録に的を絞っている。彼の作品は決して専門的なものではなく、「ブラジル映画」とは分類されない。マサオ・オオノもまた、１９６０年代後半に映画プロデューサーとして活躍した、パイオニアの一人である。彼の作品には「Riacho do Sangue（Steam of Blood）」（１９６３）、「Viagem ao Fim do Mundo（Trip to the End of the World）」（１９６８）、「Sou Louca por Você（I'm crazy for you）」（１９７０）、「Uma Negra Chamada Tereza（A Black Girl Called Tereza）」（１９７３）などがある。オオノは日系ブラジル人コミュニティの中では「映画人」と称賛されたが、今日ではこれらの作品について彼の名を覚えている人はほとんどおらず、ヒルダ・ヒルストのように、グラフィックデザイナー、文学者、正統派の作家など、ブラジル文化の確立において顕著な貢献があった人物の一人として名前が挙がるにすぎない。

それから程なくして、１９７０年代に名門の公立大学にて映像作品の学部ができ始めると、必要なトレーニングを受けたアジア系ブラジル人たちが、監督として専門的な映画を作り始める。最初の革新的なアジア系ブラジル人監督はチズカ・ヤマザキで、フィクション作品「ガイジン１——自由への道」（１９８０）で国際的に名を馳せた。彼女は映画の勉強をブラジリア大学で始め、ブラジル国内最高峰のフルミネンセ連邦大学に新設された映画科を卒業した。彼女の映画制作は、実験をほとんど使わない古典的な物語スタイルに準じているが、この時彼女は「シネマ・ノーヴォ」の代表的メンバーであるネルソン・ペレイラ・ドス・サントスらのもとで学んでいる。「ガイジン」は商業的に大成功し、権威あるグラマード映画祭で主要な賞を獲得した。この作品は、より多くの聴衆に対して日系移民の歴史を描いた最初の映画となり、歴史的な出来事として国民の記憶に刻まれている。ヤマザキの映画には、労働者階級の日系移民女性に関する彼女自身の関心が表れており、女性視点から見た民族的・人種的集団の争いや結束を見ることができる。彼女はのちに商業映画の重要な監督となり、ブラジルの主要なスターたちとともに莫大な興行収入を叩き出した。デビュー作から約20年が過ぎ、映画製作者として自身のスタイルが完全に確立した彼女は現在、日系ディアスポラにテーマを戻し、「ガイジン2——心の祖国」（２００５）で、日系ブラジル人の日本への出稼ぎの話を伝えている。

似ているようで全く異なるのが、同じく映画学から現れたオルガ・フテンマである。彼は沖縄系ブラジル人の映画制作者で、最も影響力があり、学問的にはブラジル映画の批判的な思想家であったパウロ・エミリオ・サレス・ゴメス指導の下、サオ・パウロ大学で学んだ。彼女の作品の多くが短編ドキュメンタリーで、労働運動や日系・沖縄系ディアスポラといった題材をフェミニスト的アプローチで扱っている。彼女は最初の題材である、１９７０年代から１９８０年代の軍事独裁政権下で高揚していた労働闘争を、レナート・タパホスと共同で監督した「トラバリハドラス メタルルギカス」（１９７８）の中で、女性連合活動家を詩的観察から描いた。他にもサオ・パウロ連合運動の高揚を追った「Que Ninguém, Nunca Mais, Ouse Duvidar da Luta dos Trabalhadores（May Nobody Ever Again

Doubt the Fighting Will of the Working Class)」（1979）では、アリピオ・フレイレ、クラウディオ・カーンズ、フランシスコ・コッカ、マリア・イネス・ビジャレス、レナート・タパホス、ゼータス・マルトニらとともに監督し、のちのブラジル大統領となるルイス・イナシオ・ルーラ・ダ・シルヴァの運動家としてのリーダーシップを描いた。フテンマは一方で、日系・沖縄系移民の存在、人生、遺産などにもカメラを向けていて、「地面の石の下で」（1973）、「秀子の肖像」（1981）、「ヒア・サ・サーハイ・ヤ」（1986）などの作品の中で、女性たちの日常生活やサオ・パウロの都市部との関係性を詳細かつ親密に観察している。また、彼女が監督した唯一のフィクション作品「緑茶とご飯」（1989）は、戦前の日本の巡回上映を描いた唯一のブラジル映画である。彼女は映画界で画期的な活躍をしたにもかかわらず、2010年代後半において、国の主要な映画機関であるブラジリアン・シネマテークにいた監督としてしか知られていない。

作品は多いが、一般的に忘れられているアジア系ブラジルの映画制作者は、ジョン・ドゥー（1942〜2012）である。彼は中国出身のブラジル人監督・俳優で、1970年代から1980年代にかけて13の映画を監督し、そのすべてがポルノのジャンルの暗示的なエロティックコメディである。ポルノは、1970年代から1980年代にブラジル映画の中でも商業的に極めて成功し、サオ・パウロの小さな映画館で実験的な運動が起こった。彼の初めての監督作品は、オディ・フラガと共同で脚本した「ニンファス・ディアボリカス」（1978）で、その年にとてつもなくヒットした。ドゥーは常にマイナーでステレオタイプな役割であっても、ブラジル映画に一貫してアジア系ブラジル人俳優を起用した初めてのジャンルで制作を続けたが、ヤマザキやフテンマの作品とは異なり、彼の映画はアジア系ブラジルの経験にテーマを絞っていない。刺激の強いエロティックコメディの予算は低い、というジャンルのしきたりにもかかわらず、ドゥーはシュールレアリストの物語装置という幻想を自身の特徴として残し、それは彼の映画をより目立たせた。俳優として、彼は20本に及ぶポルノ的、商業的、実験的映画において、あまり主要ではない役を演じている。

このような初期世代のアジア系ブラジル人映画制作者は、異なる2つの道を辿った。移民の歴史を物語るか、それを完全に無視するかのどちらかである。どちらの場合であっても、合衆国とは違って、アジア系であることは政治的立場を持たない。ブラジルの場合は国家的・文化的アイデンティティに近づくという目標が先行する。国家的な物語に疑問を持ったり、アジア系ブラジル人に対する差別がなくなったかどうか疑問を持ったりして、この両極端から逃れたのは、１９８０年代かそれ以降に生まれた若い世代だけである。映画の歴史や理論を、脱植民地的なアプローチによる教育や、大きな反差別主義運動への参加といった経験を通じて、新しい世代は、自身の個人的な経験を政治的に見つめ直すことで、国家中心的な議論から脱植民地的に離脱しようとしているように見える。例えば、ヒューゴ・カツオは、クィアのむき出しの姿を題材にした「ファブラソン」（２０２１）、反アジア系人種差別を描いた「Perigo Amarelo nos Dias Atuais(Yellow Peril, Nowadays」（２０１８、イエロー・ペリル＝黄禍論）、自身の家族における、黒人系とアジア系の宗教的な交わりについての「ばっちゃん」（２０２０）などの短編映画を制作した。マルコス・ヨシは自身の短編映画「イン・ハー・ケア」（２０２０）の中で、自身の家族の日常生活を映し出すために、一人称により観察する実験的なドキュメンタリーを撮影し、ほぼフィクションに近くはあるが、アジア系ブラジル人の人生の孤独、疎外だけでなく、愛情も浮き彫りにした。彼は長編最新作「おかえり、さようなら」（２０２３）にて、家族と離れて日本の工場に働きに行く、１９９０年代の出稼ぎ世代によってバラバラになった日系ブラジル人一家のトラウマを扱うのに、スローシネマという方法を用いている。最後に、イナラ・チャヤミティが最近発表した長編ドキュメンタリー「波が砕ける場所」（２０２３）は、彼女の家族に起きた混乱と差別の歴史をつなぎ合わせるため、複数の公的・私的画像のコラージュした、映画的エッセイである。これらの新しい世代を見てみると、アジア系ブラジル映画は、まだまだ始まったばかりだ。

ここまで紹介してきたように、アジア系ディアスポラ映画は、貴重で多元的な歴史を有している。合衆国の見下すような視線によってアジア・ラテン系アメリカ人の映画制作者たちが押しつけられてきた、二重の不可視化に立ち向かうため、私たちは北米から南米まで「南北アメリカ全体」を含む観点からアジア系アメリカ映画を見て、これまでの歴史に敬意を払う必要がある。そうすることで、現在の、そして未来の世代は、自分たちも、自己表現への闘いという互いに密接に関係する歴史の一部である、ということを理解できるようになるだろう。

（クニガミ・アンドレ・ケイジ／吉田のえる訳）

『イン・ハー・ケア』（マルコス・ヨシ監督、ブラジル、2020 年）

◆参考文献

Chong, Sylvia, "What Was Asian American Cinema?," *Cinema Journal*, Volume 56, Number 3, Spring 2017, pp. 130–135.

Kishimoto, Alexandre, *Cinema Japonês na Liberdade* (São Paulo: Estação Liberdade, 2013).

Lesser, Jeffrey, *A Discontented Diaspora : Japanese Brazilians and the Meanings of Ethnic Militancy*, 1960-1980.

Phruksachart, Melissa, "The Bourgeois Cinema of Boba Liberalism," *Film Quarterly*, Vol. 73, Number 3, pp.59–65.

Tajima, Renée, "Moving the Image: Asian American Independent Filmmaking 1970–1990," *Moving the Image: independent Asian Pacific American media arts*, edited by Leong Russel (Los Angeles: UCLA Asian American Studies Center and Visual Communications, 1991), pp. 10–33.

細川周平『シネマ屋、ブラジルを行く――日系移民の郷愁とアイデンティティ』新潮社、１９９９年。

53

トランスナショナルとアジア系

★同じアジア系でも、出身国によって違うあり方★

「トランスナショナリズム」とは何かと聞かれたら、イメージは沸く人は多いと思うが、それが正確に何を指すのかを答えられる人は少ないであろう。「インターナショナリズム」ではないので、国家間関係でなく、「ハイパーナショナリズム」ではないから、超国家関係でないことは明らかである。では何を指すのか。実は「正解」や研究者間の共通認識はない。欧米のトランスナショナリズムに関する研究書を読む人は、まず最初に、トランスナショナリズムについての定義論争に直面することになる。日本でも、徳永悠が、「トランスナショナリズム」という言葉の意味を明確にし、その言葉を使うことが本当に必要かを研究者は自らに問うべきだ、と述べている。本章では、コレットとリエンに従い、「国家主導でダイアスポラな『長距離』ナショナリズムの役割、移民先での母国の利益のためのロビイング、そしてローカルなアメリカ政治を変えるために母国とのネットワークを使う近隣のグループ」とさしあたり定義しておく。

多様なアジア系のトランスナショナリズムすべてを短いスペースで扱うのは困難なため、本稿では、インド系、フィリピン系、コリア系のトランスナショナリズムで顕著に見られた事例を紹介する。まずインドは、ナウジョクスが丁寧に説明しているように、アメリカに帰化したIT産業など知的職業に就くインド出身者に、手厚い法的地位を与えている国である。インド政府は、最初はアメリカに出て行った知的職業の人たちを、「国を捨てた頭脳労働者」として冷たく扱ったが、彼らがインドに自由に戻ってくれば、インドにIT産業を「逆輸入」したり、シリコンバレーの会社の支店をインドに作ってくれたりする可能性に気づき、2005年から、OCI (Overseas Citizenship of India) というステータスを作った（第17章参照）。OCIは、インド出身なら外国籍を持ち、一定の手数料を払えばなれる敷居の低いステータスであり、インドにビザなしで無期限に滞在することができる。ただし、政府の公選または任命職になることはできない（つまり、二重国籍を与えるものではない）。OCIのステータスを取る人は、アメリカに住み続けることを考えつつも、「もし何かがあった場合」（例えば、2001年9月11日の同時多発テロのようなことが起こった場合）、別の住む国を確保できるという理由で取得する人が多いと言われる。

インドは、アメリカだけでなく世界中から、2021〜2022年度に、891億2700USドルの送金を受けた（インド政府公式発表）。「送金」と言うと、一つの家庭が母国の貧しい家族に援助する形を想像するが、インドの場合は、学校や病院などへの大規模な寄付も含まれる。また、インド系アメリカ人は、富裕層が多いが、彼らは、他のどのアジア系アメリカ人民族よりも、最も積極的に母国の利益のためにアメリカの政治家や選挙の候補者（特に、自らの選挙区外でも、インド系の候補者）に献金を行うと言われている。

送金と言えば有名なのが、フィリピンである。2023年には、フィリピンは世界中で働くフィリピン人から、３３４億ドルの送金を受けた。アメリカには、１９８１年から２０１８年の間に、１４７万人の海外労働者が渡った。２０２１年現在、１２００万人のフィリピン系海外労働者が世界約２００カ国で働いている。フィリピンの人口は１億１０００万人だから、国の人口の約1割が海外に移住していることになる。そのうち、フィリピンからの海外労働者がインドからの移民と大きく違う点は、女性が60％を占め、彼女たちは本国では大卒の地位を持っていた者も多かったが、多くが家事労働や非熟練労働に就くことになるということである。海外労働者は、本国への送金は原則としてCommission on Filipino Overseas（ＣＦＯ）という政府機関を通さなければならない。

ＣＦＯが海外のフィリピン系労働者をどれだけ保護しているかは意見が分かれるところである。批判者は、海外労働者が一日に12時間労働をさせられてもその国に文句を言わず、送金で得たお金を農業や産業に投資せず、権威主義的な政府の維持のために使っていると主張する。一方で、ＣＦＯは、フィリピン系移民は「現代のヒーロー」と称賛し、本国のために送金や寄付をしてくれる貴重な存在だとホームページで賞賛している。

次にコリア系を見てみよう。最近コリア系アメリカ人の間でホットな争点は、地元に「従軍慰安婦」像やメモリアルを立てるかどうかである。最初にアメリカに「慰安婦」メモリアルが建ったのは、２０１０年のニュージャージー州パリサイド・パークである。それから２０２０年の間に、アメリカとカナダには、16の「慰安婦」メモリアルが建てられた。そのうち大きな注目を集めたのは、まずカリフォルニア州グレンデール（ロスアンゼルス近郊）に近隣住民によって２０１３年に建てられた「慰安婦」メモリアルである。これに対しては、現地の日本人の一部が、「慰安婦」像は、外交関係は国家にしかできない行為であると訴訟を起こし、日本政府もそれを支持する意見書を裁判所に提出した。しかしこの訴訟は、日本人側が敗北した。

もう一つ大きな注目を集めたのは、第45章で詳しく触れられている、2017年9月にサンフランシスコの公有地に建てられた「慰安婦」像であった。意外なことに、この像を作ろうという運動を始めたのは、2人の引退した中国人アメリカ人裁判官の女性たちであった。サンフランシスコは60年間、大阪市と姉妹都市関係を結んでいたが、当時の吉村洋文大阪市長（日本維新の会）は、「慰安婦」像が公有地から撤去されない限り、姉妹都市関係を断絶すると発表した。その後、当時のサンフランシスコ市長（エドウィン・リー、同市初のアジア系市長だった）の突然死を経て、新しい市長が就任すると、吉村市長は「最後通牒」を送り、同市長がそれを無視したら、2018年10月に姉妹都市関係断絶を正式に発表した（筆者は別稿でその過程を詳しく追っている）。

「従軍慰安婦」問題で、もう一つトランスナショナルな動きが見られたのが、2021年12月、ハーバード大学ロースクールのマーク・ラムザイヤー教授が、「慰安婦」たちは自主的な「売春婦」であったという論文を、国際査読誌に載せたことである。ラムザイヤー教授は、これまで「客観的な」日本政治の論文を書いてきただけに、この事件は政治学者たちを驚かせた。同教授は日本で育ったので1930年代の日本語の文語の一次資料を読むことができ、そのうち都合のいい部分をピックアップして持論を展開したと批判された。論文発表から2カ月しないうちに、シンガポール大学の茶谷さやか准教授を含む世界の5人の研究者（うち4人が女性）は、ラムザイヤー教授が使った一次資料を逐一検討し、彼の言う証拠が存在しないこと、彼が使った資料が曲解されていることなどをシングルスペースで30ページ以上の反論としてウェブに公開した。批判者は、同じハーバード大学の日本近現代史専門のゴードン教授から、ボストンや全米の韓国系・アジア系コミュニティ、それに日本や韓国に及んだ。

一方、ラムザイヤー論文に歓喜したのは産経新聞であった。また、ラムザイヤー教授は、自説を曲げず、２０２３年12月に、「従軍慰安婦という大嘘」という英語の本を共著で出版した（同月、日本語版の関連本も出版されている）。

この他、ベトナム系がリトルサイゴンなどで反共産主義で結束していることは第15章で述べられている通りである。実際に、市内には南ベトナムの旗を掲げた銅像が建てられている。また、モン系は、ベトナム系ほど反共ではないけれど、社会主義化して自らの住み場を追い出したラオスにアメリカと経済関係の正常化を２００４年に行った時、ラオス国内の人権抑圧を理由に、内部で割れたことがある。

最後に、日本とアメリカの間では、これだけ経済関係が密接なので、逆に純粋な「トランスナショナリズム」を見出す方が難しい。「日米相互依存の見取図」によると、姉妹都市に関しては、日米間に４２６組存在し、２０１９年時点で日本に姉妹都市を持たないアメリカの州は５つ、アメリカに姉妹都市を持たない日本の都道府県は22にすぎない。また、２００８年には、米日カウンシル（US-Japan Council）という団体がワシントンＤＣに設立され、日米間の民間交流、特に日系アメリカ人を日米関係に関わらせることに努力してきている。

外務省は、２０００年から毎年、10～15人の各界で活躍する日系アメリカ人リーダーを１週間日本に招へいするプログラムを実施している。米日カウンシルの設立後は、人選に同団体も関わるようになった。

また、同団体の東京支部では、在京日系アメリカ人メンバーを各地の大学に派遣したり、遠隔授業を行わせ、自らの家族のパーソナル・ヒストリーを語らせ、祖先の強制収容や現代アメリカにおける日系アメリカ人の地位などについて教育活動を行うプログラムを実施している。

（武田興欣）

（注）本章で「従軍慰安婦」問題を取り上げたのは、トランスナショナリズムを考えるうえで好例だったからであり、読者を「慰安婦」の擁護や否定に導く目的を持ったものではない。

◆参考文献

Christian Collet and Pei-te Lien eds. 2009. *The Transformational Politics of Asian Americans*. Philadelphia: Temple University Press.

Naujoks, Daniel. 2013. *Migration, Citizenship, and Development: Diaspora Membership Policies and Overseas Indians in the United States*. New Delhi, India: Oxford University Press.

Okiyoshi Takeda, 2016, "Closing the Gap: The Japanese American Leadership Delegation Program and Increasing Involment of Japanese Americans in US-Japan Relations", *The Japanese Journal of American Studies*, 27: 211–34.

Ramseyer, J. Mark and Jason M. Morgan, 2023. *The Comfort Women Hoax: A Fake Memoir, North Korean Spies, and Hit Squads in the Academic Swamp*. New York: Encounter Books.

アクティブ・ミュージアム　女たちの戦争と平和資料館編「ハーバード大学　ラムザイヤー教授問題に関するリンク集」<https://wam-peace.org/ianfu-topics/8777>.

ジョン・マーク・ラムザイヤー『慰安婦性奴隷説をラムザイヤー教授が完全論破――娼婦・慰安婦は年季奉公契約をしていた』藤岡信勝・山本優美子編訳、ハート出版、２０２３年。

武田興欣. 2020. “When Sister City Relationship between Allied Countries is Ended–The Case of Osaka and San Francisco.”『青山国際政経論集』105: 157-69. Available from <https://www.sipec.aoyama.ac.jp/uploads/03/21629.pdf>.

徳永悠「『トランスナショナル』が問う研究の在り方」『移民研究年報』26号所集、２０２０年。

「日米相互依存の見取図」. 2019. East-West Center / 笹川平和財団（日本語・英語併記のパンフレット）

「米日カウンシル」ホームページ <https://www.usjapancouncil.org/>（日本語セクションあり）

おわりに

「アメリカのアジア系エスニックタウンを紹介する本をつくりませんか」。この本は、こんな一言から始まりました。

エリア・スタディーズは、２００巻を超える明石書店の人気シリーズです。アメリカの都市でみかけるチャイナタウンやコリアタウン、リトルトウキョウやリトルインディアと言われる「エスニックタウン」を紹介する本があるといいのではないか。エリア・スタディーズを担当する明石書店の長尾勇仁さんからこのように声をかけていただいたのは、新型コロナウイルスの世界的大流行が収束し始めた２０２１年の秋のことでした。

私にとって、アメリカのエスニックタウンは様々な記憶と想いが残る場所でした。著者略歴で紹介しているように、私は在日コリアン3世として日本で生まれ、日本文化にもコリア文化にも馴染みながら育ちましたが、父がアメリカ移民だったことで、「移民」としてアメリカに渡って数年暮らしたことがあります。最初に暮らしたのは、コロラド州デンバーのはずれの田舎町で、ロッキー山脈の麓に位置するその場所は、草原に白く通った一本の道を行くと、春にはタンポポの綿毛が雪のように舞い、プレーリードッグが地面のあちこちから顔を出すような田舎町でした。

「新天地」での暮らしが始まったものの、当初はホームシックで心が折れそうな日々でした。そんな時に心の拠り所となったのは、現地のアジア系レストランやエスニックタウンです。エスニックタウンに行けば、芳香な出汁と醤油の香りがするうどんを食べることも、甘辛いキムチや焼肉で胃袋を満たすことも、炊飯器で炊いただけのシンプルな白いご飯を頰張ることも叶いました。日本食やコリアンフード店、あるいはチャイニーズレストランで食べた故郷（ホーム）の味に舌鼓を打ちつつ、現地風に「進化」した味付けにも新鮮な驚きを覚え、古さと新しさが交錯するエスニックレストランやエスニックタウンに足繁く通った覚えがあります。

ただ一緒に暮らす父にとって、エスニックタウンはそれ以上のものが詰まっている場所だと気づくようになりました。大都市のエスニックタウンには、日本や韓国から輸入した書籍や雑誌が売っていますが、現地で発行される日本語や韓国語新聞、ミニコミ誌も街の一角に置いてあり、新着移民に不可欠な現地情報を得ることができます。また、映画やDVDを借りるレンタルショップもあり、美容室やネイルサロン、旅行店もあり、仏教寺院やキリスト教会などの宗教的施設も存在し、コミュニティとして機能しています。さらにアメリカ滞在のためのビザ手続きや不動産、保険などの情報も入手できます。父は、エスニックタウンに行くたびにこうした情報を手に入れ、同じような境遇の人に出会うと饒舌に言葉を交わしていました。もしかしたら普段の生活では一人で抱えなければならない孤独や郷愁を、こうした場で癒していたのかもしれません。あるいは慣れ親しんだ言葉を使うだけで言葉がスラスラと出てきたのかもしれません。私も久しぶりに聞く日本語にほっとした覚えがあります。

さらに大人になってから、今度は留学生としてアメリカに滞在し、アジア系アメリカについての研究を始めていくと、エスニックタウンはアジア系アメリカの人びとが直面した苦難の歴史や記憶が残されている場所でもあることを知るようになりました。歴史をさかのぼると、黄禍論が席巻していた時代にはチャイナタウンが排外主義の「まなざし」にさらされ、第二次世界大戦中は日系移民の店や家が強制退去の対象となったことでリトルトウキョウが地図からなくなり、ロス「暴動」が起きた時はコリアタウンが火の海になりました。エスニックタウンは、こうした主流社会の差別や偏見が向けられる場所となることもありましたが、同時にアジア系の人びとが厳しい現実と闘い、正義や尊厳を求めて声を上げた場所でもあることを学ぶようになりました。

このような経緯から、編集者の長尾さんが私の研究室を訪問してくれた時、素晴らしい企画であると私も思い、二つ返事で快諾しましたが、いざ本を作り始めるとすぐに困った事態に陥りました。それは、アジア系アメリカの人びとが移動や定住した足跡、現地で築いた生活や文化、そこで刻まれる歴史や記憶について、エスニックタウンをテーマにしながら、どう描き出すことができるだろうか、ということでした。途方に暮れた私は、まずアジア系アメリカの移民史や文化史を網羅的に取り扱った本を探すことから始めましたが、調べ始めると「アジア系アメリカ」をテーマした本が想像以上に少ないことに気づきました。誤解がないように補足すると、アジア系アメリカに関する本や研究がないわけではありません。むしろ日本には優秀な研究が数多く存在し、これらの研究蓄積は日本における人種エスニシティ研究やマイノリティ研究を牽引してきた面があります。

しかし一方で、これまで出版されてきた本は、日系移民やコリア系移民、中国系移民といったように、一つのエスニック集団に注目することが多く、横断的に「アジア系アメリカ」を知ることが難しい面がありました（私自身もこのような研究を行ってきた一人です）。さらに、東南アジア系や南アジア系、難民に注目した本が少ないこともわかりました（こうした記述の偏りについて、アメリカではアジア系の中の「ブラウンアジア系アメリカ」――肌の色の違いに着目して新たにつくりだされたカテゴリー。フィリピン系や東南アジア系、南アジア系を指し示す――の声を周縁化する問題としても指摘されています）。

さらに、これまで出版されてきたアジア系アメリカをテーマにした本は非常に優れているものの、出版から時間が経ってしまっていることで、例えばコロナ禍のアジア系アメリカの変化が見えにくい面がありました。とりわけ新型コロナウイルスの世界的大流行とともに蔓延したアジアン・ヘイトは、アジア系の人びとの意識を大きく変えるきっかけになり、新たな活動や連帯も生み出しています。こうした近年の変化を捉えるような本があったらいいのではないか。そう思うようになりました。

このような経緯で、本書は『アジア系アメリカを知るための53章』となり、アジア系アメリカを知るための入口のような本を目指すことになりました。また地理的範囲もアメリカから環太平洋、アジアにかけて広範なエリアをカバーするものになり、エリア・スタディーズのシリーズとして地域横断的・国家横断的な視点から「エリア」を知るための本として活用してもらうことを目指しました（章によっては大西洋や南半球との関係に言及している章もあります）。

こうして本書はアジア系アメリカをテーマにした本となりましたが、本をつくりだす過程で多くの人から協力や助力を得ることで完成に至りました。まず、本書を実際に執筆したのは、第一線で活躍する研究者や専門家、アーティストです。共著者となって原稿を寄せてくれた執筆者に、この場を借りて心よりお礼申し上げたいと思います。

また本書は、私がこれまで参加してきた共同研究から深く影響を受けた企画です。メンバーの菅（七戸）美弥さん、佐原彩子さん、兼子歩さんとともに行ってきた研究は、アメリカ史研究にグローバル・ヒストリーの視点を入れながら、傍流として語られることが多かったマイノリティ史をアメリカ史の主要な構成要素として読み直していくことを目的にした共同研究です。とりわけ環太平洋という視点やインターセクショナリティの視点に注目し、これらの視点からアメリカのマイノリティの歴史を読み直すことを目的に議論を重ねてきました。また、科研費の研究助成を得ることができたことで数多くの研究会や国際シンポジウムを実施することもできました（「米国マイノリティ問題の総合的研究：マイノリティ研究と環太平洋的視点のリンケージ」２０１５～２０１８年度、「環太平洋地域マイノリティ史から問い直すアメリカ史」２０１９～２０２１年度、「環太平洋世界の中のアメリカ史：帝国間移動・マイノリティ化・ジェンダーの交錯」２０２２～２０２４年度）。こうした長年にわたる研究や意見交換があったからこそ、本書が成り立ちました。本書についての責任の一切は、当然ながら編者としてまとめた私にありますが、アジア系アメリカをどのように描きだすことができるか、本書の作成にあたって多くの専門的助言をいただきました。菅（七戸）美弥さん、佐原彩子さん、兼子歩さんに、心よりお礼申し上げます。

また、本書を取りまとめる段階で小田悠生さん、武田興欣さん、田中景さん、徳永悠さん、松坂裕晃さんに助言をいただき、写真についてエダハルキさんと北田依利さんの協力をいただきました。そして図表や参考文献などの作成にあたっては、本書の翻訳を担当した吉田のえるさんの助力を得ました。真摯に研究と向き合う方々からいただいた助力は、何にも代えがたく、貴重でした。ありがとうございます。

末筆になりますが、アジア系エスニックタウンを紹介するという当初の目的から大幅にずれながらも、寄せられる原稿を丁寧に確認いただき、最後の最後まで緻密で真摯に対応してくださった明石書店の長尾勇仁さんには大変お世話になりました。２０２１年に私が書いた小さなコラム「海外の〈無国籍〉コリアン」（『朝鮮籍とは何か――トランスナショナルな視点から』明石書店）を読んでこの企画に声をかけていただきました。長尾さんの人文社会の世界に対する深い造詣と幅広い知識に幾度助けられたかわかりません。心よりお礼申し上げます。

２０２４年８月

李　里花

アジア系アメリカをもっと知るためのブックガイド

明石紀雄・飯野正子『エスニック・アメリカ――多文化社会における共生の模索（第3版）』有斐閣、２０１１年。

アジア系アメリカ文学研究会編『アジア系アメリカ文学――記憶と創造』大阪教育図書、２００１年。

東栄一郎『日系アメリカ人　二つの帝国のはざまで――忘れられた記憶　１８６８－１９４５』飯野正子（監訳）、長谷川寿美・小澤智子・飯野朋美・北脇実千代訳、明石書店、２０１４年。

東栄一郎『帝国のフロンティアをもとめて――日本人の環太平洋移動と入植者植民地主義』飯島真里子・今野裕子・佐原彩子・佃陽子訳、名古屋大学出版会、２０２２年。

麻生享志『「リトルサイゴン」――ベトナム系アメリカ文化の現在』彩流社、２０２０年。

飯倉章『黄禍論と日本人――欧米は何を嘲笑し、恐れたのか』中公新書、２０１３年。

イ・グミ『アロハ、私のママたち』李明玉訳、双葉社、２０２３年。

池内靖子・西成彦編『異郷の身体――テレサ・ハッキョン・チャをめぐって』人文書院、２００６年。

石垣綾子『わが愛、わがアメリカ』筑摩書房、１９９１年。

石戸谷滋『日本を棄てた日本人――カリフォルニアの新一世』草思社、１９９１年。

イチオカ・ユウジ『一世――黎明期アメリカ移民の物語』刀水書房、１９９２年。

ダニエル・イノウエ、ローレンス・エリオット『上院議員ダニエル・イノウエ自伝――ワシントンへの道』森田幸夫訳、彩流社、１９８９年。

植木照代（監修）山本秀行・村山瑞穂編『アジア系アメリカ文学を学ぶ人のために』世界思想社、２０１１年。

上野千鶴子『家父長制と資本制――マルクス主義フェミニズムの地平』岩波現代文庫、２００９年。

ミチコ・ウェグリン『アメリカ強制収容所――屈辱に耐えた日系人』山岡清二訳、政治広報センター、１９７３年。

ユエンフォン・ウーン『生寡婦（グラスウィドウ）――広東からカナダへ、家族の絆を求めて』池田年穂訳、風響社、２００３年。

遠藤泰生・小田悠生編著『はじめて学ぶアメリカの歴史と文化』ミネルヴァ書房、２０２３年。

ジュリー・オオツカ『屋根裏の仏さま』岩本正恵他訳、新潮社、２０１６年。

大津留（北川）智恵子『アメリカが生む／受け入れる難民』関西大学出版部、２０１６年。

大野拓司・鈴木伸隆・日下渉編著『フィリピンを知るための64章』明石書店、２０１６年。

大類久恵『アメリカの中のイスラーム』子どもの未来社、２００６年。

岡田泰平『「恩恵の論理」と植民地――アメリカ植民地期フィリピンの教育とその遺制』法政大学出版局、２０１４年。

沖田行司『ハワイ日系移民の教育史――日米文化、その出会いと相剋』ミネルヴァ書房、１９９７年。

海外移住１５０周年研究プロジェクト編『遥かなる「ワカマツ・コロニー」――トランスパシフィックな移動と記憶の形成』彩流社、２０１９年。

片山潜『わが回想　上・下』徳間書店、１９６７年。

兼子歩・貴堂嘉之編著『「ヘイト」に抗するアメリカ史――マジョリティを問い直す』彩流社、２０２２年。

河合優子『日本の人種主義――トランスナショナルな視点からの入門書』青弓社、２０２３年。

河上幸子『在米コリアンのサンフランシスコ日本街――境界領域の人類学』御茶の水書房、２０１４年。

アリシア・ガーザ『世界を動かす変革の力――ブラック・ライブズ・マター共同代表からのメッセージ』人権学習コレクティブ訳、明石書店、２０２１年。

アケミ・キクムラ＝ヤノ編『アメリカ大陸日系人百科事典――写真と絵で見る日系人の歴史』小原雅代訳、明石書店、２００２年。

貴堂嘉之『アメリカ合衆国と中国人移民』名古屋大学出版会、２０１２年。

貴堂嘉之『移民国家アメリカの歴史』岩波書店、２０１８年。

エレイン・キム『アジア系アメリカ文学――作品とその社会的枠組み』植木照代・山本秀行・甲幸月訳、世界思想社、２００２年。

ピーター・クォン『チャイナタウン・イン・ニューヨーク』芳賀健一・矢野裕子訳、筑摩書房、１９９０年。

髙賛侑『アメリカ・コリアンタウン――マイノリティの中の在米コリアン』社会評論社、１９９３年。

上坂昇『宗教からアメリカ社会を知るための48章』明石書店、２０２３年。

ユリ・コチヤマ『ユリ・コチヤマ回顧録――日系アメリカ人女性 人種・差別・連帯を語り継ぐ』篠田佐多江・増田直子・森田幸夫訳、彩流社、２０１０年。

パトリシア・ヒル・コリンズ、スルマ・ビルゲ『インターセクショナリティ』小原理乃訳、下地ローレンス吉孝監訳、人文書院、２０２１年。

ハインツ・ゴルヴィツァー『黄禍論とは何か』草思社、１９９９年。

坂口満宏『北米日系移民の社会史――キリスト教・社会福祉・二世の活動』六花出版、２０２３年。

佐藤唯行『映画で学ぶエスニック・アメリカ』ＮＴＴ出版、２００８年。

斯波義信『華僑』岩波書店、１９９５年。

芝野淳一『「グアム育ちの日本人」のエスノグラフィー――新二世のライフコースと日本をめぐる経験』ナカニシヤ出版、２０２２年。

島田法子編著『写真花嫁・戦争花嫁のたどった道――女性移民史の発掘』明石書店、２００９年。

清水一利『「東北のハワイ」は、なぜＶ字回復したのか――スパリゾートハワイアンズの奇跡』集英社、２０１８年。

清水晶子『フェミニズムってなんですか？』文春新書、２０２２年。

白井洋子『ベトナム戦争のアメリカ』刀水書房、２００６年。

白水繁彦編『移動する人びと、変容する文化――グローバリゼーションとアイデンティティ』御茶の水書房、２００８年。

白水繁彦編『多文化社会ハワイのリアリティー――民族間交渉と文化創生』御茶の水書房、２０１１年。

白水繁彦編『ハワイにおけるアイデンティティ表象――多文化社会の語り・踊り・祭り』御茶の水書房、２０１５年。

菅（七戸）美弥『アメリカ・センサスと「人種」をめぐる境界――個票にみるマイノリティへの調査実態の歴史』勁草書房、２０２０年。

菅（七戸）美弥・北村新三『南北戦争を戦った日本人――幕末の環太平洋移民史』筑摩書房、２０２３年。

菅豊・北條勝貴編『パブリック・ヒストリー入門――開かれた歴史学への挑戦』勉誠出版、２０１９年。

戦時民間人再定住・抑留に関する委員会編、読売新聞社外報部訳編『拒否された個人の正義――日系米人強制収容の記録』三省堂、１９８３年。

園田節子『南北アメリカ華民と近代中国――19世紀トランスナショナル・マイグレーション』東京大学出版会、２００９年。

ロナルド・タカキ『もう一つのアメリカン・ドリーム――アジア系アメリカ人の挑戦』阿部紀子・石松久幸訳、岩波書店、１９９６年。

澤嶋悦子『オキナワ・海を渡った米兵花嫁たち』高文研、２０００年。

竹内正右『モンの悲劇』毎日新聞社、１９９９年。

竹内正右『ラオスは戦場だった』めこん、２００４年。

竹沢泰子『アメリカの人種主義――カテゴリー／アイデンティティの形成と転換』名古屋大学出版会、２０２３年。

竹沢泰子・川島浩平編『人種神話を解体する――「血」の政治学を越えて』東京大学出版会、２０１６年。

竹沢泰子『新装版　日系アメリカ人のエスニシティ――強制収容と補償運動による変遷』東京大学出版会、２０１７年。

タナカ・ケネス『アメリカ仏教――仏教も変わる、アメリカも変わる』武蔵野大学出版会、２０１０年。

田中道代『アメリカの中のアジア――アイデンティティを模索するアジア系アメリカ人』社会評論社、２００１年。

田村紀雄編著『海外へユートピアを求めて――亡命と国外根拠地』社会評論社、１９８９年。

テレサ・ハッキョン・チャ『ディクテ――韓国系アメリカ人女性アーティストによる自伝的エクリチュール』池内靖子

訳、青土社、2003年。

スーチェン・チャン著、トーマス・J・アーチディコン編『アジア系アメリカ人の光と陰——アジア系アメリカ移民の歴史』住居広士訳、大学教育出版、2010年。

チョイ・キャサリン・C『アジア系のアメリカ史（再解釈のアメリカ史3）』佐原彩子訳、勁草書房、2024年。

鳥越皓之『沖縄ハワイ移民一世の記録』中央公論社、1988年。

メイ・ナイ『「移民の国アメリカ」の境界——歴史の中のシティズンシップ・人種・ナショナリズム』小田悠生訳、白水社、2021年。

Saku Nakagawa『スタンダップコメディ入門——笑いで読み解くアメリカ文化史』フィルムアート社、2023年。

長島怜央『アメリカとグアム——植民地主義・レイシズム・先住民』有信堂、2015年。

永原陽子編『MINERVA世界史叢書4　人々がつなぐ世界史』ミネルヴァ書房、2019年。

中村理香『アジア系アメリカと戦争記憶——原爆・「慰安婦」・強制収容』青弓社、2017年。

中野聡『歴史経験としてのアメリカ帝国——米比関係史の群像』岩波書店、2007年。

中山京子編『グアム・サイパン・マリア諸島を知るための54章』明石書店、2012年。

中山京子・ロナルド・T・ラグァニャ『入門　グアム・チャモロの歴史と文化——もうひとつのグアムガイド』明石書店、2010年。

日本移民学会編『日本人と海外移住——移民の歴史・現状・展望』明石書店、2018年。

野口和恵『日本とフィリピンを生きる子どもたち——ジャパニーズ・フィリピノ・チルドレン』あけび書房、2015年。

原尻英樹『コリアンタウンの民族誌——ハワイ・LA・生野』筑摩書房、2000年。

ハロラン芙美子『ホノルルからの手紙』中公新書、1995年。

リン・パン『華人の歴史』片柳和子訳、みすず書房、1995年。

廣部泉『黄禍論——百年の系譜』講談社選書メチエ、2020年。

ベル・フックス『フェミニズムはみんなのもの――情熱の政治学』堀田碧訳、エトセトラブックス、２０２０年。

カルロス・ブロサン『わが心のアメリカ――フィリピン人移民の話』井田節子訳、井村文化事業社、１９８４年。

ブローハン聡『虐待の子だった僕――実父義父と母の消えない記憶』さくら舎、２０２１年。

細川周平『シネマ屋、ブラジルを行く――日系移民の郷愁とアイデンティティ』新潮社、１９９９年。

前田宗博・金城宏幸・宮内久光『躍動する沖縄系移民――ブラジル、ハワイを中心に』彩流社、２０１３年。

町村敬志『越境者たちのロスアンジェルス』平凡社、１９９９年。

松久信幸『お客さんの笑顔が、僕のすべて！』ダイアモンド社、２０１４年。

南川文里『「日系アメリカ人」の歴史社会学――エスニシティ・人種・ナショナリズム』彩流社、２００７年。

南川文里『未完の多文化主義――アメリカにおける人種、国家、多様性』東京大学出版会、２０２１年。

南川文里『アファーマティブ・アクション――平等への切り札か、逆差別か』中公新書、２０２４年。

宮城悦二郎『占領者の眼――アメリカは〈沖縄〉をどう見たか』那覇出版社、１９８２年。

ノブコ・ミヤモト『ノブコ・ミヤモト自伝――旅と愛と革命を歌う日系アーティスト』和泉真澄訳、小鳥遊書房、２０２３年。

村上由見子『アジア系アメリカ人』中公新書、１９９７年。

村上由見子『イエロー・フェイス――ハリウッド映画にみるアジア人の肖像』朝日新聞社、２００５年。

目黒志帆美『フラのハワイ王国史』御茶の水書房、２０２０年。

茂木友三郎『キッコーマンのグローバル経営』生産性出版、２００７年。

森本豊富・根川幸男『トランスナショナルな「日系人」の教育・言語・文化――過去から未来に向かって』明石書店、２０１２年。

矢口祐人『憧れのハワイ――日本人のハワイ観』中央公論新社、２０１１年。

柳田由紀子『二世兵士　激戦の記録――日系アメリカ人の第二次大戦』新潮新書、２０１２年。

山内昭人『初期コミンテルンと在外日本人社会主義者――越境するネットワーク』ミネルヴァ書房、２００９年。

山口智美、能川元一、テッサ・モーリス‐スズキ、小山エミ『海を渡る「慰安婦」問題――右派の「歴史戦」を問う』岩波書店、２０１６年。

山倉明弘『市民的自由――アメリカ日系人戦時強制収容のリーガル・ヒストリー』彩流社、２０１１年。

山里勝己・石原昌英『〈オキナワ〉人の移動、文学、ディアスポラ』彩流社、２０１３年。

山田亜紀『ロサンゼルスの新日系移民の文化・生活のエスノグラフィ――新一世の教育ストラテジーとその多様性』東信堂、２０１９年。

山本秀行『アジア系アメリカ演劇――マスキュリニティの演劇表象』世界思想社、２００８年。

山本秀行・麻生享志・古木圭子・牧野理英編『アジア系トランスボーダー文学――アジア系アメリカ文学研究の新地平』小鳥遊書房、２０２１年。

吉原和男「僑刊・郷訊を利用した僑郷研究の可能性――広東省開平県の場合」『僑郷華南――華僑・華人研究の現在』行路社、１９９６年。

吉原真里『「アジア人」はいかにしてクラシック音楽家になったのか？――人種・ジェンダー・文化資本』アルテスパブリッシング、２０１３年。

カール・ヨネダ『がんばって――日系米人革命家60年の軌跡』大月書店、１９８４年。

李里花『「国がない」ディアスポラの歴史――戦前のハワイにおけるコリア系移民のナショナリズムとアイデンティティ１９０３‐１９４５』かんよう出版、２０１５年。

ロバート・G・リー『オリエンタルズ――大衆文化のなかのアジア系アメリカ人』貴堂嘉之訳、岩波書店、２００７年。

早稲田みな子『アメリカ日系社会の音楽文化――越境者たちの百年史』共和国、２０２２年。

吉原真里（よしはら・まり）［32］
ハワイ大学アメリカ研究学科教授、東京大学グローバル教育センター教授。専門はアメリカ文化史、アジア＝アメリカ関係史、ジェンダー研究、カルチュラル・スタディーズ。著書に『「アジア人」はいかにしてクラシック音楽家になったのか？──人種・ジェンダー・文化資本』（アルテスパブリッシング、2013年）、『親愛なるレニー──レナード・バーンスタインと戦後日本の物語』（アルテスパブリッシング、2022年）、『不機嫌な英語たち』（晶文社、2023年）など多数。

＊ 李里花［10, 49］
編著者紹介を参照。

南川文里（みなみかわ・ふみのり）［21, 28, 31］
同志社大学大学院グローバル・スタディーズ研究科教授。博士（社会学）。社会学・アメリカ研究。主な著書として、『アファーマティブ・アクション――平等への切り札か、逆差別か』（中公新書、2024 年）、『アメリカ多文化社会論［新版］――「多からなる一」の系譜と現在』（法律文化社、2022 年）など。

目黒志帆美（めぐろ・しほみ）［51］
東北大学大学院国際文化研究科准教授。専門はハワイ史、アメリカ研究。主な業績に『フラのハワイ王国史――王権と先住民文化の比較検証を通じた 19 世紀ハワイ史像』（御茶の水書房、2020 年）など。

柳川大貴（やながわ・だいき）［26］
一橋大学大学院社会学研究科修士課程修了。現在、同研究科博士課程に在籍。専門は移民研究、人種・エスニシティ研究。日本における移民統合・同化のあり方を、在日コリアンの集団および個人のアイデンティティより研究している。

山田亜紀（やまだ・あき）［50］
玉川大学リベラルアーツ学部准教授。UCLA 教育学大学院修了（PhD）。主な著作に、書籍『ロサンゼルスの新日系移民の文化・生活のエスノグラフィ』(2019)、「ロサンゼルス日系コミュニティーにおける新一世の教育ストラテジー」（移民研究年報、24 号 :2018）、“Shin-Issei Identity Politics in Los Angeles” (Japanese American Millennials Rethinking Generation, Community and Diversity, 2019) など。

山本秀行（やまもと・ひでゆき）［35］
神戸大学大学院人文学研究科教授。専門はアメリカ文学・演劇（特にアジア系アメリカ人の文学・演劇）。主要業績：『アジア系アメリカ演劇――マスキュリニティの演劇表象』（単著、世界思想社、2008 年）、『アジア系アメリカ文学を学ぶ人のために』（共編著、世界思想社、2011 年）、『アジア系トランスボーダー文学――アジア系アメリカ文学研究の新地平』（共編著、小鳥遊書房、2021 年）など。

吉川太惠子（よしかわ・たえこ）［16］
法政大学・獨協大学非常勤講師。同志社大学アメリカ研究科博士前期課程（修士）、法政大学国際文化学部博士後期課程（博士）。主な業績に『ディアスポラの民モン ―― 時空を超える絆』（単著、めこん、2013 年）、「杉原千畝」『国境を越えるヒューマニズム』（共著、法政大学出版局、2013 年）など。

吉田晋也（よしだ・しんや）［13］
一橋大学大学院社会学研究科修士課程修了。現在、ミネソタ大学大学院歴史学研究科博士課程に在籍。専攻は 20 世紀アメリカ史、人種／エスニシティ研究、アメリカ - アジア関係史。主要な業績は “Across the Pacific: Overseas Chinese Franchise and Chinese America, 1912-1914,” *The Journal of American and Canadian Studies* 42: 31-52, 2024.

吉田のえる（よしだ・のえる）［47, 49, 52］
中央大学大学院総合政策研究科修士課程修了。現在、同研究科博士課程に在籍。専門は、植民地期の日朝人物交流史、吉野作造をはじめとする日朝知識人研究、大正デモクラシー研究。

河庚希（は・きょんひ）［45］
ノースカロライナ州立大学世界言語文化学部助教授。2016年カリフォルニア大学サンディエゴ校博士課程修了、Ph.D.(Ethnic Studies)。明治大学大学院特任講師を経て現職。専門は日米人種研究、トランスナショナル・フェミニズム。近著に "Transpacic Feminist Movement: Challenging Japan's Military Sexual Slavery System." Lily Wong, Christopher B. Patterson, and Chien-ting Lin eds., Transpacific, Undisciplined. (University of Washington Press,2024) など。

平川亨（ひらかわ・とおる）［42］
明治大学文学部兼任講師、明治学院大学非常勤講師。日本ハワイ移民資料館リサーチ・アドバイザー（非常勤）。明治大学大学院文学研究科地理学専攻博士課程を修了。博士（地理学）。歴史地理学、文化地理学。専門はハワイ日本人移民で、日本人墓地調査をベースとして、日本人移民の移動と定着とコミュニティ形成をテーマに研究をおこなっている。業績に「ハワイ日本人移民の死と葬送――ハワイ島コナの墓地調査から」（『移民研究年報』第29号、2023年）、「『移民の島』を旅する」『Dear Maui マウイを巡る12の物語』（リトルギフトブックス、2024年）など。

廣部泉（ひろべ・いずみ）［22］
明治大学政治経済学部教授。Ph.D.（アメリカ史）。業績:「猿は何者か――『猿の惑星』にみる人種表象」岩野卓司・丸川哲史編『野生の教養』（法政大学出版局、2022年、所収）、『黄禍論――百年の系譜』（講談社選書メチエ、2020年）ほか。

FUNI（ふに）［33］
中央大学国際経済学部卒業。2002-2010年 KP(Korean Power,Korean Pride) で活動。現在は HHP(HipHop therapy) を軸としたラップワークショップを少年院、識字学級、国内外で実施。小池百合子が朝鮮人虐殺の追悼文を送らないことをきっかけに社会運動をラップで実践する。

牧野理英（まきの・りえ）［36］
日本大学文理学部英文学科教授。専門は現代アメリカ文学。単著に『抵抗と日系文学――日系収容と日本の敗北をめぐって』（三修社、2022年、第八回日本アメリカ文学会賞）。共編著に『アジア系トランスボーダー文学――アジア系アメリカ文学研究の新地平』（小鳥遊書房、2021年）などがある。

松坂裕晃（まつさか・ひろあき）［25, 44］
立命館大学国際関係学部准教授。Ph.D.（歴史学、ミシガン大学）。グローバルヒストリー、思想史、人種・エスニシティ研究。論文に "Cross-Imperial Critique of Border Control: Japanese Socialists' Responses to the US Immigration Act of 1924," Takahiro Yamamoto, ed., *Documenting Mobility in the Japanese Empire and Beyond* (Palgrave Macmillan, 2022) など、共訳書にパトリシア・ヒル・コリンズ『インターセクショナリティの批判的社会理論』（勁草書房、2024年）など。

Takeyuki Tsuda（津田岳雪）［47］
アリゾナ州立大学社会・行動科学部教授。1997 年、カリフォルニア大学バークレー校にて博士号（人類学）を取得。シカゴ大学助教授、カリフォルニア大学サンディエゴ校比較移民研究センター副所長を歴任。初期の研究関心は、国際移住、ディアスポラ、エスニック・マイノリティ、民族的・国家的アイデンティティ、トランスナショナリズムとグローバリゼーション、民族的還流移民、アメリカにおける日系ディアスポラ、マルチレイシャルのアジア系アメリカ人についてなど。近年は、日系アメリカ人およびその文化的伝統との関係、アメリカ合衆国におけるミックスのアジア系について研究している。主要著書は、*Strangers in the Ethnic Homeland*(Columbia University Press, 2003), *Japanese American Ethnicity*(New York University Press, 2016), *Diasporic Homecomings*(Stanford University Press, 2009) など。

田中景（たなか・けい）［11, 43］
東京経済大学全学共通教育センター准教授。アメリカ移民史。近年は 20 世紀初頭広東省四邑からの渡米移民の家族の変容を考察。業績に「渡米移民と四邑の妻の間の大衆文芸――民謡於と木魚書の中の『金山婆』」(『人文自然科学論集』、151 号、東京経済大学人文自然科学研究会、2022 年）など。

佃陽子（つくだ・ようこ）［7, 39］
成城大学法学部准教授。日系アメリカ人コミュニティや、日本における日系人のメディア表象について研究している。主な論文に「小説『二つの祖国』をめぐる虚実とプロパガンダ」『教養論集』30 号 (2022 年) など。

徳永悠（とくなが・ゆう）［6］
京都大学大学院地球環境学堂／人間・環境学研究科准教授。Ph.D.（歴史学）。専門はアメリカ移民史。主な業績は *Transborder Los Angeles: An Unknown Transpacific History of Japanese-Mexican Relations* (University of California Press, 2022)、「胃袋の定住――日本人移民とカリフォルニア米」『移民の衣食住 I ――海を渡って何を食べるのか』（文理閣、2022 年）、「排日から排墨へ ――一九二〇年代カリフォルニア州における人種化経験の連鎖」『環太平洋地域の移動と人種――統治から管理へ、遭遇から連帯へ』（京都大学学術出版会、2020 年）。

新田万里江（にった・まりえ）［9, 46］
武蔵大学国際教養学部グローバルスタディーズ専攻専任講師。専門分野はアメリカ研究、トランスナショナル・ヒストリー、アジア・太平洋諸島系アメリカ人研究、食の文化史。主な著作に "Identities Crossing Borders: Race, Gender, and Sexuality in Asian American Stories"（武蔵大学総合研究所紀要別冊『移民と離散の諸相：歴史と現代』所収）など。

野沢恵美子（のざわ・えみこ）［17］
中央大学法学部准教授、Ph.D. in Education。専門分野は比較教育学、社会言語学、ジェンダー論。主な著書・論文『「つながる」ための言語教育――アフターコロナのことばと社会』（共編著、明石書店、2021 年）、『教育からみる南アジア社会――交錯する機会と苦悩』（共編著、玉川大学出版部、2022 年）、Boys' Love, Transmedia Storytelling, and LGBT Awareness in Contemporary Japan. In S. Salenius (ed.). *Gender in Japanese Popular Culture: Rethinking Masculinities and Femininities*. Palgrave Macmillan. pp. 175-207. 2023.

佐原彩子（さはら・あやこ）［3, 15, 27］
共立女子大学国際学部教授。アメリカ研究（移民・難民）。主な業績に、兼子歩・貴堂嘉之編『ヘイトに抗するアメリカ史』（第8章「刑罰国家化時代の移民行政――「非合法外国人」と「外国人犯罪者」という移民像」担当、2022年、165-183頁、彩流社）、樋口映美編『歴史との対話』（「難民のトラウマ経験と戻らない家族」担当、2023年、53-67頁、彩流社）など。

下斗米秀之（しもとまい・ひでゆき）［29］
明治大学政治経済学部准教授。専門分野はアメリカ経済史。
主要業績に『冷戦期アジアの軍事と援助』（共著、日本経済評論社、2021年）、『現代アメリカ経済論――新しい独占のひろがり』（共著、日本評論社、2023年）、"Brain Drain from India to the U.S. during the Cold War: Focus on Technology Transfer and the Development of Highly Skilled Talent, "（『国際武器移転史』18号、2024年）など。

菅（七戸）美弥（すが〈しちのへ〉みや）［2, 20］
東京学芸大学教育学部教授。博士・学術。専門はアメリカ史、環太平洋の移民・移住史、アメリカ・センサス。主要著書に『アメリカ・センサスと「人種」をめぐる境界―個票にみるマイノリティへの調査実態の歴史』（勁草書房、2020年、2021年アメリカ学会中原伸之賞受賞）、『南北戦争を戦った日本人――幕末の環太平洋移民史』（共著、筑摩書房、2023年9月）。

園田節子（そのだ・せつこ）［12, 40］
立命館大学国際関係学部・国際関係研究科教授。博士（学術、東京大学）。専門は南北アメリカの華僑華人研究、東洋史、移民研究。主要業績に "Achieving Economic Success and Social Mobility," *Canadian Journal of History*, 54(3), 2019、『南北アメリカ華民と近代中国――19世紀トランスナショナル・マイグレーション』（東京大学出版会、2009年）など。

高橋 典史（たかはし・のりひと）［41］
東洋大学社会学部教授。博士（社会学）。専門は宗教社会学。著書に『移民、宗教、故国――近現代ハワイにおける日系宗教の経験』（単著、ハーベスト社、2014年）、『現代日本の宗教と多文化共生――移民と地域社会の関係性を探る』（白波瀬達也・星野壮との編著、明石書店、2018年）など。

竹沢泰子（たけざわ・やすこ）［5］
関西外国語大学国際文化研究所教授。京都大学名誉教授。専門はアメリカ研究、文化人類学。主たる著書に『アメリカの人種主義――カテゴリー／アイデンティティの形成と転換』（名古屋大学出版会、2023年）、『新装版　日系アメリカ人のエスニシティ――強制収容と補償運動による変遷』（東京大学出版会、2017年、澁澤賞受賞）など。

武田興欣（たけだ・おきよし）［30, 53］
青山学院大学国際政治経済学部教授。プリンストン大学 Ph.D.（政治学）。主著に、*Asian American Politics* (with Andrew L. Aoki, Polity Press, 2008), "A Forgotten Minority? A Content Analysis of Asian Pacific Americans in Introductory American Government Textbooks" *PS: Political Science and Politics* 48 (3) (July 2015): 430-39. 現在、アメリカ人研究者2人と、アメリカの学部生向けの新しいアジア系アメリカ人政治の教科書を執筆中(under contract, New York University Press)。

小田悠生（おだ・ゆうき）［1］
中央大学商学部准教授。Ph.D.（コロンビア大学、歴史学）主な業績に、編著『はじめて学ぶアメリカの歴史と文化』（ミネルヴァ書房、2022 年）、共著『よくわかるアメリカの歴史』（ミネルヴァ書房、2021 年）、訳書：メイ・M・ナイ『「移民の国アメリカ」の境界――歴史のなかのシティズンシップ・人種・ナショナリズム』（白水社、2021 年）。

兼子歩（かねこ・あゆむ）［19］
明治大学政治経済学部准教授。専門はアメリカ社会史およびジェンダー論。主著に『「ヘイト」に抗するアメリカ史』（共編著、彩流社、2022 年）、『「ヘイト」の時代のアメリカ史』（共編著、彩流社、2017 年）など、訳書に『クィアなアメリカ史』（共訳、勁草書房、2023 年）など。

河上幸子（かわかみ・さちこ）［48］
京都外国語大学国際貢献学部グローバル観光学科教授。北米のアジア系エスニックタウンでの文化人類学的な調査を経て、近年は、和歌山県美浜町三尾地区 (通称アメリカ村) を拠点として移民母村の歴史継承や次世代育成をテーマに実践的な研究に取り組む。

Kee Byung-keun（キー・ビョングン）［49］
作家、アーティスト。ソウル生まれ、アメリカ合衆国育ち。現在は東京在住。

北田依利（きただ・えり）［14］
米国およびアジア太平洋地域の人種・ジェンダー・セクシュアリティ・近代植民地主義を勉強している。米国ラトガーズ大学歴史学研究科で博士号取得。主要業績は "Fragments of Multi-Layered Settler Colonialism: Mixed-Race Children in Japanese Schooling, the American Philippines, 1924-1945," *Settler Colonial Studies* (October 2023): 1-20; Kendra Boyd, Marisa J. Fuentes, Deborah Gray White eds., *Scarlet and Black, Volume Two: Constructing Race and Gender at Rutgers, 1865-1945* (New Brunswick: Rutgers University Press, 2020), など。日本の関東の大学で非常勤講師をしている。

André Keiji Kunigami（クニガミ・アンドレ・ケイジ）［52］
カリフォルニア大学アーバイン校人文科学部映画・メディア学科准教授。日本およびブラジルの映画、アジア・ラテン系アメリカ研究、人種と視覚性、写真と映画史と理論などについて、研究・指導を行っている。*Journal of Cinema and Media Studies, Journal of Latin American Cultural Studies, Verge: Studies in Global Asias, Galáxia, Logos* などに論文多数。現在は *Dislocating Yellowness: the visual regimes of race between Japan and Brazil.* を執筆中。

佐藤まな（さとう・まな）［18］
英日翻訳者。京都大学大学院人間・環境学研究科修士課程修了。パレスチナ人を中心とした難民・移民による英語文学に関心がある。論文（佐藤愛名義）に「在米ディアスポラ詩人スヘイル・ハンマードにおける『パレスチナ』――記憶の継承、ブラック・アメリカ、そしてパレスチナ人になること」（修士論文、2018 年）、「未来のパレスチナ――在米ディアスポラ詩人スヘイル・ハンマードにおける 'home' と 'people'」（『日本中東学会年報』第 3412 号、2018 年）。翻訳作品に映画「リトル・パレスティナ」日本語字幕など。

〈執筆者紹介および担当章〉（＊は編者）

池上大祐（いけがみ・だいすけ）［8］
琉球大学国際地域創造学部准教授。西洋史、アメリカ太平洋史専攻。主要業績に『アメリカの太平洋戦略と国際信託統治――米国務省の戦後構想 1942 － 1947』（単著、法律文化社、2014年）、『島嶼地域科学を拓く――問い直す環境・社会・歴史の実践』（共編著、ミネルヴァ書房、2022 年）など。

和泉真澄（いずみ・ますみ）［23, 37］
同志社大学グローバル地域文化学部教授。専門は北米日系人史。特に太平洋戦争中の強制収容に関する法律、歴史、政治、文化の視点からの論考多数。主著は『日系アメリカ人強制収容と緊急拘禁法――人種・治安・自由をめぐる記憶と葛藤』（明石書店、2009 年)、『日系カナダ人の移動と運動――知られざる日本人の越境生活史』（小鳥遊書房、2020 年）。

一政（野村）史織　（いちまさ〈のむら〉しおり）［4］
中央大学法学部教授。専攻は、地域研究、移民史、女性史。主な著書、論文として、「米国における女性平和運動の越境性とナショナリズム」（『アメリカ太平洋研究』第 24 号、2024 年)、「20 世紀はじめの米国の社会改革運動と国際女性平和運動――エミリー・グリーン・ボルチの民族，国家，国際協調の思想を中心に」（『アメリカ研究』第 56 号、2022 年）。

今井祥子（いまい・しょうこ）［38］
東京農業大学農学部助教。博士（学術、東京大学）。研究テーマは文化地理学的観点からのアメリカ合衆国および世界における日本食の受容について。業績として、「高級日本食レストラン Nobu のネットワーク形成と真正性の構築」（農学集報 67（3）、東京農業大学：100-110 、2022)、"Nobu and After: Westernized Japanese Food and Globalization." In *Globalization, Food and Social Identities in the Asia Pacific Region*, edited by J. Farrer, 271-286 (2021) など。

江崎聡子（えざき・さとこ）［34］
聖学院大学准教授。専門分野はアメリカ視覚文化、アメリカ美術、ジェンダー。著書に『エドワード・ホッパー作品集』（単著、東京美術、2022 年)、『描かれる他者、攪乱される自己――アート・表象・アイデンティティ』（共著、ありな書房、2018 年)、『ニューヨーク――錯乱する都市の夢と現実』（共著、2017 年、竹林舎）などがある。

エダハルキ［24］
コロラド大学コロラドスプリングス校社会学助教授。在日コリアンやコリアン・アメリカンの社会運動で LGBTQ+ が民族主体性に与える影響を通じ、コリアン・ディアスポラと祖国統一運動の新たな関係性を研究している。

〈編著者紹介〉

李里花（り・りか）

中央大学総合政策学部教授。社会学博士。専門は、歴史社会学、移民研究、環太平洋地域研究。アメリカ移民の父と在日コリアンの母の下で日米を往復しながら育った。最近は日米のマイノリティをめぐるレイシズムとジェンダーの問題に取り組んでいる。主な著書として、李里花『「国がない」ディアスポラの歴史——戦前のハワイにおけるコリア系移民のナショナリズムとアイデンティティ 1903-1945』（かんよう出版、2015年）、編著に『朝鮮籍とは何か——トランスナショナルの視点から』（明石書店、2021年）などがある。

エリア・スタディーズ　210

アジア系アメリカを知るための53章

2024年10月30日　初版第1刷発行

編著者　李　里花

発行者　大江道雅

発行所　株式会社 明石書店

〒101-0021 東京都千代田区外神田 6-9-5

電話　03-5818-1171

FAX　03-5818-1174

振替　00100-7-24505

https://www.akashi.co.jp/

装幀　明石書店デザイン室

印刷／製本　日経印刷株式会社

（定価はカバーに表示してあります）　ISBN978-4-7503-5834-5

エリア・スタディーズ

1 **現代アメリカ社会を知るための60章**
明石紀雄、川島浩平 編著

2 **イタリアを知るための62章**【第2版】
村上義和 編著

3 **イギリスを旅する35章**
辻野功 編著

4 **モンゴルを知るための65章**【第2版】
金岡秀郎 著

5 **パリ・フランスを知るための44章**
梅本洋一、大里俊晴、木下長宏 編著

6 **現代韓国を知るための61章**【第3版】
石坂浩一、福島みのり 編著

7 **オーストラリアを知るための58章**【第3版】
越智道雄 著

8 **現代中国を知るための54章**【第7版】
藤野彰 編著

9 **ネパールを知るための60章**
日本ネパール協会 編

10 **アメリカの歴史を知るための65章**【第4版】
富田虎男、鵜月裕典、佐藤円 編著

11 **現代フィリピンを知るための61章**【第2版】
大野拓司、寺田勇文 編著

12 **ポルトガルを知るための55章**【第2版】
村上義和、池俊介 編著

13 **北欧を知るための43章**
武田龍夫 著

14 **ブラジルを知るための56章**【第2版】
アンジェロ・イシ 著

15 **ドイツを知るための60章**
早川東三、工藤幹巳 編著

16 **ポーランドを知るための60章**
渡辺克義 編著

17 **シンガポールを知るための65章**【第5版】
田村慶子 編著

18 **現代ドイツを知るための67章**【第3版】
浜本隆志、髙橋憲 編著

19 **ウィーン・オーストリアを知るための57章**【第2版】
広瀬佳一、今井顕 編著

20 **ハンガリーを知るための60章**【第2版】 ドナウの宝石
羽場久美子 編著

21 **現代ロシアを知るための60章**【第2版】
下斗米伸夫、島田博 編著

22 **21世紀アメリカ社会を知るための67章**
明石紀雄 監修 赤尾千波、大類久恵、小塩和人、落合明子、川島浩平、高野泰 編

23 **スペインを知るための60章**
野々山真輝帆 著

24 **キューバを知るための52章**
後藤政子、樋口聡 編著

25 **カナダを知るための60章**
綾部恒雄、飯野正子 編著

26 **中央アジアを知るための60章**【第2版】
宇山智彦 編著

27 **チェコとスロヴァキアを知るための56章**【第2版】
薩摩秀登 編著

28 **現代ドイツの社会・文化を知るための48章**
田村光彰、村上和光、岩淵正明 編著

29 **インドを知るための50章**
重松伸司、三田昌彦 編著

30 **タイを知るための72章**【第2版】
綾部真雄 編著

31 **パキスタンを知るための60章**
広瀬崇子、山根聡、小田尚也 編著

32 **バングラデシュを知るための66章**【第3版】
大橋正明、村山真弓、日下部尚徳、安達淳哉 編著

33 **イギリスを知るための65章**【第2版】
近藤久雄、細川祐子、阿部美春 編著

34 **現代台湾を知るための60章**【第2版】
亜洲奈みづほ 著

35 **ペルーを知るための66章**【第2版】
細谷広美 編著

36 **マラウィを知るための45章**【第2版】
栗田和明 著

37 **コスタリカを知るための60章**【第2版】
国本伊代 編著

38 **チベットを知るための50章**
石濱裕美子 編著

39 **現代ベトナムを知るための63章**【第3版】
岩井美佐紀 編著

40 **インドネシアを知るための50章**
村井吉敬、佐伯奈津子 編著

41 **エルサルバドル、ホンジュラス、ニカラグアを知るための45章**
田中高 編著

42 **パナマを知るための70章**【第2版】
国本伊代 編著

43 **イランを知るための65章**
岡田恵美子、北原圭一、鈴木珠里 編著

44 **アイルランドを知るための70章**【第3版】
海老島均、山下理恵子 編著

エリア・スタディーズ

45 メキシコを知るための60章
吉田栄人 編著

46 中国の暮らしと文化を知るための40章
東洋文化研究会 編

47 現代ブータンを知るための60章【第2版】
平山修一 著

48 バルカンを知るための66章【第2版】
柴宜弘 編著

49 現代イタリアを知るための44章
村上義和 編著

50 アルゼンチンを知るための54章
アルベルト松本 著

51 ミクロネシアを知るための60章【第2版】
印東道子 編著

52 アメリカのヒスパニック＝ラティーノ社会を知るための55章
大泉光一、牛島万 編著

53 北朝鮮を知るための55章【第2版】
石坂浩一 編著

54 ボリビアを知るための73章【第2版】
真鍋周三 編著

55 コーカサスを知るための60章
北川誠一、前田弘毅、廣瀬陽子、吉村貴之 編著

56 カンボジアを知るための60章【第3版】
上田広美、岡田知子、福富友子 編著

57 エクアドルを知るための60章【第2版】
新木秀和 編著

58 タンザニアを知るための60章【第2版】
栗田和明、根本利通 編著

59 リビアを知るための60章【第2版】
塩尻和子 編著

60 東ティモールを知るための50章
山田満 編著

61 グアテマラを知るための67章【第2版】
桜井三枝子 編著

62 オランダを知るための60章
長坂寿久 著

63 モロッコを知るための65章
私市正年、佐藤健太郎 編著

64 サウジアラビアを知るための63章【第2版】
中村覚 編著

65 韓国の歴史を知るための66章
金両基 編著

66 ルーマニアを知るための60章
六鹿茂夫 編著

67 現代インドを知るための60章
広瀬崇子、近藤正規、井上恭子、南埜猛 編著

68 エチオピアを知るための50章
岡倉登志 編著

69 フィンランドを知るための44章
百瀬宏、石野裕子 編著

70 ニュージーランドを知るための63章
青柳まちこ 編著

71 ベルギーを知るための52章
小川秀樹 編著

72 ケベックを知るための56章【第2版】
日本ケベック学会 編

73 アルジェリアを知るための62章
私市正年 編著

74 アルメニアを知るための65章
中島偉晴、メラニア・バグダサリヤン 編著

75 スウェーデンを知るための64章【第2版】
村井誠人 編著

76 デンマークを知るための70章【第2版】
村井誠人 編著

77 最新ドイツ事情を知るための50章
浜本隆志、柳原初樹 著

78 セネガルとカーボベルデを知るための60章
小川了 編著

79 南アフリカを知るための60章
峯陽一 編著

80 エルサルバドルを知るための66章【第2版】
細野昭雄、田中高 編著

81 チュニジアを知るための60章
鷹木恵子 編著

82 南太平洋を知るための58章 メラネシア ポリネシア
吉岡政德、石森大知 編著

83 現代カナダを知るための60章【第2版】
飯野正子、竹中豊 総監修 日本カナダ学会 編

84 現代フランス社会を知るための62章
三浦信孝、西山教行 編著

85 ラオスを知るための60章
菊池陽子、鈴木玲子、阿部健一 編著

86 パラグアイを知るための50章
田島久歳、武田和久 編著

87 中国の歴史を知るための60章
並木頼壽、杉山文彦 編著

88 スペインのガリシアを知るための50章
坂東省次、桑原真夫、浅香武和 編著

89 アラブ首長国連邦（UAE）を知るための60章
細井長 編著

エリア・スタディーズ

90 **コロンビアを知るための60章**
二村久則 編著

91 **現代メキシコを知るための70章【第2版】**
国本伊代 編著

92 **ガーナを知るための47章**
高根務、山田肖子 編著

93 **ウガンダを知るための53章**
吉田昌夫、白石壮一郎 編著

94 **ケルトを旅する52章** イギリス・アイルランド
永田喜文 著

95 **トルコを知るための53章**
大村幸弘、永田雄三、内藤正典 編著

96 **イタリアを旅する24章**
内田俊秀 編著

97 **大統領選からアメリカを知るための57章**
越智道雄 著

98 **現代バスクを知るための60章【第2版】**
萩尾生、吉田浩美 編著

99 **ボツワナを知るための52章**
池谷和信 編著

100 **ロンドンを旅する60章**
川成洋、石原孝哉 編著

101 **ケニアを知るための55章**
松田素二、津田みわ 編著

102 **ニューヨークからアメリカを知るための76章**
越智道雄 著

103 **カリフォルニアからアメリカを知るための54章**
越智道雄 著

104 **イスラエルを知るための62章【第2版】**
立山良司 編著

105 **グアム・サイパン・マリアナ諸島を知るための54章**
中山京子 編著

106 **中国のムスリムを知るための60章**
中国ムスリム研究会 編

107 **現代エジプトを知るための60章**
鈴木恵美 編著

108 **カーストから現代インドを知るための30章**
金基淑 編著

109 **カナダを旅する37章**
飯野正子、竹中豊 編著

110 **アンダルシアを知るための53章**
立石博高、塩見千加子 編著

111 **エストニアを知るための59章**
小森宏美 編著

112 **韓国の暮らしと文化を知るための70章**
舘野晳 編著

113 **現代インドネシアを知るための60章**
村井吉敬、佐伯奈津子、間瀬朋子 編著

114 **ハワイを知るための60章**
山本真鳥、山田亨 編著

115 **現代イラクを知るための60章**
酒井啓子、吉岡明子、山尾大 編著

116 **現代スペインを知るための60章**
坂東省次 編著

117 **スリランカを知るための58章**
杉本良男、高桑史子、鈴木晋介 編著

118 **マダガスカルを知るための62章**
飯田卓、深澤秀夫、森山工 編著

119 **新時代アメリカ社会を知るための60章**
明石紀雄 監修　大類久恵、落合明子、赤尾千波 編著

120 **現代アラブを知るための56章**
松本弘 編著

121 **クロアチアを知るための60章**
柴宜弘、石田信一 編著

122 **ドミニカ共和国を知るための60章**
国本伊代 編著

123 **シリア・レバノンを知るための64章**
黒木英充 編著

124 **EU（欧州連合）を知るための63章**
羽場久美子 編著

125 **ミャンマーを知るための60章**
田村克己、松田正彦 編著

126 **カタルーニャを知るための50章**
立石博高、奥野良知 編著

127 **ホンジュラスを知るための60章**
桜井三枝子、中原篤史 編著

128 **スイスを知るための60章**
スイス文学研究会 編

129 **東南アジアを知るための50章**
今井昭夫 編集代表　東京外国語大学東南アジア課程 編

130 **メソアメリカを知るための58章**
井上幸孝 編著

131 **マドリードとカスティーリャを知るための60章**
川成洋、下山静香 編著

エリア・スタディーズ

132 ノルウェーを知るための60章
大島美穂、岡本健志 編著

133 現代モンゴルを知るための50章
小長谷有紀、前川愛 編著

134 カザフスタンを知るための60章
宇山智彦、藤本透子 編著

135 内モンゴルを知るための60章
ボルジギン・ブレンサイン 編著 赤坂恒明 編集協力

136 スコットランドを知るための65章
木村正俊 編著

137 セルビアを知るための60章
柴宜弘、山崎信一 編著

138 マリを知るための58章
竹沢尚一郎 編著

139 ASEANを知るための50章【第2版】
黒柳米司、金子芳樹、吉野文雄、山田満 編著

140 アイスランド・グリーンランド・北極を知るための65章
小澤実、中丸禎子、高橋美野梨 編著

141 ナミビアを知るための53章
水野一晴、永原陽子 編著

142 香港を知るための60章
吉川雅之、倉田徹 編著

143 タスマニアを旅する60章
宮本忠 著

144 パレスチナを知るための60章
臼杵陽、鈴木啓之 編著

145 ラトヴィアを知るための47章
志摩園子 編著

146 ニカラグアを知るための55章
田中高 編著

147 台湾を知るための72章【第2版】
赤松美和子、若松大祐 編著

148 テュルクを知るための61章
小松久男 編著

149 アメリカ先住民を知るための62章
阿部珠理 編著

150 イギリスの歴史を知るための50章
川成洋 編著

151 ドイツの歴史を知るための50章
森井裕一 編著

152 ロシアの歴史を知るための50章
下斗米伸夫 編著

153 スペインの歴史を知るための50章
立石博高、内村俊太 編著

154 フィリピンを知るための64章
大野拓司、鈴木伸隆、日下渉 編著

155 バルト海を旅する40章 7つの島の物語
小柏葉子 著

156 カナダの歴史を知るための50章
細川道久 編著

157 カリブ海世界を知るための70章
国本伊代 編著

158 ベラルーシを知るための50章
服部倫卓、越野剛 編著

159 スロヴェニアを知るための60章
柴宜弘、アンドレイ・ベケシュ、山崎信一 編著

160 北京を知るための52章
櫻井澄夫、人見豊、森田憲司 編著

161 イタリアの歴史を知るための50章
高橋進、村上義和 編著

162 ケルトを知るための65章
木村正俊 編著

163 オマーンを知るための55章
松尾昌樹 編著

164 ウズベキスタンを知るための60章
帯谷知可 編著

165 アゼルバイジャンを知るための67章
廣瀬陽子 編著

166 済州島を知るための55章
梁聖宗、金良淑、伊地知紀子 編著

167 イギリス文学を旅する60章
石原孝哉、市川仁 編著

168 フランス文学を旅する60章
野崎歓 編著

169 ウクライナを知るための65章
服部倫卓、原田義也 編著

170 クルド人を知るための55章
山口昭彦 編著

171 ルクセンブルクを知るための50章
田原憲和、木戸紗織 編著

172 地中海を旅する62章 歴史と文化の都市探訪
松原康介 編著

173 ボスニア・ヘルツェゴヴィナを知るための60章
柴宜弘、山崎信一 編著

エリア・スタディーズ

174 チリを知るための60章
細野昭雄、工藤章、桑山幹夫 編著

175 ウェールズを知るための60章
吉賀憲夫 編著

176 太平洋諸島の歴史を知るための60章 日本とのかかわり
石森大知、丹羽典生 編著

177 リトアニアを知るための60章
櫻井映子 編著

178 現代ネパールを知るための60章
公益社団法人 日本ネパール協会 編

179 フランスの歴史を知るための50章
中野隆生、加藤玄 編著

180 ザンビアを知るための55章
島田周平、大山修一 編著

181 ポーランドの歴史を知るための56章【第2版】
渡辺克義、白木太一、吉岡潤 編著

182 韓国文学を旅する60章
波田野節子、斎藤真理子、きむ ふな 編著

183 インドを旅する55章
宮本久義、小西公大 編著

184 現代アメリカ社会を知るための63章【2020年代】
明石紀雄 監修 大類久恵、落合明子、赤尾千波 編著

185 アフガニスタンを知るための70章
前田耕作、山内和也 編著

186 モルディブを知るための35章
荒井悦代、今泉慎也 編著

187 ブラジルの歴史を知るための50章
伊藤秋仁、岸和田仁 編著

188 現代ホンジュラスを知るための55章
中原篤史 編著

189 ウルグアイを知るための60章
山口恵美子 編著

190 ベルギーの歴史を知るための50章
松尾秀哉 編著

191 食文化からイギリスを知るための55章
石原孝哉、市川仁、宇野毅 編著

192 東南アジアのイスラームを知るための64章
久志本裕子、野中葉 編著

193 宗教からアメリカ社会を知るための48章
上坂昇 著

194 ベルリンを知るための52章
浜本隆志、希代真理子 著

195 NATO(北大西洋条約機構)を知るための71章
広瀬佳一 編著

196 華僑・華人を知るための52章
山下清海 著

197 カリブ海の旧イギリス領を知るための60章
川分圭子、堀内真由美 編著

198 ニュージーランドを旅する46章
宮本忠、宮本由紀子 著

199 マレーシアを知るための58章
鳥居高 編著

200 ラダックを知るための60章
煎本孝、山田孝子 著

201 スロヴァキアを知るための64章
長與進、神原ゆうこ 編著

202 チェコを知るための60章
薩摩秀登、阿部賢一 編著

203 ロシア極東・シベリアを知るための70章
服部倫卓、吉田睦 編著

204 スペインの歴史都市を旅する48章
立石博高 監修・著 小倉真理子 著

205 ハプスブルク家の歴史を知るための60章
川成洋 編著

206 パレスチナ/イスラエルの〈いま〉を知るための24章
鈴木啓之、児玉恵美 編著

207 ラテンアメリカ文学を旅する58章
久野量一、松本健二 編著

208 コンゴ民主共和国を知るための50章
木村大治、武内進一 編著

209 インド北東部を知るための45章
笠井亮平、木村真希子 編著

210 アジア系アメリカを知るための53章
李里花 編著

211 ロシアの暮らしと文化を知るための60章
沼野充義、沼野恭子、坂上陽子 編著

212 ベリーズを知るための60章
国本伊代、木下雅夫 編著

——以下続刊

◎各巻2000円(一部1800円)

〈価格は本体価格です〉